本书系国家社科基金一般项目"基于统计分析的无罪判决证据适用问题实证研究"
（17BFX183）的阶段性研究成果

贪污贿赂罪

无罪判例规则与辩护攻略

郑飞　梁雅丽　主编

法律出版社 LAW PRESS · CHINA

本书编写组成员

主　编：郑　飞　梁雅丽

副主编：马国洋

成　员：郑　飞　梁雅丽　马国洋

杨默涵　李雅健　陈晓慧

刘廿一

自　序

编一套系统而全面的无罪判例分析丛书

本书的策划有两个缘起：一是笔者主持申报的国家社会科学基金一般项目“基于统计分析的无罪判决证据适用问题实证研究”于2017年6月30日获批立项（项目编号：17BFX183）。在项目申报时，笔者就对有关无罪判决的研究做了系统的文献综述，发现截至目前专门研究无罪判决的著作只有3本。这些著作都是针对典型的无罪判决案例做的相关研究，不仅没有对无罪判决进行实体、程序和证据三方面全方位透视，同时也没有对所有的无罪判决做深入的大数据统计分析。为了弥补这一学术空白，于是便有了该研究项目的诞生。本案例丛书是项目组对从中国裁判文书网上搜集的共3000多个无罪判例进行系统整理和统计分析的结果，是该项目的阶段性研究成果，同时也为进一步深入研究无罪判决的相关问题奠定了基础。

二是在项目研究的过程中，笔者于2018年1月正式开始兼职律师执业，加入了梁雅丽律师刑事辩护团队，专门深耕民刑交叉和行刑交叉领域。在办理相关案件的过程中，一个非常重要的工作就是对无罪判例的整理分析，以研究和获取相关罪名的无罪裁判规则和有效辩护要点。尽管之前已有律师对部分罪名的无罪判例做了简单的梳理，归类整理出了相关罪名的无罪辩点，但这种分析显然过于粗糙，于是便更加坚定了笔者编写一套系统而全面的无罪判例分析丛书的决心。经与梁雅丽律师商议之后，我们一拍即合，将本案例丛书纳入“无罪辩护系列丛书”，由我们联合担任每本书的主编，负责具体组织编写。

尽管我们的目标读者主要是刑辩律师，但本书对于公检法人员也有裨益。因为2018年12月4日最高人民法院制定的《关于进一步全面落实司法责任制的实施意见》第9点明确要求："健全完善法律统一适用机制。各级人民法院应当在完善类案参考、裁判指引等工作机制基础上，建立类案及关联案件强制检索机制，确保类案裁判标准统一、法律适用统一。存在法律适用争议或者'类案不同判'可能的案件，承办法官应当制作关联案件和类案检索报告，并在合议庭评议或者专业法官会议讨论时说明。"2019年7月20日，全国法院贯彻落实政法领域全面深化改革推进会精神专题会议在成都召开。会议要求，推动建立高级法院审判指导文件和参考性案例备案机制，避免裁判标准的区域性差异，并推行类案及关联案件强制检索制度，确保法律适用统一。

我们希望将本案例丛书做成一套实务工作者和学术研究者的必备工具书，但必须说明的是，由于各种条件所限，我们并未将"不起诉决定书"纳入统计分析，希望在第二版时能够补充完善。当然编写过程中难免还有诸多错误和遗漏，敬请列位方家批评指正，如有修改建议，欢迎及时与我们邮件联系：zf591014@163.com，我们会在第二版中改进。

目　录

第一章　贪污罪

第三章 挪用公款罪

第四章 单位行贿罪

第五章　单位受贿罪

第六章 行贿罪

第七章　对单位行贿罪

第八章　介绍贿赂罪

第九章 私分国有资产罪

第十章 对有影响力的人行贿罪

第一章 贪污罪

第一节 无罪判例规则

一、证据无罪规则

规则1：事实不清，证据不足，证据尚未达到确实、充分程度

【规则分析】本规则主要有两个重要作用：（1）总结作用。例如，在肖某刚贪污罪再审判决书［（2015）阳刑再字第1号］中，法官先后就每一项证据问题进行论述，并最终用“事实不清，证据不足”的说法进行总结。即这类案件中，“事实不清，证据不足”是分类讨论后的总结发言。（2）兜底作用。例如，在徐某学、王某师贪污一审刑事判决书［（2016）晋0823刑初126号］中，直接说明了“公诉机关指控被告人徐某学、王某师犯贪污罪的事实不清、证据不足，指控的犯罪不能成立”。这类话语体系下，法官可能不就证据或事实问题做详细论述，而是直接通过“事实不清，证据不足”这样笼统的说法来弥补本身论证逻辑的不足，颇有“认为待证明内容是不言而喻”的意味。

就律师而言，本规则的意义大抵如此：首先，在论述前或论述后通过“事实不清，证据不足”的概括性话语增加论证的逻辑完整性和严密性，形成“总分”或“分总”的话语体系；其次，在一些显而易见或是非关键问题且难以言语的问题上，通过“事实不清，证据不足”的说法，也可以起到兜底或是过渡的作用。

但必须要注意的是，无论是律师还是法官，如果仅通过“事实不清，证据不足”便试图达致论证显然是不严谨的，特别是在要件事实的证明中更是如此，随着加强裁判文书说理性工作的不断推进，类似模糊的说法可能更加难以单独成为理由。因此，在使用此规则时，最好配合其他论证或是与其他规则配合使用。

规则2：书证是复印件，未提供原件，无法辨认和鉴真

【规则分析】该规则实际上是书证的辨认鉴真以及出示的问题。一般而言，书证的出示多遵从“最佳证据规则”，即以书证作证时，通常应该出示原件。当不能出示原件时，需要有合理的解释。当然，随着科学技术的进步，这一原则有放缓的趋势。而在证据出示之前，辨认和鉴真是必不可少的，即需要通过笔迹鉴定等方式保证证据的真实性和同一性，当证据提供者无法进行辨认和鉴真时，那么该项证据也就失去了意义。通常对于书证的辨认鉴真，除了笔迹鉴定外，还有依靠环境和内容等信息进行判断等方法。

【无罪判例】梁某进贪污一审刑事判决书（2016）粤1225刑初40号

综合全案，对控辩双方争议的焦点问题即被告人梁某进的行为是否构成贪污罪的问题作如下评析：（1）本案关键书证1993年9月11日封房公司名义出具给深房公司、新峰公司要求付款900万港元到香港黄某2所在公司的委托书、1993年9月30日中国银行封开支行名义发给深房公司要求付款900万港元到香港黄某2所在公司的函，这两个书证公诉机关提供的是复印件，原件保留在深房公司财务部，没有作字迹鉴定，不能证实是谁书写；根据证人邝某伟、黄某1的证言，被告人梁某进曾因叫邝某伟写委托书一事发生争执，后该委托书由被告人梁某进起草，傅某或蔡某1抄写，证人傅某、蔡某1予以否认，证言之间不能相互印证；另证人蒙某、冼某才、梁某1的证言虽也提到写委托书一事，但不能证实是被告人梁某进利用职务便利指使他人书写了委托书及加盖公章。（2）封房公司虽是中国银行封开支行申请成立，但封房公司在法律上是独立法人，成立时法定代表人是邝某伟，1993年7月法定代表人变更为梁某1，以封房公司名义出具的委托书不能证实与时任中国银行封开支行行长梁某进有关。（3）本案关键证人黄某2的证言没有提及900万港元汇入其所在公司及转去澳大利亚是被告人梁某进所指使。（4）根据出入境审批材料、证人林某、陆某的证言、被告人梁某进的供述，1993年9月30日中国银行封开支行发函时被告人梁某进有可能在境外考察，目前没有证据证明该份函是梁某进自己或利用职务便利指使他人书写及加盖公章。（5）涉案款项900万港元去向不明。根据证人黄某2、王某、黄某4的证言，友亨公司确在1993年11月收到一笔900万港元汇款，后大部分款项转去澳大利亚一个账户，小部分提取现金给黄某2。公

诉机关未能提供汇款凭证证实该款转往何处及由谁控制。综上，根据现有证据不能证实被告人梁某进主观上有非法占有公共财物的故意，客观上利用职务便利实施了侵吞公共财物的行为。

规则3：多份鉴定意见均有瑕疵，且结果不一致，无法证实犯罪事实

【规则分析】本规则主要是针对存在多份鉴定意见的情形。多份鉴定意见之间存在瑕疵或一份鉴定意见中存在矛盾之处，均可以作为辩护的要点。2012年修改后的《刑事诉讼法》将“鉴定结论”修改为“鉴定意见”，实际上也提醒了辩护人，对于鉴定意见不能盲目相信，应该时刻保持怀疑的态度。当然，无论是法官还是辩护人，对于鉴定意见中的专业内容很可能知之甚少，在自己不擅长的领域贸然发表意见同样是不负责的表现。对于当事人而言，聘请专家辅助人协助自己对专业问题进行说明甚至出庭作证就变得十分有意义了。

实践中，刘某犯贪污罪一审刑事判决书［（2013）祁刑初字第102号］中提道：“公诉机关提供的祁县国土资源测绘中心的土地勘测定界技术报告书和委托祁县退耕办作出的勘验报告，以及经被告人申请，山西省煤炭地质物探测绘院作出的土地勘测定界技术报告书，以上三份鉴定意见均有瑕疵，且结果不一致，无法证实被告人刘某存在虚报退耕还林面积、冒领退耕还林补助款的犯罪事实。”这就体现了当多份鉴定意见存在冲突，且没有其他证据证明的情况下，根据无罪推定原则，被告人有可能因此获得无罪判决。

【无罪判例】刘某犯贪污罪一审刑事判决书（2013）祁刑初字第102号

本院认为，被告人刘某在担任左家滩村村委主任期间，按照峪口乡政府的安排，协助政府进行左家滩村退耕还林土地面积的核实及有关手续的办理，被告人刘某未安排人员对自己承包的南山弃耕地面积进行测量，而是按照林业部门测绘的小班面积152亩进行了申报，并领取了相应退耕还林补助款，公诉机关提供的祁县国土资源测绘中心的土地勘测定界技术报告书和委托祁县退耕办作出的勘验报告，以及经被告人申请，山西省煤炭地质物探测绘院作出的土地勘测定界技术报告书，以上三份鉴定意见均有瑕疵，且结果不一致，无法证实被告人刘某存在虚报退耕还林面积、冒领退耕还林补助款的犯罪事实，公诉机关指控被告人刘某犯贪污罪的证据不足。

规则4：关键证人证言多次陈述不一，且又属孤证，并无其他证据支持，所以无法认定犯罪事实

【规则分析】该规则主要是针对言词证据特别是证人证言的，由于证人证言本身的不可替代性与不稳定性，因此针对单个证人的多次不同证言或是多个不同证人的证言进行辩护就变得十分有意义了。特别是在不断推进证人出庭作证的今天，以证人证言为辩护突破口就变得更有现实意义。如唐某荣贪污罪一案再审刑事判决书［（2013）陇刑再终字第01号］中就有“本案证人乔某忠在作证时多次、反复供述不一，无法与高某龙、孟某信等人的证言相互印证”的说法。

使用此规则进行辩护时有两点需要注意：（1）选取的证人证言需要具有关键性。对于非关键证人或是非关键证言，即使证明了存在矛盾，也仅仅只能对证人的可信性提出质疑，在一定程度上降低证人证言的可信性，但并不具有决定性。例如，唐某荣贪污罪一案再审刑事判决书中就强调了“乔某忠的供述及证言在本案中系关键证词，直接影响到给唐某荣的定罪科刑”。（2）注意分析证人证言与其他证据之间的关系。例如，唐某荣贪污罪一案再审刑事判决书中就有“本案关键证人乔某忠的证言多次陈述不一，且又属孤证，并无其他证据支持”的说法。

【无罪判例1】唐某荣贪污罪一案再审刑事判决书（2013）陇刑再终字第01号

本院再审期间，公诉人再次对主要证人乔某忠进行了调查核实，查明：乔某忠将用5张发票套出的157,000元全部返还给烟草公司，证人乔某忠再次说明他并未给原审被告人唐某荣43,046元的事实。结合原审、原再审、再审证据分析：原审侦查阶段主要证人乔某忠共有五次陈述：第一次（2007年7月17日）陈述和后四次陈述前后矛盾；原再审期间，庭审陈述与侦查阶段陈述及申诉复核中再审法官（2009年8月7日）的调查笔录中的陈述相互矛盾；该次再审中，主要证人乔某忠的陈述和原审及申诉复核中的陈述不能吻合，相互矛盾。

在原一审、指令再审期间，本案证人乔某忠在作证时多次、反复供述不一，无法与高某龙、孟某信等人的证言相互印证。乔某忠的供述及证言在本案中系关键证词，直接影响到唐某荣的定罪科刑。本院再审时办案人员会同检察机关办案人员也对证人乔某忠进行了询问，乔某忠再次承认他给烟草公司副经理孟某信157,000元，并不是以前对公诉机关陈述的114,300元，这就无法证明原审被告人唐某荣从乔某忠处拿到43,046元。所以，本案关键证人乔某忠的证言多次陈述不一，且又属孤证，并无其他证据支持，所以无法认定唐某荣贪污23,041.20元的事实。

本院认为，原一审法院再审判决及本院二审裁定认定原审被告人唐某荣犯贪污罪的事实不清、证据不足。故公诉机关指控原审被告人唐某荣犯贪污罪的事实不能成立，对辩护人提出的辩护意见予以采信，对原审被告人的申诉请求予以支持。

【无罪判例2】吕某某贪污一案一审刑事判决书（2013）济刑初字第15号

本案指控被告人吕某某私自出卖涉案车辆的直接证据，只有证人乔某某的证言，而乔某某的证言本身前后不一致，虽然其当庭指证该车由吕某某卖给景弘集团，但仅凭其指证，不足以认定该车由吕某某卖出。至于证人任某某的证言，属于传来证据，且其自己也表示想不起来乔某某是否提到过吕某某，不能与乔某某的证言相印证。

规则5：证人与案件处理存在利害关系，且没有其他证据印证某项事实

【规则分析】根据《最高人民法院关于适用〈中华人民共和国刑事诉讼法〉的解释》第一百零九条的规定，“下列证据应当慎重使用，有其他证据印证的，可以采信：（一）生理上、精神上有缺陷，对案件事实的认知和表达存在一定困难，但尚未丧失正确认知、表达能力的被害人、证人和被告人所作的陈述、证言和供述；（二）与被告人有亲属关系或者其他密切关系的证人所作的有利被告人的证言，或者与被告人有利害冲突的证人所作的不利被告人的证言”。

由该解释第二项可知，在仅有与案件存在利害关系证人证言的情况下，应该慎重使用证据。当然，这一规则本身是可以进一步商榷的。由于证明力的大小应该由事实认定者依据证据进行判断，如此提前规定证据的证明力，未免有法定证据主义的嫌疑。

【无罪判例】吕某某贪污一案一审刑事判决书（2013）济刑初字第15号

对于本案的另外两名关键证人卜某某、范某某，虽然其二人指证吕某某借用了“卜某某”账户转款，但卜某某曾因涉嫌本案犯罪被调查，范某某最终将款项取出，负有说明款项去向的责任，二人与案件的处理存在利害关系，且没有其他证据印证范某某将22万元车款交给了吕某某，故该款的去向并未查清，不能由此认定吕某某将该22万元车款据为己有。

综上，公诉机关提供的现有证据，不足以得出该款被吕某某占有的唯一结论。本案事实不清，证据不足，根据存疑有利于被告人原则，依照《刑事诉讼法》第一百九十五条第三项的规定，并经本院审判委员会讨论决定，判决被告人吕某某无罪。

规则6：证人没有正当理由拒绝出庭或者出庭后拒绝作证，法庭对其证言的真实性无法确认的，该证人证言不得作为定案的根据

【规则分析】根据《最高人民法院关于适用〈中华人民共和国刑事诉讼法〉的解释》第七十八条第三款的规定，“经人民法院通知，证人没有正当理由拒绝出庭或者出庭后拒绝作证，法庭对其证言的真实性无法确认的，该证人证言不得作为定案的根据”。本规则便是根据这一规定所形成的，即因证人未出庭而导致其证言失去证据能力。

该规定实际上有利于加强证人出庭作证以及庭审实质化，是人权保障的重要方式。当然，在我国证人未出庭作证并不必然导致其证言失去证据能力，在无罪判例中，法官认定其不得作为定案根据的理由还包括与其他证据存在矛盾，由此可知，目前我国对于证人未出庭的后果执行依然留有不少余地。

【无罪判例】陈某受贿案一审刑事判决书（2013）福铁刑初字第31号

关于证人杨某乙证言的效力问题。本院先后三次开庭前均依法通知证人杨某乙出庭作证，并告知杨某乙相应的法律后果，但证人杨某乙拒不到庭作证。本院认为，依照《刑事诉讼法》第六十条第一款的规定，杨某乙作为证人，在接到法院通知后，采取消极回避的方式拒不到庭作证，属于没有正当理由拒绝出庭。依照《最高人民法院关于适用〈中华人民共和国刑事诉讼法〉的解释》第七十八条第三款的规定，经人民法院通知，证人没有正当理由拒绝出庭的或者出庭后拒绝作证，法庭对其证言的真实性无法确认的，该证人证言不得作为定案的根据。证人杨某乙证言对案件犯罪事实的认定会产生重大影响，且该证人证言与被告人供述、证人徐某、杨某甲等的证言之间存在诸多矛盾，对证人杨某乙的证言的真实性无法确认，故杨某乙的证言不作为定案的根据。

规则7：犯罪事实仅有口供，没有其他证据予以佐证，且犯罪事实不清，证据不足，认定证据尚未达到确实、充分程度

【规则分析】此规则的主要关注点在于证明关键事实的证据只有口供，《刑事诉讼法》第五十五条规定："对一切案件的判处都要重证据，重调查研究，不轻信口供。只有被告人供述，没有其他证据的，不能认定被告人有罪和处以刑罚；没有被告人供述，证据确实、充分的，可以认定被告人有罪和处以刑罚。"曹某某贪污罪再审刑事判决书［（2014）滁刑再终字第00003号］中"检察机关指控曹某某伙同江某采用收取客户广告费不开票入账的手段，从中截留侵吞12万元公款的事实仅有口供，没有相关账目、原始单据等其他证据予以佐证"的裁判理由便是这一规则在实践中的典型应用。

由于我国自古对口供就十分重视，这一规则实际上是对传统观念的突破，也是现代法治进步的体现。对辩护律师而言，应该对被告人口供进行仔细分析，并与被告人进行有效交流。

【无罪判例】曹某某贪污罪再审刑事判决书（2014）滁刑再终字第00003号

检察机关指控曹某某伙同江某采用收取客户广告费不开票入账的手段，从中截留侵吞12万元公款的事实仅有口供，没有相关账目、原始单据等其他证据予以佐证，且明光市人民检察院作出明检反贪不立（2015）1号不立案通知书，认为江某涉嫌贪污罪一案，事实不清、证据不足，故本案认定曹某某贪污证据尚未达到确实、充分程度，对曹某某及其辩护人的辩护意见予以采纳。

规则8：被告人不利供述系孤证，与证人证言不能相互印证，而其他供述相对稳定，能够形成完整的证据链

【规则分析】本规则主要针对被告人多次庭前供述出现矛盾的情况，依据《最高人民法院关于适用〈中华人民共和国刑事诉讼法〉的解释》第八十三条的规定，"审查被告人供述和辩解，应当结合控辩双方提供的所有证据以及被告人的全部供述和辩解进行。被告人庭审中翻供，但不能合理说明翻供原因或者其辩解与全案证据矛盾，而其庭前供述与其他证据相互印证的，可以采信其庭前供述。被告人庭前供述和辩解存在反复，但庭审中供认，且与其他证据相互印证的，可以采信其庭审供述；被告人庭前供述和辩解存在反复，庭审中不供认，且无其他证据与庭前供述印证的，不得采信其庭前供述”。

由该规定可知，被告人供述出现反复时，应综合其他证据与其供述进行判断。当然，此方式实际上是存在一定问题的。当庭上供述与庭前供述不一致时，采纳后者无疑是对庭审实质化的一种消解，这将在很大程度上削减庭审的对抗性，实际上不利于被告人权利的保护。

【无罪判例】林某癸贪污罪刑事一审判决书（2011）龙刑初字第281号

本案中，对于被告人林某癸是否共同参与贪污涉案的14.611亩和1.728亩土地补偿款的事实认定问题。被告人林某癸在多次供述及开庭中称，其认为14.611亩和1.728亩土地系其祖上留下的土地，虽在2009年3月14日及2009年3月24日两次供述中称涉案的两块土地不是其祖上的土地，但其两次不利供述系孤证，与证人证言不能相互印证，而其他供述相对稳定，能够形成完整的证据链。根据刑事诉讼的证据规则，本院对其他供述予以采信。本案中经侦查机关多次补充侦查，结合林某戊、陈某丁、林某己等多位证人的证言均可以证实被告人林某癸的祖父曾在涉案的土地上耕作过，按照当地风俗，被告人林某癸及其家族成员因此认为涉案的土地属于其家族合情合理，故他们发现该两块土地登记在村民林某丙名下后按照程序提出异议，其行为系其行使权利的体现，亦符合公序良俗原则。林某义在“791工程”中还负责调解征地期间村民间的土地权属纠纷，林某癸提出异议后其前来调解，被告人林某癸为了顺利取得其主观上认为应得租地租金及补偿款，从而配合林某义的调解，林某癸主观目的与林某义想非法占有公共财物的主观目的不同，被告人林某癸主观上不存在非法占有14.611亩和1.728亩土地补偿款的目的，故不符合贪污罪的主观要件。

规则9：提交的证据存在矛盾之处，不能形成证据锁链，不能排除合理怀疑

【规则分析】下面的两个案例体现了运用该规则的三种方向与策略：（1）证据之间未形成完整的证据锁链。此处所指的证据锁链，并非单指证据辨认和鉴

真中的证据保管链条，而是综合全案，存在没有排除合理怀疑的情况。例如，据以定案的一个或几个主要证据不确凿、不真实或不可靠，存在疑问且无法查证属实；构成犯罪的一个或几个要件的事实没有必要的证据加以证明；据以定案的证据与待证事项之间、各项证据之间存在无法排除的矛盾；根据证据得出的结论具有其他可能性。[①] 例如吕某先贪污再审刑事判决书［（2015）云刑再初字第2号］中就有“仅凭吕某先所写之‘收条’并不能得出吕某先将该2万元占为己有之唯一可能性，出具收条并不等于占有收条上的款项，故公诉机关该指控证据不足”；“1995年3月30日的转账支票存根上备注栏虽有李某签名，但收款人记载为贵州五星高科技公司，虽可证明吕某先参与了转款，但却不能证实吕某先占有了该笔款项”等说法。(2) 证据之间存在矛盾，不同证据之间无法形成统一的结论，甚至会证明存在完全相反的事实。例如，吕某先贪污再审刑事判决书［（2015）云刑再初字第2号］中就有“公诉机关所提交的仅为一份有中国公共关系协会函头的纸张的复印件，且其上并未盖有中国公共关系协会印章，与程某所作之‘盖章的空白函’的证词存在矛盾之处”的说法。(3) 依据证据所得结论与常理不符。法官认证时除了依据证据之外，同样会依据常理和逻辑。例如吕某先贪污再审刑事判决书［（2015）云刑再初字第2号］中就有“从常理看，方某作为会计人员，不会经手现金，而在公诉机关所指控的笔录中，所记载的却为‘将现金交给那个女同志’，与常理不符”的说法。

总体而言，此类规则与事实认定的盖然性有着很大的关系，辩护人可以对每一项证据以及证据和证据之间的关系以及基于证据所做结论与常理之间的关系进行反复推敲，进而寻找出没有被证明的要件事实或是寻找出相反的结论，从而实现无罪辩护。

【无罪判例1】晏某、杨某玲贪污罪一审刑事判决书（2017）川0113刑初24号

关于杨凤玲指使他人利用虚开发票侵吞笔记本购买款的指控事实因缺乏充分的证据支撑，未能形成证据锁链，不能排除合理怀疑，该指控不能成立。

……

---

① 张保生主编：《证据法学》（第3版），中国政法大学出版社2018年版，第361页。

关于被告人杨某玲指使他人通过虚开发票侵吞笔记本电脑购买款的指控评定。本院认为，证人张奎证实杨某玲向其请示过为徐泽配备一台电脑、徐某事后退还了“一台笔记本电脑”的事实；综合证人魏某、张某理的证言及检验鉴定文书，虽然可以证明虚开14,650元电脑发票的事实，但有关鉴定意见只能得出受检验笔记本电脑在购买日之前存在已经被开封使用的情形，无法证实该台笔记本电脑并非采购票据的实际对应物、而系杨某玲为虚构买卖事实而提供的，不具有唯一对应性。因该笔事实缺乏充分的证据支撑，未能形成完整的证据锁链，不能排除合理怀疑，对该笔指控不予支持。

【无罪判例2】吕某先贪污再审刑事判决书（2015）云刑再初字第2号

根据控辩双方的举证、质证，公诉机关举示的证据不足以证实被告人吕某先利用职务上的便利，非法占有国有财产的事实。公诉机关所举示的证据达不到事实清楚，证据确实充分的证明标准。具体表现：

（1）公诉机关指控吕某先以支付“95元旦相声小品文艺晚会”费用为名，从贵州广告公司套取2万元占为已有。公诉机关所举之证据为吕某先所写“收条”一份，但该收条仅只证实了吕某先收到了现金2万元。且在该收条上写明了该2万元是用于支付“95元旦相声小品文艺晚会”费用。而吕某先提交的照片、王某1 2004年5月2日出具的《关于贵州广告公司与中央电视台联合举办1995年元旦相声小品晚会其经费情况的简要说明》等证实了该2万元系用于在京人员的生活补助以及应酬费用。故仅凭吕某先所写之“收条”并不能得出吕某先将该2万元占为已有的唯一可能性，出具收条并不等于占有收条上的款项，故公诉机关该指控证据不足。

（2）公诉机关指控吕某先以中国公共关系协会的名义，以支付“垫付款”为由，从贵州广告公司将77,800多元汇到贵州五星高科技公司后，提取现金占为已有。根据对中国公共关系协会教科文部会计程某所作的调查笔录，其陈述为“在离开贵阳之前，李某主动提出帮助我们催款，向我们要盖章的空白函……”但就中国公共关系协会的函，从原审至本案审理时，公诉机关所提交的仅为一份有中国公共关系协会函头的纸张的复印件，且其上并未盖有中国公共关系协会印章，与程某所作“盖章的空白函”的证词存在矛盾之处，而该复印件上所写内容是否为吕某先所写也没有其他证据予以证实，而该函是否是吕某先交给贵州广告公司也无法证实，故该中国公共关系协会函头纸的复印件作为指控被告人吕某先犯罪的证据证明力不足。

（3）公诉机关根据王某2、方某的笔录得出吕某先提取现金占为己有，但王某2、方某所做的数份笔录存在内容相反的矛盾情形，在1996年5月29日王某2所做笔录中，其陈述为“当时我有一个熟人，叫吕某，找到我（具体这个人是什么单位的记不清了，我是在她推广广告的过程中认识的）她说，她们公司急用现金出差，问我们公司有无现金。我问财务后，回答她说有现金。同意帮她办提现金的事，具体她用支票到我公司怎样提现金一事，是由财务和方某经办的，她在我们公司提现金分为两次，一次提了75,000元，一次提了余下的2000元左右……”而在2004年3月9日笔录中，其陈述为“吕某这个人，至今我都不认识，是男是女我都不知道。只是后来听方会计说那7万多元是广告公司经理王某1来提走的……”前后内容不一且相左。方某在1996年5月30日所做笔录中陈述为“1995年3月我接王经理通知，有一个姓吕的女同志，要换7万余元的现金作旅差费，叫我办。我接姓吕的人王经理信用卡的收据后，根据收据记短期借款账。4月初分两次，第一次取了75,000元，第二次是2896.60元。这样就平了账。这些现金都交给姓吕的那个女同志，她把我写给她的收据交还我做账就完事了。”在2003年12月9日笔录中其陈述为“以上调查笔录（指1996年5月30日笔录）上我的陈述全部是我转述王某2经理的话，我是五星公司的会计，我不能经手五星公司的现金，也不可能我把75,000元现金亲手交给姓吕的同志”，同样前后内容不一且相左。故王某2、方某之笔录作为指控之证据证明力不足。从常理看，方某作为会计人员，不会经手现金，而在公诉机关所指控的笔录中，所记载的却为“将现金交给那个女同志”，与常理不符。

（4）1995年3月30日的转账支票存根上备注栏虽有李某签名，但收款人记载为贵州五星高科技公司，虽可证明吕某先参与了转款，但却不能证实吕某先占有了该笔款项。

（5）被告人吕某先系贵州师范学校教师，其与贵州广告公司系聘用关系，并不具备受委托管理、经营国有财产的资格，不符合贪污罪犯罪主体的资格。

本院认为，案件事实由若干具体情节构成，查清每一个基本情节是认定案件事实的基础。但是，公诉机关指控被告人吕某先贪污的事实，所提交的证据存在矛盾，不能排除合理怀疑。由于构成案件事实的基本情节不清楚，导致整个案件事实不清楚。因此，贵阳市云岩区人民检察院指控被告人吕某先犯贪污罪的罪名不能成立，本院不予确认。被告人吕某先及其辩护人提出的无罪辩解及辩护意见，本院予以采纳。

规则 10：同案犯以证据不足判决无罪，且已经生效。故检察机关对被告贪污犯罪的指控亦属于证据不足，因而指控的犯罪不能成立

【规则分析】该规则实际上针对的是共同犯罪中为了防止案件久拖不决的情况，因此对先归案的犯罪嫌疑人先行起诉，这实际上会产生已生效判决的效力问题。实际上，对于已生效判决，将其作为一种证据较为合理，但应避免不加区分，直接依据已生效判决书进行裁判，特别是有罪判决更是如此。

【无罪判例】李某海、李某元贪污一审刑事判决书（2018）冀 0132 刑初 21 号

本院认为，贪污罪是指国家工作人员利用职务上的便利，侵吞、窃取、骗取或者以其他手段非法占有公共财物的行为。本案中，检察机关指控被告人王某联、李某元、李某海与杜庄村委会签订虚假的耕地承包合同，在明知同案犯李某 2、王某 3 系套取国家粮食直补款的情况下，积极为其提供帮助，应当以贪污罪追究王某联、李某元、李某海刑事责任。同案犯李某录、王某联已于 2018 年 2 月 9 日被元氏县人民法院（2017）冀 0132 刑初 15 号刑事判决书以证据不足判决无罪，且已经生效。故检察机关对本案被告人李某海、李某元、王某联贪污犯罪的指控亦属于证据不足，因而指控的犯罪不能成立。应宣告被告人李某海、李某元、王某联无罪。

规则 11：现有新的证据能够证明事实，推翻原先有罪事实认定

【规则分析】《最高人民法院关于适用〈中华人民共和国刑事诉讼法〉的解释》第三百七十六条规定："具有下列情形之一，可能改变原判决、裁定据以定罪量刑的事实的证据，应当认定为刑事诉讼法第二百四十二条第一项规定的'新的证据'：（一）原判决、裁定生效后新发现的证据；（二）原判决、裁定生效前已经发现，但未予收集的证据；（三）原判决、裁定生效前已经收集，但未经质证的证据；（四）原判决、裁定所依据的鉴定意见，勘验、检查等笔录或者其他证据被改变或者否定的。”

因此，在刑事诉讼中被告方通过新的证据推翻原先事实认定进而获得无罪判决也是一种有效的办法。例如，薛某某贪污罪再审判决书［（2017）吉0582刑再1号］中就谈到了“现有新的证据能够证明石庙村二组2004年度补助款发放后没有余款，不存在剩余1700元退给薛某某并被其据为已有的事实”；姜某波贪污再审刑事判决书［（2017）鄂1124刑再2号］中也有“姜某波提交的新证据，即2011年度甘塘坳村退耕还林资金14,789.50元的入账凭证，足以证明姜某波并未贪污该款”的说法。但需要注意的是，如果律师或者被告人发现了新证据，一定要及时提交，避免被告人长时间处于不安的状态。

【无罪判例1】薛某某贪污罪再审判决书（2017）吉0582刑再1号

综上，现有新的证据能够证明石庙村二组2004年度补助款发放后没有余款，不存在剩余1700元退给薛某某并被其据为己有的事实，而石庙村二组2005年度补助款13,872元已由薛某某发放给孙某某，不存在薛某某未发放并据为己有的事实，故不能认定薛某某有罪，原公诉机关指控薛某某贪污1700元和13,872元的事实不成立，原审判决认定事实确有错误。对申诉人及其辩护人、集安市人民检察院提出的应当改判薛某某无罪的意见，本院予以采纳。

【无罪判例2】姜某波贪污再审刑事判决书（2017）鄂1124刑再2号

本院认为，姜某波提交的新证据，即2011年度甘塘坳村退耕还林资金14,789.50元的入账凭证，足以证明姜某波并未贪污该款。因此，英山县人民检察院指控原审被告人姜某波犯贪污罪，罪名不能成立。

【无罪判例3】王某岩犯贪污罪一案刑事判决书（2016）辽1481刑再1号

本院认为，原审中认定原审被告人王某岩贪污公款6650元，是依据原审时被告人王某岩的供述和相应证据认定的。现有新证据证实，此款是原审被告人王某岩为偿还兴城市计划生育服务站建办公楼到省计生委申请资金而购买三份海产品给省里有关人员送礼的费用。对于被告人多开6650元不是自己非法占有，是用于偿还去省里走访买海鲜的钱的辩解，以及其辩护人关于被告人多开发票的行为不是以非法占有为目的，缺乏贪污罪构成的主观、客观构成要件的辩护意见，本院予以采纳。

二、实体无罪规则

规则 12：非法占有公共财物的犯罪事实不清、证据不足，或无法证明具体数额

【规则分析】本规则实际上主要针对的是财物，即利用侵吞、骗取、窃取或者以其他手段非法占有公共财物。[①] 实践中，贪污的具体数额可能由多笔款项构成，因此需要对每一笔款项分别进行认定，即对每一笔款项的存在、是否使用非法手段、是否为公共财物进行判断，若不满足以上要求，则不能认定为贪污的款项。

【无罪判例 1】周某丽贪污罪一审刑事判决书（2017）甘 0111 刑初 137 号

本院认为，公诉机关指控 1997 年 8 月至 2000 年 4 月，七里河区城建企业公司从七里河建设局承揽了晏家坪、龚家湾四个小街巷的改造工程，工程决算总价 1, 918, 266 元。经审理查明，1997 年 10 月 8 日晏家坪小区道路改造工程核定造价 635, 056 元，1998 年 3 月 20 日晏家坪辖区道路改造工程核定造价 375, 119 元，1999 年 4 月 6 日晏家坪辖区道路改造工程核定造价 586, 079 元，2000 年 4 月 6 日龚家湾辖区道路改造工程的合同价是 330, 000 元。公诉机关认定龚家湾辖区道路改造工程的核定造价为 322, 012 元，但案卷内没有该工程的工程预（结）算审查核定汇总表，公诉机关认定该工程核定造价为 322, 012 元无证据证实。1999 年至 2001 年，兰州市七里河区城乡建设局共向七里河城建企业公司借款 385, 247. 53 元。七里河区城建企业公司出具的借（还）款的情况说明由兰州市七里河区住房和城乡建设局加盖公章予以确认，证实此借款已以支付工程款的方式全部还清，现挂账。公诉机关指控被告人周某丽非法占有的 358, 850 元是否包含在 385, 247. 53 元中事实不清、证据不足。故公诉机关指控周某丽利用其职务便利，违规超额支付 464, 916. 38 元，非法占有公共财物 358, 850 元的犯罪事实不清、证据不足。公诉机关指控被告人周某丽贪污 93, 000 元售房款。被告人周某丽辩称 2006 年至 2009 年给单位职工共发放福利 94, 000 元，其中 93, 000 元是收到的售房款，还有 1000 元是其他资金发放的。

---

① 参见张明楷主编：《刑法学（下）》，法律出版社 2016 年版，第 1184 页。

在没收到房款前，福利是用其他备用金发放的，收到该房款后就冲抵了之前发放福利的备用金。案卷内证人证言证实，2006 年至 2009 年被告人周某丽确实向单位职工发放过福利 94,000 元，但均不清楚资金的来源。针对被告人周某丽的辩称，公诉机关没有向本院提交发放福利的 94,000 元是由其他资金发放的，而不是由售房款发放的证据。故公诉机关指控被告人周某丽贪污 93,000 元售房款的犯罪事实不清、证据不足。综上，公诉机关指控被告人周某丽犯贪污罪的犯罪事实不清，证据不足，指控罪名不成立，本院不予支持。关于被告人周某丽及其辩护人请求法院对其判决无罪的辩护意见，本院予以支持。

【无罪判例 2】肖某刚贪污罪再审判决书（2015）阳刑再字第 1 号

本院认为，原判认定原审被告人肖某刚四笔犯贪污罪的事实不清，证据不足。

1. 关于原审认定肖某刚虚造发肖某温等 27 户林补款 5165.39 元（原审认定 5165.37 元有误）。从原审的证据来看，证人肖某温反映领了林补款，原公诉机关调查了一部分人反映肖某刚没有发放这笔林补款，但还有一部分人公诉机关没有调查核实。因此，原审以部分人未领过款进而认定 27 户都没有领过款，而且未将肖某温领取款的数额予以剔除，属于认定事实不清。

2. 关于原审认定肖某刚重复报支出村干部工资 5180.1 元。根据立华村财务做账的数据证实，用退耕还林支付村干部工资是 5184 元，分配金额是肖某平 1500 元、肖某刚 1848 元、邓某容 800 元、罗某云 1036 元，四位村干部均在工资表上签了名。在县乡经管局（站）清算时，该笔款仅做了一次支出。因此，原审认定该款属重复报账，属认定事实错误。

3. 关于原审认定肖某刚贪污粮补款 6764.22 元。根据原审查明的事实，肖某刚收入粮补款 28,090 元，向村里报账 21,325.5 元，但在原审庭审中，肖某刚供述付了 6000 多元粮补款给村民，该证据材料已交给原公诉机关。再审审理中，人和司法鉴定意见根据立华村财务账目反映，肖某刚支付粮补款 6764.55 元，其中，肖某刚将不愿意领款的 8 户村民的粮补款共计 1580 元上交乡财政所，乡财政所于 2008 年 10 月 15 日将 1580 元从信用社分别存入 8 户的存折上。原审认定该笔款属肖某刚隐瞒的犯罪事实，属于证据不足，事实不清。

4. 原审用肖某刚的退耕还林款总收入 195,233.5 元减去肖某平说的流水账

191,266.19元，所得差值3967.6元确定为贪污金额是不妥的。原审被告人肖某刚在公诉机关问话中承认退耕还林款是188,388元，根据信用社的取款凭证，从2004年9月到2007年11月止，立华村林补款是188,388元，2002年第一年林补款是15,191.50元，共计203,579.50元。同时，立华村的林补款分别打在肖某刚、肖某平、肖某安三人账户上，肖某刚、肖某平、肖某安及蔡桥乡林业站龙邵城分别领取过立华村的林补款，原审在未对取款凭条进行笔迹鉴定之前，直接认定肖某刚经手林补款195,233.5元，进而减去肖某平笔记本上记的流水账191,266.19元所得差值就是贪污金额，属认定事实不清。

综上所述，原审认定肖某刚犯贪污罪的事实不清，证据不足。且原公诉机关的再审建议、出庭履行职务的检察员和辩护人均认为原审被告人肖某刚犯贪污罪的事实不清，证据不足，故对原审被告人的申诉理由，本院应予支持。

【无罪判例3】孙一×、孙二×犯贪污罪一审刑事判决书（2014）宝刑初字第196号

本院认为，被告人孙一×身为村民小组长，在天津宝坻区经济开发区管委会征用宝坻区牛道口镇×××村土地过程中，协助镇政府地上物清点小组进行地上物清点工作，负责联系本小队村民，帮助辨认本小队村民被征用土地的地界。但是，根据现有证据查明的事实是在清点其兄被告人孙二×家被征用土地地上物时，由于事先孙二×委托孙一×代为参与地上物的清点，清点时孙二×及家人亦未到场，清点小组工作人员便根据孙一×辨认的地界对孙二×家的地上物进行了清点，孙一×对清点后的数字电话征求了孙二×的意见，孙二×表示无异议后，孙一×代表孙二×在地上附着物调查确认表上签上孙二×妻子的名字，清点小组亦许可了孙一×的此次代理行为，并按照此清点结果予以登记确认。可见，孙二×家被征用土地地上物的清点和确认均是由清点小组完成的。对结果亦应由清点小组负主要责任。公诉机关指控二被告人构成贪污罪而向本院提交的指控证据不能证明被告人孙一×多指认了孙二×家的地界，亦不能证明清点小组多清点了孙二×家被征用土地上的杨树是多指认地界造成的。虽然公诉机关提供的证据表明，孙一×在侦查阶段曾供称其在地上物清点前与孙二×有过通谋，孙二×要求其为孙二×家多清点地上物，但孙二×的供述一直予以否认，孙一×在开庭审理中亦推翻了这一供述，使孙一×的这一供述缺乏佐证，不能认定。因此，天津市宝坻区人民检察院指控被告人孙一×在协助人民政府征用土地的过程中，利用职务上的便利，伙同其兄被告人孙二×共同骗取国家补偿款的行为构成贪污罪，证据不足，指控的犯罪不能成立，应依法认定二被告人无罪。二被告人及辩护人提出的二被告人不构成贪污罪的辩护意见，本院予以采纳。

【无罪判例4】冉某某贪污罪二审刑事判决书（2015）泸刑终字第96号

本院认为，上诉人（原审被告人）冉某某在承包期间私自销售医用氧气瓶347个并占有了销售收入19万余元的事实存在，但由于医用氧气瓶本身为种类物，在冉某某承包期满后，氧气分厂存留的医用氧气瓶的数量仍大于新火炬公司移交给冉某某的数量，现有证据无法认定冉某某在承包期间处理的医用氧气瓶是新火炬公司所有还是其承包后购买。根据新火炬公司与冉某某于2008年6月1日所签订的《承包合同》第十九条的规定，“承包期满后，甲方（新火炬公司）以成本价的五折对乙方（冉某某）承包后购入的医用氧气瓶和运输车辆进行收购，或由乙方自行处理。如需继续承包，双方另行签订合同”，冉某某在承包期满后，对于其承包后购入的医用氧气瓶具有处分权，冉某某虽然在其承包期未满时就将医用氧气瓶予以销售并占有销售款，但由于无法确定其销售的医用氧气瓶是新火炬公司所有还是其在承包期间所购买，且承包期满后存留的数量远远大于新火炬公司移交的数量，因此现有证据不能证明冉某某具有非法占有新火炬公司的医用氧气瓶的故意，也不能证明其侵吞了新火炬公司的资产。故原判认定冉某某这一行为构成贪污罪的事实不清，证据不足，依法应予改判，四川省泸州市人民检察院关于本笔构成犯罪的意见不予采纳。上诉人及其辩护人关于销售收入19万余元不构成犯罪的辩解和辩护意见成立，本院予以采纳。

【无罪判例5】祁某某、祁×某、陈某某、郑某某犯贪污罪一审刑事判决书（2013）镇安刑初字第00084号

公诉机关指控被告人祁某某、祁×某、陈某某、郑某某以赵某明名义上报退耕还林面积，套取国家退耕还林补助，构成贪污。依据辩护人提供的并经庭审质证的证据，能够证实涉案地块1999年前在赵某明的承包地范围内。国家土地承包政策规定，二轮承包是在一轮承包的基础上，坚持“大稳定、小调整”

的原则，延长30年，同时规定“小调整”的方案要经村民大会或村民代表大会2/3以上成员同意，并报乡（镇）人民政府和县（市、区）人民政府主管部门审批。公诉机关未提供涉案的20亩退耕还林土地在二轮承包时调整为集体土地的证据，涉案退耕还林的20亩土地权属不清，且四被告人按照规定进行了还林并通过了验收，故公诉机关指控四被告人贪污退耕还林款的事实不清，证据不足，指控犯罪不能成立。

【无罪判例6】李某贪污罪再审刑事判决书（2014）浙金刑再终字第1号

本院认为，从案发后对李某担任义乌市江东街道九联村旧村改造财务出纳期间的账目的三次审计、一次核查情况看，虽然每次审计、核查的期末最终数额不同，但有三次结果期末结余金额均为负数，也就是九联村旧村改造支出大于收入。据此，不能排除李某担任九联村旧村改造出纳期间可能存在垫款的事实。至于李某在侦查期间所作的利用职务之便非法占有21,597元的供述，其在再审庭审中也以“当时我在里面没有办法只好承认，判决认定的事实都是假的”予以了否定。故义乌市人民法院再审一审判决认定李某利用担任义乌市江东街道九联村旧村改造办公室出纳职务之便，非法占有本单位现金21,597元的证据不足，据此予以定罪、适用法律错误，依法应予纠正。

【无罪判例7】李某录、王某联贪污一审刑事判决书（2017）冀0132刑初15号

在犯罪的客观方面，本案现有证据仅能证实该款部分用于给付王某2、李某1、李某5三人及发放困难补助等事项，不能证实二被告人在冒领粮食直补款后，将其余款项非法占为己有及非法占为己有的具体数额。尽管被告人李某录在侦查阶段供述其将部分款项用于请客送礼及个人吃喝花费，但其庭前数次供述前后不一致，且其在庭审中辩称涉案款项全部用于给付签合同的三人及村务支出了，故仅根据其供述与辩解本院无法认定具体犯罪数额，而本案缺乏据以印证具体犯罪数额的关联证据，根据本案现有证据无法达到案件事实清楚，证据确实、充分的法定标准，故公诉机关对被告人李某录、王某联犯贪污罪的指控属于证据不足，因而指控的犯罪不能成立，依法应宣告被告人李某录、王某联无罪。

【无罪判例8】黄某1贪污罪一审刑事判决书（2013）东刑初字第321号

关于焦点二，现有证据表明，中体旅公司账目及下设的咨询公司账目中存在两笔数额同为人民币36.5万元的款项支出，但北极星公司仅于2002年8月19日收到一笔从中体旅公司账户转入的36.5万元。从时间顺序、单据形式及内部逻辑关系分析，咨询公司账簿中粘贴的材料内容与此36.5万元款项支取关联性很强，故辩护人所提可能是财务人员将相应单据粘错的观点无法排除。公诉机关以公司账目中记载并附有“大诚航空公司”机票款发票，黄某1又不能对此说明用途，即认定为黄某1骗领、贪污了此笔款项，证据不足。

【无罪判例9】程某某犯贪污罪一案刑事二审判决书（2014）晋市法刑终字第301号

本院认为，2005年太行日报社与晋城市各县（市、区）协商决定定期出版县区版，由各县（市、区）某组组织、采写稿件。为解决组织、采写稿件的财力投入，调动某组办报的积极性，太行日报社决定通过市场化运作办法解决经费来源，允许县区版用不超过一个整版的版面刊登广告，广告收入中，报社用其中的30%解决广告经营产生的各项税收及相关费用，其余70%返还给各县（市、区）某组作为办刊经费，用于办刊过程中发生的劳务报酬、交通、通讯、招待等费用支出和广告承揽者的广告提成，各县（市、区）某组可自行制定使用办法。时任泽州县委某组组长闫某将此项任务交给时任泽州县委某组副组长程某负责。2005年5月至2007年7月，程某主管泽州版的组稿、编辑等工作，泽州县委某组的人员及非某组的程某A、李某、郭某等人均参与了泽州版的工作，太行日报社通过太行报业有限公司收取程某、王某、李某等人联系的泽州版宣传单位款215,000元，并通过太行报业有限公司返还泽州县委某组组稿费150,500元。程某个人决定返还款由泽州版编辑部与联系人三七分成，用于提成款及相关开支。泽州县委某组承担泽州版任务，太行日报社为解决泽州版办刊经费来源将广告业务实行市场化运作，决定返还广告收入的70%给某组，用于办刊过程中发生的劳务报酬、交通、通讯、招待等费用支出和广告承揽者的广告提成，某组完成泽州版任务，派人从太行日报社领回所承揽广告的返还款，该款应归某组全体所有，是公款，用于办泽州版事项。某组长闫某委托程某全权负责泽州版，程某负责稿件编写、广告联系，程某作为专版的负责人，有权按照太行日报社规定的广告返还款用途决定返还款怎么分配，程某个人决定返还款由泽州版编辑部与联系人三七分成，用于广告承揽者提成款及泽州版相关开支117,338元，剩余33,162元，程某支出项目符合太行日报社关于返还款用途的规定，现无证据证明程某采用侵吞、窃取、骗取或者以其他手段非法占有泽州版广告返还款，认定程某犯贪污罪证据不足，不能认定程某有罪，故认定程某无罪。原判以及抗诉机关认为程某的行为构成贪污罪的意见，因现证明程某的行为符合贪污罪构成要件的证据不足，不能认定程某构成犯罪，故原判认定以及抗诉机关抗诉所提程某构成贪污罪不能成立，对原判予以纠正，对抗诉意见不予支持。

【无罪判例10】陈某受贿案一审刑事判决书（2013）福铁刑初字第31号

关于被告人陈某是否隐瞒、侵吞该笔收入。被告人陈某辩解称所收取的5万元的使用均征得分管副段长杨某乙的同意。证人郑某、危某、杨某甲、杨某丙、黄某乙、杨某丁和阮某的证言，综合证明2006年7月至2007年6月，永安某段财务账面上没有路桥科接待费等费用的报销记录。2006年路桥科也没有在段账外账报销过任何费用。2006年年底，陈某提出工作开销没法解决，铁四院有一笔设计费，不行就从设计费里走。在年底的时候有找陈某报销了平时个人垫付的接待费和餐费，杨某甲、杨某丙和阮某分别报销了2万元、1万多元和三四千元。在年底科室发放奖金时，陈某说过是帮铁四院测量，给大家发点辛苦费，每人分到几百元。虽然部分费用的报销和发放科室奖金的时间有可能发生在陈某收到5万元之前，但不足以否定陈某将该笔5万元的全部或者部分用于报销科室工作开支和发放科室奖金等费用的可能性。故公诉机关该节指控，事实不清，证据不足。

关于被告人陈某个人账户的性质问题。虽然证人乐某证言声称在他担任永安某段段长期间已清理了科室设立的小金库，科室报销工作开销只能通过段正规财务账和段账外账资金解决。但段计财科科长危某证明清理科室小金库还未完成，乐某段长就已经调走了。证人郑某、杨某甲、杨某丁的证言，证明对于“工作开支由段统一报销，不允许科室另外找办法解决”均表示不知道或不清楚。证人阮某的证言，证明工务段历来由各科室自己解决工作开销。银行存取款明细账、证人危某的证言以及被告人陈某的供述，证明陈某尾号为××的个人银行账户除了徐某于2007年1月28日转入的5万元外，另外有几笔收入是永安某段计财科安排包工头潘某、黄某丙等人给陈某的报销接待费和出差预支款等费用。而福州铁路运输检察院反贪污贿赂局出具的侦查工作说明，证明该局在侦查陈某受贿一案过程中，多次寻找在永安某段施工的黄某丙、黄某丁、潘某等证人作证，但上述证人均联系不到。根据现有证据无法排除科室小金库的存在。现有证据不能认定被告人陈某尾号为××个人建行账户的所有资金均用于私人目的。

【无罪判例11】徐某学、王某师贪污一审刑事判决书（2016）晋0823刑初126号

2013年1月21日4万元一事一议奖补金转入王某师卡上，王某师将4万元提出后交给徐某学。2013年3月1日，小李村村委会与夏县禹王乡都城水利服务中心签订施工协议，约定由郭某某负责实施胡张乡小李村人畜吃水工程项目。2013年4月2日徐某学支付郭某某2万元，购水管支出8480元，后该工程在实施过程中因故停工。证人王某1、翟某3、刘某1、王某某等人的证言证实，小李村饮水管道工程是禹王水管站郭某某承包的。按照国家关于一事一议财政项目奖补金有关规定，一事一议财政奖补项目开展应坚持先议后筹、先筹后补的原则，只有在村民筹资、村集体投入到账，具备项目开工条件后，才能由村民委员会提出申请，由财政部门在项目竣工验收合格后一次性支付，或按工程进度拨付一事一议财政项目奖补金，在项目竣工验收合格后办理清算，多退少补。本案中胡张乡小李村在申请一事一议人畜吃水项目财政奖补金4万元过程中，存在议事程序不规范、申报资料虚假等情况，但4万元拨付后确实部分用于村里人畜吃水工程，徐某学在事后将七八万元票据交给王某师负责入账。据王某师供述，因为村里没有钱，也没有其他人垫钱，都是徐某学一个人垫钱，自己走账时发现开支大于收入，就把多开支的钱挂在徐某学名下。被告人徐某学辩解4万元一事一议款拨付后乡政府提留了1万元，自己为村集体垫资十多万元，王某师提供了4万元一事一议款的支出情况说明。二被告人关于4万元支出情况的供述存在不一致的地方，审理期间我院建议公诉机关对乡政府是否提留了1万元及王某师提供的支出情况进行核实，公诉机关亦未核实。现有证据能够证实，4万元奖补金拨付后确实部分用于小李村吃水工程（支付郭某某2万元，购水管支出8480元)，其余1万余元数额去向还有待核实，且达不到认定贪污罪的立案标准。公诉机关指控被告人徐某学犯贪污罪的事实不清，证据不足，指控的犯罪不能成立。

【无罪判例12】胡某能贪污案死刑复核刑事判决书《刑事审判参考》第275号

认定胡某能从广东省从化市[①]农业生产资料公司收取现金人民币52万元，证据不足，本院不予认定；认定胡某能在将3万吨进口化肥配额指标转卖给江苏省连云港市农业生产资料公司的过程中侵吞本公司利润款人民币30万元，构成贪污罪的事实不清，本院不予认定。

规则13：被告人的侵吞公款数额未达到贪污犯罪的定罪起点数额，且无其他法律追究刑事责任的情节

【规则分析】贪污罪的一般起刑点为3万元，根据《最高人民法院、最高人民检察院关于办理贪污贿赂刑事案件适用法律若干问题的解释》第一条第一款和第二款的规定，“贪污或者受贿数额在三万元以上不满二十万元的，应当认定为刑法第三百八十三条第一款规定的‘数额较大’，依法判处三年以下有期徒刑或者拘役，并处罚金。贪污数额在一万元以上不满三万元，具有下列情形之一的，应当认定为刑法第三百八十三条第一款规定的‘其他较重情节’，依法判处三年以下有期徒刑或者拘役，并处罚金：（一）贪污救灾、抢险、防汛、优抚、扶贫、移民、救济、防疫、社会捐助等特定款物的；（二）曾因贪污、受贿、挪用公款受过党纪、行政处分的；（三）曾因故意犯罪受过刑事追究的；（四）赃款赃物用于非法活动的；（五）拒不交代赃款赃物去向或者拒不配合追缴工作，致使无法追缴的；（六）造成恶劣影响或者其他严重后果的”。

因此，在贪污罪的辩护过程中，通过对贪污钱款的金额加以分析同样可能获得突破。例如，关某贪污罪一审判决书［（2015）呼刑初字第49号］“被告人的侵吞公款数额未达到贪污犯罪的定罪起点数额，且无其他法律追究刑事责任的情节，指控被告人关某贪污的罪名不能成立”；彭某某贪污罪一审判决书［（2016）黑2721刑初4号］“根据现有法律规定，被告人的侵吞公款数额未达

① 2015年从化撤市设区，变为从化区，后文不再另述。

到贪污犯罪的定罪起点数额，指控被告人彭某某贪污的罪名不能成立”等10个无罪案例均是由于贪污钱款未达到起刑点而宣告无罪。就律师而言，除了可以通过数额未达到起刑点这一理由进行辩护外，还可以通过与其他辩点配合，证明一部分款项没有证据证明属于贪污所得，而剩下的款项未达到起刑点。

【无罪判例1】被告人彭某某贪污罪一审判决书（2016）黑2721刑初4号

本院认为，公诉机关指控被告人彭某某利用职务上的便利，侵吞公款人民币9800元，根据现有法律规定，被告人侵吞的公款数额未达到贪污犯罪的定罪起点数额，指控被告人彭某某贪污的罪名不能成立。

【无罪判例2】曹某甲、张某甲、王某甲、王某乙犯贪污罪一审刑事判决书（2015）成刑初字第91号

被告人王某甲利用职务便利骗取公共财物4400元，未达到贪污罪的立案标准，不以贪污罪论处。

【无罪判例3】花某某犯贪污罪一案一审判决书（2015）双桥刑初字第287号

本院认为，2005年至2012年，被告人花某某利用担任河北省承德市高新区冯营子镇砖瓦窑村会计的职务之便，在该村退耕还林时，协助承德市双桥区林业局、承德市高新区冯营子林业站对砖瓦窑村进行退耕还林地的测量、统计、报表等工作，花某某为多得退耕还林补偿款，在自己名下虚报20亩土地，侵占国有资金21,256.40元，其行为属于贪污，公诉机关指控的事实清楚，证据确实、充分，但其贪污数额未达到数额较大，亦无其他严重情节，依法不应受刑罚处罚，不构成贪污罪，公诉机关指控被告人花某某犯贪污罪不能成立。

【无罪判例4】关某贪污罪一审判决书（2015）呼刑初字第49号

本院认为，公诉机关指控被告人关某利用职务上的便利，侵吞公款人民币14,500元，根据现有法律规定，被告人侵吞的公款数额未达到贪污犯罪的定罪起点数额，且无其他法律追究刑事责任的情节，指控被告人关某贪污的罪名不能成立。

【无罪判例5】陈某贪污罪一案刑事判决书（2015）呼中刑初字第6号

本院认为，被告人陈某身为国家工作人员，利用职务上的便利，以非法占有为目的，侵吞公共财物17,400元用于个人消费的行为构成贪污。但本案在审理过程中，2016年4月18日《最高人民法院、最高人民检察院关于办理贪污贿赂刑事案件适用法律若干问题的解释》正式施行，依照其中第一条第一款、第二款的规定，本案被告人陈某贪污数额不满3万元，且不符合贪污数额在1万元以上不满3万元构成贪污罪所具有法律规定的“其他较重情节”，不符合追诉条件，公诉机关指控的犯罪不能成立。据此，经本院审判委员会讨论决定，依照《刑法》第十二条、《最高人民法院、最高人民检察院关于办理贪污贿赂刑事案件适用法律若干问题的解释》第一条第一款、第二款的规定，判决被告人陈某无罪。

【无罪判例6】林某甲贪污一审刑事判决书（2015）汕陆法刑初字第326号

本院认为，被告人林某甲身为村委会副主任兼出纳，在协助政府管理公务活动中，利用职务上的便利，侵吞上级下拨的种粮补贴款人民币25,250元。根据《最高人民法院、最高人民检察院关于办理贪污贿赂刑事案件适用法律若干问题的解释》第一条的规定，被告人林某甲贪污的数额未达到追究刑事责任的规定数额，公诉机关指控被告人所犯罪名依法不能成立，不予支持。

【无罪判例7】彭某某贪污罪一审判决书（2016）黑2721刑初4号

本院认为，公诉机关指控被告人彭某某利用职务上的便利，侵吞公款人民币9800元，根据现有法律规定，被告人侵吞的公款数额未达到贪污犯罪的定罪起点数额，指控被告人彭某某贪污的罪名不能成立。

【无罪判例8】尹某明、程某举、冉某利、冉某泽贪污罪刑事一审判决书（2016）甘1227刑初35号

被告人冉某利作为冉庄村党支部书记，利用负责征地工作的职务之便，伙同尹某明、程某举以虚增征地面积和地上附着物数量的手段，共在他本人、尹某明、冉某利、冉某泽名下虚增征地3.5亩，在他本人、尹某明、程某举名下虚增核桃树118棵，合计骗取国家征地补偿款210,800元，自己分得56,800元；被告人冉某泽作为冉庄村前庄社社长，利用协助镇、村开展征地工作的职务之便，在尹某明、冉某利、程某举商议决定后，在尹某明的授意下，冉某泽以虚增征地面积0.5亩的手段骗取国家征地补偿款20,000元，因在诉讼过程中，《最高人民法院、最高人民检察院〈关于办理贪污贿赂刑事案件适用法律若干法律问题的解释〉》发布，对贪污犯罪立案标准作出新的规定，故被告人冉某泽的行为不构成犯罪。

【无罪判例9】赵某宅贪污一审判决书（2014）肃刑初字第160号

本院认为，被告人赵某宅作为村干部，在协助林业局等国家行政机关从事林补、粮补的申报发放过程中，利用职务便利，多领、冒领国家补贴，共计2547.2元，其行为侵犯了国家的廉政制度及国家财物所有权，但未达到贪污罪的追诉标准，不构成贪污罪，应由其所在单位或上级主管机关给予行政处分。

规则14：被告人侵犯的财产为私人财产，并非公共财产，其行为不符合贪污罪的犯罪构成要件

【规则分析】贪污罪的对象主要是公共财物或是国有财物。所谓公共财物主要包括：国有财产，劳动群众集体所有财产，用于扶贫和其他公益事业的社会捐助或者专项基金的财产，国家机关、国有公司、企业、集体企业和人民团体管理、使用或者运输中的私人财产。国有财产是指国家所有的财产，包括国家机关、国有公司、企业、事业单位、人民团体拥有的财产，以及国家机关、国有公司、企业、事业单位在合资企业、股份制企业中的财产。①

实践中，卢某贪污一审刑事判决书［（2015）东刑初字第146号］中的讨论颇具有代表性，其对贪污罪的犯罪对象进行了较为详细的分析，具体见下文无罪判例1。

【无罪判例1】卢某贪污一审刑事判决书（2015）东刑初字第146号

本案控辩双方争议的焦点：被告人卢某的行为是否构成贪污罪，其侵犯的公告费是公共财产还是私有财产？综合控辩双方的意见及本案证据，本院评判如下：

贪污罪的犯罪对象是公共财产。《刑法》第九十一条明确规定，公共财产是指下列财产：（1）国有财产；（2）劳动群众集体所有的财产；（3）用于扶贫

① 参见陈兴良：《口授刑法学》（第2版），中国人民大学出版社2017年版，第412～413页。

和其他公益事业的社会捐助或者专项基金的财产。在国家机关、国有公司、企业、集体企业和人民团体管理、使用或者运输中的私人财产，以公共财产论。本案的公告费，是由收养人按实际缴纳，理应直接交给报社，被告人卢某为了方便群众办理登记才私自收下转交给报社。本案的收养人让被告人卢某代为交纳公告费而给予其财物，是基于委托关系而交给卢某个人保管的财物，本质上属于收养人的私人财产。在案的证人田东县民政局的出纳施某、会计周某2均证实，公告费是按实际交纳，不用上交财政，所以局里对这部分收费没有做入账处理，涉案的公告费并没有进入到田东县民政局的公家账号，不属于《刑法》规定的“在国家机关、国有公司、企业、集体企业和人民团体管理、使用或者运输中的私人财产”，不应以公共财产论处。

本院认为，被告人卢某侵犯的财产为私人财产，并非公共财产，其行为不符合贪污罪的犯罪构成要件。公诉机关指控被告人卢某犯贪污罪的证据不足，指控的犯罪不能成立。对于被告人卢某及其辩护人提出被告人卢某的行为不构成贪污罪的辩护意见，与查明的事实相符，本院予以采纳。

【无罪判例2】晏某、杨某玲贪污罪一审刑事判决书（2017）川0113刑初24号

本院认为，公诉机关关于被告人晏某、杨某玲犯贪污罪的指控不能成立，本院不予支持，主要理由：伊红公司给二被告人发放的超目标利润奖金的性质不属于公款，二被告人不存在利用职务便利直接非法占有公共财物的可能性。

……

关于超目标利润奖金性质的认定。超目标利润奖金属于职工薪酬福利的一部分，其类型也并非属劳务派遣费用，而是二被告人在伊红公司有权领取的个人劳动报酬。攀成钢公司作为伊红公司的股东之一，根据《中外合资经营企业法实施条例》（已失效）第八条“合营企业获得的毛利润，按中华人民共和国税法规定缴纳合营企业所得税后，扣除合营企业章程规定的储备基金，职工奖励及福利基金、企业发展基金，净利润根据合营各方注册资本的比例进行分配”规定，攀成钢公司有权请求伊红公司分配在提取三项基金后相应比例的经营利润，有关请求分配利润的范围并不包括二被告人的个人劳动报酬。攀成钢公司在行使对伊红公司利润分配请求权，获取伊红公司经营利润的过程中并不附随获取二被告人在伊红公司所领取的超目标利润奖金的所有权，故奖金性质不属于公款。二被告人不存在利用其作为在国有公司从事公务人员的身份而形成的职务便利，侵吞、窃取、骗取或以其他非法手段非法占有国有财物的可能性。

规则 15：涉案款项是合法收入

【规则分析】本规则的核心在于贪污罪的对象问题，该问题在规则 14 中已有详细论述。现有无罪判例中，对于合法款项已经确认的包括：(1) 经单位同意或确认；(2) 财产属于政府奖励；(3) 财产属于粮食补贴款；(4) 个人中介费；(5) 退房的合理补偿。

【无罪判例 1】王某贪污、挪用公款案二审刑事判决书《刑事审判参考》第 422 号

辽宁省高级人民法院认为，王某虽然冒充朱某冬的名义从单位预支了 45 万元房款，但其在报销时向单位明确，系其本人购房用款。由于王某所在单位进行住房改革，该笔款项为王某应得款项。王某及其辩护人所提此笔报销 45 万元购房款不构成贪污犯罪的上诉理由和辩护意见，予以采纳。王某用空军大连房地产处的发票，核销其于 2002 年 8 月 18 日从单位取得人民币 48 万元的转账支票，系兑现“请示”批准的奖励，不属于贪污。王某及其辩护人所提此笔 48 万元不构成贪污罪的上诉理由和辩护意见，予以采纳。

【无罪判例 2】于某鳌贪污二审判决书（2014）鞍刑二终字第 00381 号

关于上诉人于某鳌及其辩护人提出的位于某街的房屋是经苏区长同意购买，产权是某厂的，是单位福利分房，经房改取得房屋所有权的上诉理由及辩护意见。经查，于某鳌供述及刘某英、周某忠的证言证明某街的房子是在嘉奖令之前经请示苏区长同意后购买的。结合 1994 年于某鳌在任某厂董事长期间，班子会研究决定购买联建房八户，分配给除于某鳌以外的八名班子成员，属福利分房性质，且房屋的使用权属于某厂。故对上诉人于某鳌及其辩护人的该项上诉理由及辩护意见，应以采纳。

关于上诉人于某鳌及其辩护人提出其取得的胜利路的房屋及 20 万元是某区政府奖励的，不构成贪污罪，应改判其无罪的上诉理由及辩护意见。经查 199×年某区政府颁发嘉奖令，奖励于某鳌人民币 30 万元，高级三室一厅住宅一套。嘉奖令虽没有写明奖励房屋的产权性质，但某厂与某公司签订房屋地点、三室一厅标准内容的购房合同与嘉奖令一致，而合同标明房屋办理个人产权，证人丁某的证明材料证明依据嘉奖令购买某公司房屋的事实予以佐证。由于某公司没有合同约定标准的房屋，退款20万元给于某鳌及给付的位于胜利路的房子应是奖励的。故对上诉人于某鳌及其辩护人的该项上诉理由及辩护意见，应以采纳。

本院认为，原判认定上诉人于某鳌利用职务便利，侵吞公款，其行为构成贪污罪的证据不足。

【无罪判例3】孙某山、苏某宗贪污一审刑事判决书（2017）冀0181刑初101号

本院认为，国家粮食补贴的对象是种粮的农民，被告人苏某宗与东朗月村委会签订284亩土地承包合同，应享有承包期内取得国家粮食补贴款的权利，承包合同虽然约定粮食补贴款归村委会，但并不能由此改变国家粮食补贴款的性质。被告人苏某宗承包东朗月村委会284亩土地的事实属实，其取得90亩土地粮食补贴款的行为，符合国家粮补政策规定，虽然被告人苏某宗在支取粮补过程中通过孙某山将90亩土地虚挂在马某、苏某名下，但因苏某宗承包东朗月村284亩土地的事实属实，其取得90亩土地粮补款并不具有非法占有的目的。因此，公诉机关指控被告人苏某宗、孙某山犯贪污罪，指控罪名不能成立。二被告人及辩护人无罪的辩护意见，本院予以采纳。综上所述，依照《刑事诉讼法》第一百九十五条第二项的规定，判决被告人苏某宗和孙某山无罪。

【无罪判例4】黄某贪污罪一审刑事判决书（2013）东刑初字第321号

关于焦点一，公诉机关提供的证人证言及相应书证证明中体旅公司不允许内部员工提取赞助费佣金。而辩方提供的到庭证人证言及相应书证证明公司存在“奖励为公司拉赞助的个人中介费（佣金）按20%～25%，由部门或经办人负责”的规定。公诉机关虽对辩方证据的真实性及证明力提出异议，但在无客观证据证实中体旅公司关于赞助费代理佣金给付的具体规定的情况下，不能推翻辩方观点。故起诉书指控被告人黄某以支付代理费佣金为由，以支付世界杯退团款的名义，将相应钱款支取后予以占有构成贪污罪，事实不清，证据不足。

【无罪判例5】董某贪污二审刑事判决书（2014）秦刑终字第143号

本院认为，上诉人董某得到的110,800元款项，是其身为普通村民参与购买样板房之后，退房得到的合理补偿，是合法所得，其当时并未担任该村村民委员会主任一职，不属于《刑法》第九十三条第二款规定的“其他依照法律从事公务的人员”，不是贪污罪的主体。虽然其父亲董某清在上诉人董某担任该村村民委员会主任期间，购买剩余两套样板房中的一套，但与其他购房村民按同样的标准支付了购房款，故公诉机认定董某利用职务便利，在未退还拆迁安置费的情况下，以其父董某清的名义购买一套样板房，构成贪污罪的指控不成立。上诉人董某及其辩护人提出的上诉理由及辩护意见与查明事实相符，予以采纳。

规则16：没有实施贪污行为

【规则分析】贪污手段多种多样，但归纳起来不外乎是采取侵吞、窃取、骗取或者其他手段非法占有公共财物。侵吞财物，是指行为人将自己管理或经手的公共财物非法转归自己或他人所有的行为。概括起来，侵吞财物的方式主要有三种：一是将自己管理或经手的公共财物加以隐匿、扣留，应上交的不上交，应支付的不支付，应入账的不入账；二是将自己管理、使用或经手的公共财物非法转卖或擅自赠送他人；三是将追缴的赃款赃物或罚没款物私自使用或非法据为私有。

窃取财物，是指行为人利用职务之便，采取秘密窃取的方式，将自己管理的公共财物非法占有的行为，也就是通常所说的监守自盗。如果出纳员仅是利用对本单位情况熟悉的条件，盗窃由其他出纳员经管的财物，则构成盗窃罪而非贪污罪。

骗取财物，是指行为人利用职务之便，采取虚构事实或隐瞒真相的方法，非法占有公共财物的行为。例如，出差人员用涂改或伪造单据的方法虚报或谎报支出冒领公款，工程负责人多报工时或伪造工资表冒领工资，收购人员谎报收购物资等级从中骗取公款等。①

---

① 参见张明楷主编：《刑法学（下）》，法律出版社2016年版，第1184页。

【无罪判例 1】刘某某贪污二审刑事判决书（2013）榕刑终字第 69 号

本院认为，从贪污罪的主观要件分析，本案在案证据显示，上诉人刘某某的妻子蔡某甲与永泰县连心坝水电站签有《连心坝水库除险加固及渠道水毁修复工作承包合同书》。依照承包合同的规定，工程款虽属水利局所有，但上诉人刘某某作为承包方，有权领取相应的工程款进行施工。上诉人刘某某将工程款从连心坝水电站领出后，因为天气等客观因素影响致其尚未实施除险加固和水毁修复工程。本案现有证据不能排除水库确实存在需要除险加固，即报表上没有险情，但实际存在险情的情况。因此，根据本案现有证据不能证明上诉人刘某某主观上有将工程款项占为己有的目的。从贪污罪的客观要件上分析，没有证据证明上诉人刘某某实施了贪污行为。上诉人刘某某作为承包方将工程款从水电站领出，是着手实施承包合同的开始。由于天气等原因的影响，承包工程无法动工，上诉人刘某某不可能对工程款进行结算、报账。原判关于上诉人签订承包合同将款项从水电站领出，即已完成贪污行为的认定错误。

【无罪判例 2】谢某红贪污再审刑事判决书（2018）赣 07 刑再 1 号

本案中认定谢某红实施了贪污行为的证据也不足。谢某红并没有实施虚假平账行为；谢某红收取了 34 户改造户的 50 余万元，虽存放于自己账户，但检察机关并无证据证明其将这些钱用于个人开支或挥霍。

【无罪判例 3】李某清等被控贪污案二审刑事判决书《刑事审判参考》第 377 号

孝感市中级人民法院认为，原审被告人李某清、张某军、刘某梅主观上不具有贪污的共同故意，客观方面不符合共同贪污的行为特征，不构成贪污罪。

【无罪判例 4】张某贪污罪刑事再审判决书（2017）藏 03 刑再 1 号

公诉机关提出的实际发放资金为 975, 485 元，必须确切无疑是发放给群众的实际金额，本院根据发放花名册结合群众的分户建卡卡片核算出发放给群众的资金为 974, 757 元，阿某在财政局公用便笺上给张某提供的实际发放金额为 974, 502 元，均与公诉机关查实的金额存在差距。另原审被告人张某把 107 万元中剩余的现金 58, 482. 5 元，实际支付给了阿某，结合财政局公用便笺上原审被告人张某标注的实际余88,575元等证据，并不能排除在实际发放之外确有资金剩余和其他支出，但就本案目前的证据无法确切证明张某实际参与发放了多少资金，以及在实际发放金额之外没有其他支出。公诉机关指控张某贪污36,032.50元的事实不清，证据不足。

规则17：行为是职务侵占行为，数额尚未达到数额较大

【规则分析】该辩点是通过一种巧妙的配合进而实现有效的辩护，其核心是将贪污罪转化为职务侵占罪，再通过证明职务侵占行为未达到法定数额，最终实现无罪辩护。根据《最高人民法院、最高人民检察院关于办理贪污贿赂刑事案件适用法律若干问题的解释》第十一条第一款的规定，“刑法第一百六十三条规定的非国家工作人员受贿罪、第二百七十一条规定的职务侵占罪中的‘数额较大’‘数额巨大’的数额起点，按照本解释关于受贿罪、贪污罪相对应的数额标准规定的二倍、五倍执行”。这一规定与贪污罪的数额标准实际上就形成了一定的数额差，即当数额在3万~6万元时，如果能通过辩护实现贪污行为到职务侵占行为的转化，则可能获得无罪判决。

另外，贪污罪是“指国家工作人员利用职务上的便利，侵吞、窃取、骗取或者以其他手段非法占有公共财物的行为”，而职务侵占罪是“指公司、企业或者其他单位的人员，利用职务上的便利，将本单位财物非法占为已有，数额较大的行为”，两者的核心区别在于主体不同。例如，李某贪污罪一审刑事判决书［（2016）鄂1303刑初10号］中就提及：“被告人李某在天马公司工作期间的身份，不属国有公司委派到非国有公司从事公务的人员，其在天马公司工作不具有代表汉江集团从事公务的性质，故对被告人李某不应以国家工作人员论。”因此，辨别被告人的身份是十分关键的。

【无罪判例1】张某权犯贪污罪一案一审判决书（2015）双桥刑初字第192号

本院认为，被告人张某权系村民小组长，在镇政府征占土地工作中，利用职务上的便利将本属于集体的土地登记在其父张某乙名下，非法取得土地附着物补偿款34,642元，其行为是将村集体财产非法据为已有，是职务侵占行为。被告人张某权侵占数额尚未达到数额较大，依法不应当受刑罚处罚，其行为不构成犯罪。

【无罪判例2】李某贪污罪一审刑事判决书（2016）鄂1303刑初10号

本院认为，被告人李某在担任天马公司法定代表人、总经理期间，利用职务便利，伙同本单位其他工作人员采用虚列支出的手段，将本单位财物非法占为己有，其行为性质属于职务侵占。关于公诉机关对“被告人李某的身份为国家工作人员，并利用职务便利侵吞国有资本参股企业公款，构成贪污罪”的指控，经查：汉江集团系国有独资公司，众联公司系工商注册属私营实为自然人投资为主体少量国有资本参股的混合性质公司，具有独立法人资格，汉江集团非天马公司的股东，天马公司也非汉江集团或众联公司的分支机构，且在案卷证据只能证实众联公司向天马公司投资并先后持有天马公司70%和100%的股权，无证据证实汉江集团直接向天马公司投资。被告人李某与同案人非法占有天马公司财产的行为所侵犯的客体不属于国有财产所有权。虽然被告人李某系汉江集团职工，但汉江集团向众联公司推荐李某到天马公司作为总经理、法定代表人人选，属于其作为众联公司股东之一行使对众联公司经营、管理的建议权，众联公司采纳了汉江集团的建议，将李某推荐到天马公司任总经理、法定代表人，系代表众联公司到天马公司履行职务，但不等同于李某到天马公司工作是代表汉江集团从事监督、经营、管理国有资产的职责。被告人李某在天马公司工作期间的身份，不属于国有公司委派到非国有公司从事公务的人员，其在天马公司工作不具有代表汉江集团从事公务的性质，故对被告人李某不应以国家工作人员论。综上，被告人李某的行为应符合职务侵占的犯罪构成和犯罪特征。被告人李某及其辩护人提出“李某的行为应构成职务侵占”的辩解、辩护意见，本院予以采纳。被告人李某伙同他人职务侵占资金数额仅55,000元，尚未达到《最高人民法院、最高人民检察院关于办理贪污贿赂刑事案件适用法律若干问题的解释》规定职务侵占罪“数额较大”的起点，故其行为依法不构成犯罪，但其所侵占资金仍属非法所得，依法应予追缴。

【无罪判例3】桂某兴、强某等犯贪污罪二审刑事判决书（2016）皖02刑终151号

1. 关于桂某兴是否重复报销94,659元，经查，桂某兴在侦查机关的供述反复，其既供述称给俞某3万元好处费，剩下的征地拆迁款到了村里的小金库里，又供述称给俞某13万元好处费，其一审当庭辩解给俞某的好处费是13万元，不存在重复报销的事情，庭后其自书认罪书对其在村小金库重复报销桂林旅游费用 94, 659 元，并予以侵吞的事实又供认不讳，二审辩称给俞某的好处费是 13 万元，不存在重复报销的事情，其对上述供述的反复并无合理解释。对于凤形村村委会给俞某好处费或者拆迁补偿款的数额，虽桂某兴供述称给俞某的好处费是 13 万元，但强某供述称镇政府拆迁办将拆迁补偿款下发到村里后，村两委开会商量给俞某 3 万元，俞某供述称其只拿了 3 万元，证人许某的证言亦证实凤形村村委会给俞某的拆迁补偿款是 3 万元，上述证人证言相互吻合，因此，应认定为 3 万元。书证凤形村财务冲账明细表证实资金来源方有天之源服饰公司返还拆迁补偿款应付 203, 024 元，实付 130, 000 元，剩余 73, 024 元；资金付出方桂林旅游费用 94, 659 元，冲账余额 666 元，结合俞某、强某的供述以及证人许某的证言可以认定凤形村村委会向俞某借款 10 万元用于桂林旅游费用，未入收入账，而桂某兴作为凤形村村委会小金库资金的保管人，其利用职务之便，在小金库中将该未入收入账的 10 万元中的桂林旅游费用 94, 659 元作为支出予以报销，并予以侵吞，显系重复报销，因此，应认定桂某兴构成职务侵占罪。

2. 关于强某、俞某是否构成职务侵占罪的共同犯罪，经查，在案卷证据证实俞某与凤形村村委会签订协议约定天之源服饰有限公司因生产需要搭建的砖瓦结构房屋及附属物，因征用拆迁，该房屋及附属物补偿款归凤形村村委会所有。后由于村委会想从该拆迁补偿款中套取资金作为集体旅游费用，俞某也想要点拆迁补偿款，双方事先有通谋，在强某的授意下，篡改了以前的协议，使得俞某占有了凤形村集体资金 3 万元，可见，俞某占有该 3 万元是利用强某等人职务上的便利，故俞某和强某系共同职务侵占，鉴于二审期间《最高人民法院、最高人民检察院关于办理贪污贿赂刑事案件适用法律若干问题的解释》对职务侵占罪的定罪量刑标准作出了调整，根据从旧兼从轻的原则，强某、俞某应适用调整后的标准定罪量刑。由于职务侵占罪数额较大的起点标准已变更为 6 万元，而强某和俞某职务侵占的数额为 3 万元，因此，强某和俞某的职务侵占行为未达到定罪标准，不构成犯罪。

本院认为，强某、俞某的犯罪数额未达到追诉标准，因而不构成犯罪。桂某兴作为村民委员会组成人员，在履行管理本村集体事务过程中，利用职务上的便利，侵吞村集体财物，数额较大，其行为已构成职务侵占罪。鉴于二审期间对职务侵占罪的定罪量刑标准作出了调整，根据从旧兼从轻的原则，应按调整后的标准对桂某兴判处相应的刑罚。

【无罪判例 4】曹某甲、张某甲、王某甲、王某乙犯贪污罪一审刑事判决书（2015）成刑初字第 91 号

被告人王某乙不是村集体成员，主观上没有侵占村集体财物的故意，客观上所得款 5000 元未达到职务侵占罪的立案起点，故其行为不构成职务侵占罪。

规则 18：涉案款项的用途均有合法渠道

【规则分析】本辩点与规则 14 有些相似，其实质是没有实施贪污行为，具体而言，是每一笔款项均有合理的使用途径，不符合贪污罪的具体构成方式。

【无罪判例】田某某贪污一案再审刑事判决书（2015）洪刑再字第 1 号

汾西县人民法院（2005）汾刑初字第 37 号刑事判决书，认定的被告人田某某截留款项及业务支出应扣除的款项均属实，但原审被告人田某某及其辩护人提出对汾西县人民法院漏算的保费 242, 303 元、以存单抵押投保的 148, 240 元、公务购车支出 113, 000 元及会议费开支 30, 940 元应予从截留数额中扣除。

1. 漏算的保费 242, 303 元均已上交且全部为学生保费的事实

2000 年汾西代办所实际上交学生意外险保费 451, 093 元，汾西县人民法院依据《中国人寿保险承保统计台账》4 月、9 月两张台账统计认定上交保费共计 208, 790 元，其余 242, 303 元认定贪污。但根据现有 2000 年财务报表《保费明细账》《资产负债表》《税务局完税证明》及原财务人员任某某、业务人员孙某丽出具的证明材料，证明漏算的 242, 303 元均已上交且全部为学生保费。因此，汾西县人民法院将该笔款项认定为田某某贪污不当。

……

2. 原审被告人田某某曾以存单抵押收取 148, 240 元保费的事实

2002 年 2 月，临汾分公司召开会议，要求汾西代办所在一个月完成鸿泰保险 200 万元的保费任务，为了更好地完成该项工作，汾西代办所先后为 30 多人办理了鸿泰保险，但因投保人资金紧张，有部分投保人用存单办理投保，汾西代办所收取存单抵押，然后用煤矿意外保费暂时垫交鸿泰保费并上交分公司，待存单到期后，提取现金补齐煤矿意外保费缺额，并与抵押人长退短补，再行清结。2002 年 12 月共上交分公司鸿泰保费 60 余万元，剩余李某某、侯某平等

6人的存单未到期，当时本息合计148,240元未能提取现金。2002年12月8日田某某被羁押，汾西县人民检察院把李某某入保的银行存款51,760元从汾西县农行凤城储蓄所划拨，其余5份存单共计9万余元在储蓄所存放，后已全部上交临汾分公司。

……

3. 原审被告人田某某购买桑塔纳轿车的事实

2001年，经临汾分公司党组会议研究决定，同意汾西代办所以“以租代买”的方式购买车辆。同年2月5日，田某某从杨某祥手中以113,000元的价格购买一辆二手桑塔纳2000型小轿车，该车作为代办所的业务用车，产权属临汾分公司，不应认定为贪污。

……

综上，本院认为，汾西县人民法院所认定的原审被告人田某某截留保费及所应扣除的业务支出事实均属实。但原审被告人田某某及其辩护人提出数额有误的辩解理由，经本院查明，原审被告人田某某购买桑塔纳2000型轿车和收取的煤矿意外险用于垫付用存单抵押交纳鸿泰保费，均不能构成贪污罪。原审被告人田某某尚有部分业务支出亦应当从其截留款中扣除。据此，汾西县人民检察院指控原审被告人田某某犯贪污罪的证据不足，其指控的犯罪不能成立。

规则19：行为属一般违反财务制度行为

【规则分析】本规则的关键在于区分贪污罪和一般违反财务制度行为。一般违反财务制度行为虽然同样是违反规定的行为，但其与贪污罪之间仍有很大区别。在陈某某犯贪污罪再审刑事判决书［（2009）沂刑再字第2号］中，陈某某虽然存在收款未上交的行为，但综合分析本案情节，所有款项最终全部还清。同时陈某某也并没有贪污的故意和行为，因此本案最终并未认定为贪污罪。

从该案件可以看出，律师在进行辩护中，可以尝试区分贪污行为与一般违反财务制度行为，进而通过该方法完成无罪辩护。在使用这一方法时，要着重分析被告人的行为以及其目的。例如，被告人陈某某犯贪污罪一案中，被告虽有“收款后未上交”“从中扣二百七十五元八角作为一百件秋衣款上交，并将交款单给了姚某娜以冲销了一百件秋衣的代销款”等行为，但最终将全部款项交出，因此没有被认定为贪污罪。

【无罪判例1】陈某某犯贪污罪再审刑事判决书（2009）汴刑再字第2号

经再审查明：1980年10月初陈某某经本店针织组营业员姚某娜拿秋衣一百件，计款275.8元，让其三叔代销，陈某某收款后未上交。随后该店让姚某娜和刘某香到上海组织货源，姚某娜提出借款，陈某某便将放有代销款向姚某娜说明，并借给姚某娜100元，又借给刘某香120元，姚某娜、刘某香返汴后，刘某香将借款清账，而姚某娜从1980年12月至1981年4月中旬分四次还清。1980年12月陈某某收本店退休职工邵盘代销布款1500元直接交到总店，填了两张交款单，交布款1224.2元，从中扣275.8元作为一百件秋衣款上交，并将交款单给了姚某娜以冲销了一百件秋衣的代销款。1981年4月24日在学习班期间陈某某将275.8元全部交出。

本院再审认为，陈某某未及时上交秋衣代销款的行为属一般违反财务制度行为，原审认定陈某某贪污秋衣代销款不妥。

【无罪判例2】晏某、杨某玲贪污罪一审刑事判决书（2017）川0113刑初24号

关于对二被告人违反内部规章制度，通过购买商业保险而实施的有关规避行为性质的评价。对于二被告人违反攀成钢公司内部管理规定以及操作习惯所要求的将薪酬转回后再行发放的问题，从案件现有证据来看，晏某、杨某玲明确知道有此规定，并且在日常工资的处理上也是一直按照该管理办法执行，接受约束。但二被告人在领取超目标利润奖金后却并未转回攀成钢公司，而是以购买保险的行为对攀成钢公司的相关管理规定进行规避。如前所述，按照“罪刑法定”的原则，该行为并不构成犯罪，不属于刑事法律所调整的范围，但是二被告行为明显违反了攀成钢公司的内部规章制度，可以通过行政、纪律处分等方式加以处理。

【无罪判例3】刘某庆贪污一案二审刑事判决书（2015）果刑终字第4号

本院认为，上诉人刘某庆违反财务制度，采用假发票从单位财务套取资金的方法，将513,000元转至其个人账户，并提取现金500,000元后，对本公司部分职工说明维修锅炉节余了部分资金，打算用于组织本公司职工旅游的事实清楚，证据确实、充分，足以认定。其主观上用此款给职工旅游的动机和目的明显，没有贪污的主观故意，缺乏贪污罪的构成要件，故原审认定上诉人刘某庆主观上明显具有贪污故意的事实不清，证据不足，定案理由不能成立。上诉人及辩护人提出其不构成贪污犯罪的理由与事实相符，予以采纳。检察机关认为上诉人刘某庆构成贪污罪的检察意见不能成立，不予采纳。其中28,000元没有证据证明系上诉人刘某庆非法所得，应返还其本人。

规则20：行为属于民事范畴，不符合贪污罪构成要件

【规则分析】本规则实际上是不符合贪污罪主客观要件的进一步细化，即被告人的行为并非贪污行为，而是民事行为。一般而言，民事行为应尽可能避免刑事化解决，这是刑法谦抑性的体现。民事行为是平等主体之间的行为，如果国家公权力随意介入，不仅会损害公民的权利，同时也会影响市场与社会秩序。

在王某全、马某某犯贪污罪一审刑事判决书［（2013）开刑重字第2号］，法院就表达了："被告人王某全承包彩钢瓦工程的行为为民事行为，其处分工程款属民事范畴，被告人马某某从其处得到11,000元的行为，不应构成犯罪。"就律师而言，应该对被告人的行为进行定性分析，探究其是否符合贪污罪的构成要件。

【无罪判例1】王某全、马某某犯贪污罪一审刑事判决书（2013）开刑重字第2号

本院认为，被告人王某全作为刘庄村党支部书记，在协助政府完成刘庄村彩钢瓦工程过程中，代表村委会名义与他人实际与自己订立承包合同，属于自己代理的民事行为，并且在政府的工程款未下发时被告人王某全预付了施工队前期材料款143,000元。被告人王某全没有利用职务上的便利，窃取、骗取或者以其他手段非法占用政府工程款，即政府没有给刘庄村多拨付款，也没有损失。故被告人王某全的行为不构成犯罪。被告人王某全承包彩钢瓦工程的行为为民事行为，其处分工程款属民事范畴，被告人马某某从其处得到11,000元的行为，不应构成犯罪。鉴于被告人王某全、马某某的行为不符合贪污罪的构成要件，公诉机关指控被告人王某全、马某某在彩钢瓦工程中犯贪污罪不能成立。

【无罪判例2】杨某何贪污一审刑事判决书（2016）云2801刑初542号

本院认为，贪污罪是指国家工作人员和受国家机关、国有公司、企业、事业单位、人民团体委托管理、经营国有财产的人员，利用职务上的便利，侵吞、窃取、骗取或者以其他手段非法占有公共财物的行为。本案中，被告人杨某何虽系曼囡村民小组长兼任华新水泥技改项目征地协调工作领导小组成员，但其因自家橡胶林地的征收补偿问题而与技改项目征收补偿的出资方华新红塔水泥（景洪）有限公司，提出不足5亩按5亩补偿的要求，华新红塔水泥（景洪）有限公司同意按此进行补偿，在此基础上，被告人杨某何与景洪市国土资源局签订《华新红塔水泥（景洪）有限公司矿山开采征地拆迁补偿协议》，同意杨某何被征占土地5亩（橡胶地），一次性给予杨某何土地补偿和安置补助费及地上附着物、建筑物共计225,000元。这种通过协商对补偿费达成协议的行为，并不具有"利用职务上的便利，侵吞、窃取、骗取或者以其他手段非法占有公共财物"的贪污罪构罪特征和要件。不具有犯罪特征的行为，并不因被告人的认罪悔罪而成立犯罪。公诉机关又无证据证明，通过协商多给补偿款的行为，损害了国家、集体和村民的利益，具有贿赂犯罪的嫌疑。因此，公诉机关的指控证据不足，本院不予支持。经本院审判委员会讨论决定，依照《刑事诉讼法》第一百九十五条第三项的规定，判决被告人杨某何无罪。

【无罪判例3】肖某贪污罪再审刑事判决书（2014）哈刑再终字第7号

经二审审理查明，原审判决认定被告人肖某于1983年4月借单位付运费之机套出现金后将其中600元据为己有。据证人张某某证实，此款是经公司严格核算后开出支票，由于找不到落户单位户头，求肖某帮忙套现。据此，肖某没有参与运费及开具支票，不具备将运费非法占有的主观故意。因此，客观上，在3652.35元运费款套现后，该款性质已发生变化，由公款转变成个人债款，600余元被落户单位扣留为手续费，2000元给付赵某某，另1000元为黄某某砂款，存放在郝某生处并被其所用，郝某生及妻子姜某敏均当庭证实。应予采信。

规则21：不能认定被告人利用职务上的便利

【规则分析】一般认为，贪污罪的前提是利用职务上的便利，具体包括四种情形：（1）利用主管公共财物的便利；（2）利用管理公共财物的便利；（3）经营公共财物的便利；（4）利用经手公共财物的便利。①

① 参见陈兴良：《口授刑法学》（第2版），中国人民大学出版社2017年版，第405~406页。

实践中，杨某某贪污一案刑事判决书（2016）青2223刑初13号对利用职务便利的解读是："所谓利用职务上的便利是指行为人利用其职责范围内主管、经手、管理公共财产的职权所形成的便利条件，假借执行职务的形式非法占有公共财物。"与理论上较为一致。总体而言，对于被告人是否利用职务上的便利可以从被告人是否具有相应权力等因素判断。

【无罪判例1】杨某某贪污一案刑事判决书（2016）青2223刑初13号

本院认为，贪污罪是指国家工作人员利用职务上的便利，侵吞、窃取、骗取或者以其他手段非法占有公共财物的行为。所谓利用职务上的便利是指行为人利用其职责范围内主管、经手、管理公共财产的职权所形成的便利条件，假借执行职务的形式非法占有公共财物。被告人杨某某作为三角城村村委主任，其职责范围是三角城村的村务工作，三角城村异地扶贫搬迁项目是由海晏县扶贫开发局申报项目、海晏县建设局具体实施，被告人杨某某对该项目的立项及实施没有管理、经手分配该项目房的权力。故不能认定被告人利用职务上的便利以其子名义多分一套项目房，被告人杨某某之子杨某军在镇政府下文后才实际与杨某某分户，分配到一套项目房，这个中间杨某某并没有利用其职务的便利，因为根据镇政府的文件，为分房而分户的村民共有30户，而并非杨某军一人，公诉机关指控其利用职务上的便利的证据明显不足，故对公诉机关的指控不予支持。

【无罪判例2】杨某何贪污一审刑事判决书（2016）云2801刑初542号

具体内容参见贪污罪规则20无罪判例2。

【无罪判例3】晏某、杨某玲贪污罪一审刑事判决书（2017）川0113刑初24号

二被告人参与董事会、经营层会议决定提取、分配、领取伊红公司超目标利润奖金的行为与相应程序符合攀成钢公司与伊红公司之间的《合资合同》、伊红公司章程，不存在利用其担任董事会成员与企业高管所形成的职务便利，将伊红公司的有关财物据为己有的情形。

关于二被告人在伊红公司参与分配、领取超目标利润奖金行为方式与行为性质的评定。伊红公司于2005年第一届一次董事会开始，先后在2007年第一届二次董事会、2008 年第一届三次董事会、2009 年第一届四次董事会、2010 年第二届一次董事会、2011 年第三届第一次董事会、2011 年第三届第十三次通讯表决、2012 年第三届董事会第二十一次通讯表决、2013 年第三届第四次董事会形成了有关包含计提、分配超目标利润奖金的决议。自 2011 年起，经由伊红公司董事会决议设置的超目标利润奖金开始实际启动发放。

伊红公司 2010 年第二届一次董事会决议中包含“具体奖励方案由经营层提出”这一表述，首次提及经营层在超目标利润奖金分配操作上的权限；2011 年伊红公司第三届第一次董事会决议第三条关于工资预算的方案中，明确经营层的奖金提取比例为公司总计提奖金比例的 30%。2012 年第三届董事会第二十一次通讯表决决议中包含“奖金的具体分配方案由经营层制定”这一表述，明确了对经营层进行有关奖金分配活动的授权。本院认为，在没有相反的董事会决议改变上述经营层授权与分配比例情形下，不能否定经营层具有进行超目标利润奖金分配并获取一定数额奖金的权利。

从伊红公司设置该超目标利润奖的有关过程以及晏某、杨某玲等人通过董事会、经营层会议在 2011 ~ 2013 年实际计提、分配、领取该超目标利润奖的事实来看，相应董事会决议的形成程序与决议内容符合《公司法》、攀成钢公司与伊红公司之间的《合资合同》以及伊红公司章程的规定，伊红公司经营层分配超目标利润奖金也是在基于公司董事会授权的基础上作出，并无不当。包含二被告人在内的伊红公司经营层于 2011 ~ 2013 年三年间领取的超目标利润奖金数额没有超出董事会决议的计提范围。

再者，二被告人作为经营层成员参与奖金分配活动的有关行为应当视为由集体决定的公司行为，也并无证据证实二被告人存在利用职务上便利操纵经营层会议，从而非法占有超目标利润奖金的相应事实。伊红公司超目标利润奖金的整体分配过程中也没有呈现出侵吞、侵占、窃取、骗取等非法占有的手段特征，不具有显著的秘密性。

综上，二被告人未利用其在伊红公司担任管理层、经营层成员形成的职务便利而实施了非法将伊红公司财物据为己有的行为。

规则 22：行为构成私分国有资产罪而非贪污罪

【规则分析】 私分国有资产罪是经集体研究决定将国有资产私分给本单位

的有关人员，私分国有资产罪虽然具有贪污罪的特征，但贪污罪是秘密进行的，而私分国有资产罪是经过集体研究决定的。对二罪之间的区别一般包括三点：(1) 是否以单位名义私分给个人？(2) 是否具有公开性？(3) 是否具有广泛性？

之所以单独提出此辩点，主要在于私分国有资产罪与贪污罪的起刑点和量刑均有不同，通过将贪污罪转化为私分国有资产罪，可能实现无罪辩护。

【无罪判例】刘某伟私分国有资产案二审刑事判决书《刑事审判参考》第125号

惠山农药厂系国有企业，其经过厂领导讨论决定，违反有关规定，在上级核定的奖金数额之外，又以单位名义，从小金库中支出资金，账外发放承租集团奖金，将国有资产集体私分给个人，其发放范围是承租集团的所有成员，系一定规模、一定范围内的所有人，刘某伟及其他厂领导仅分得一小部分，上述特征符合私分国有资产罪的特征，构成私分国有资产罪。原审判决对该项事实以贪污罪定性不当，应予纠正。

规则23：行为构成诈骗罪而非贪污罪

【规则分析】本规则主要涉及此罪与彼罪之间的差异。诈骗罪是指以非法占有为目的，用虚构事实或者隐瞒真相的方法，骗取数额较大的公私财物的行为。

贪污罪与诈骗罪主要区别见表1－1。

表1－1 贪污罪与诈骗罪区别

区别	贪污罪	诈骗罪
主体	国家工作人员	一般主体
客体	国家工作人员公务行为的廉洁性和公共财产所有权	财物所有权
客观方面	利用虚构事实、隐瞒真相等欺骗手段，骗取公私财物或者财产性利益的行为	国家工作人员利用职务上的便利，侵吞、窃取、骗取或者以其他手段非法占有公共财物的行为
对象	公共财物	公私财物

【无罪判例】贾某兰、杨某茹诈骗罪再审刑事判决书（2017）陕0202刑再1号

被告人贾某兰利用其经营的铜川市王益区某电脑销售部被授权经销家电下乡中标产品的便利条件，以非法占有为目的，虚报冒领国家家电下乡财政补贴资金21,800.74元，数额较大；被告人杨某茹利用工作上的便利，向贾某兰提供农户资料用于虚假申报家电下乡补贴款18,200元，并收取贾某兰好处费1000元，系共同犯罪，其行为均构成诈骗罪。公诉机关指控其涉嫌贪污犯罪罪名不当。

规则24：未与扣押、冻结在案的财产发生混同

【规则分析】审理涉及违法所得没收刑事案件时的诉讼程序不同于普通刑事诉讼程序。审理没收违法所得申请案件，应当分别在立案阶段和审理阶段采用不同证明标准，查明有关犯罪的事实和有关申请没收财产与犯罪关联性的事实；通过发布公告、补充送达公告内容等方式，充分保障利害关系人知悉公告内容、申请参加诉讼的权利；对于经审理查明申请没收财产不属于违法所得或其他涉案财产的，应当裁定驳回申请，解除查封、扣押、冻结措施，不能对犯罪嫌疑人、被告人合法财产等价返还或没收。[①]

【无罪判例】任某厚受贿、贪污、巨额财产来源不明违法所得没收申请案《刑事审判参考》第1235号

任某厚实施受贿犯罪所得168.505549万元、实施贪污犯罪所得69.16738万元，均被直接用于贿选和旅游、疗养支出，未与扣押、冻结在案的财产发生混同，检察机关申请没收的财产中不包含该部分违法所得，故对相应没收申请不予支持。

规则25：主观上不具有非法占有的故意

【规则分析】贪污罪在主观方面要求具有非法占有的故意。实践中主要体现为考察被告人是基于什么样的思想做出的行为。例如，郭某社贪污刑事判决书［（2015）富平刑初字第00074号］就是一个十分典型的通过各项证据对被告人的主观思想进行探究的例子，具体分析见下文无罪判例1。

而李某甲被判无罪一审刑事判决书则是将“是否知情”作为是否具有犯罪

① 《刑事审判参考》第1235号裁判要旨。

故意的前提条件，该判决书谈道："虽然被告人李某甲从中收取了好处费，但其仅仅认为该款系帮机械化处走账，并不知道该款的真实用途及最后去向。期间，机械化处的班子成员李某乙、马某某、孟某甲、黄某某商定，将550,000元公款予以私分，被告人李某甲并不知情。"

这类案件中，探究被告人的动机也是具有意义的。通过对动机的分析可以帮助法官认定被告人是否具有贪污的犯罪故意。例如，刘某庆贪污一案二审刑事判决书［(2015)果刑终字第4号］中谈道："其主观上用此款给职工旅游的动机和目的明显，没有贪污的主观故意，缺乏贪污罪的构成要件。"

【无罪判例1】郭某社贪污刑事判决书（2015）富平刑初字第00074号

本院认为，公诉机关指控被告人郭某社利用协助曹村镇政府负责底张公路改造工程红河段土地征地补偿工作的职务之便非法占有公共财物，构成贪污罪。被告人郭某社及其辩护人均辩称，被告人郭某社身为村干部，协助曹村镇政府负责底张公路改造工程红河段土地征地补偿工作中，为做好征地工作，确保工程顺利实施，被告人郭某社只是按照镇领导安排用增加征地面积取得的资金解决征地中的难题，同时用于支付被告人郭某社的劳动报酬，因此认为被告人郭某社并没有利用职务便利，以侵吞、窃取、骗取的手段非法占有公共财物。本案的焦点问题是被告人郭某社是否利用其职务便利，非法占有公共财物。具体到本案，即被告人郭某社行为是在什么思想支配下所为？镇领导是否安排被告人郭某社等人用增加征地面积取得的资金解决征地中的难题，同时用于支付被告人郭某社的劳动报酬。对这个问题，有关证人在纪检委和检察院及庭审中的证言不尽一致，但综合证人证言，均能够基本证实是镇政府领导决定以增加征地面积取得资金的方式解决征地中存在的问题及被告人郭某社劳动报酬问题。另外在本案涉及的焦点即增大土地面积取得资金解决问题的"底张公路改造工程土地及地面附着物登记表"及"底张公路征地赔偿款兑付账务凭证及征地兑付表"上镇有关领导签字亦可佐证上述观点。从上述对本案事实的分析论证中，被告人郭某社按照领导安排采取了不合法的手段解决征地中的问题，但其主观上只是想解决征地"难缠户"的问题及自己应该得到的劳动报酬，其主观上并不具有非法占有公共财物的故意，被告人郭某社及其辩护人关于被告人郭某社不构成贪污罪的观点与本院查明事实及有关法律规定相符，予以采信。

【无罪判例2】刘某庆贪污一案二审刑事判决书（2015）果刑终字第4号

具体内容参见贪污罪规则19无罪判例3。

【无罪判例3】孙某山、苏某宗贪污一审刑事判决书（2017）冀0181刑初101号

具体内容参见贪污罪规则15无罪判例3。

【无罪判例4】赵某贪污、挪用公款案二审刑事判决书《刑事审判参考》1088号

对于被告人赵某所提其没有非法占有公款故意，其行为属于挪用公款性质的上诉理由，经查，赵某以“虚列支出”形式掩盖公款的真实去向，但其所列支出与提取款项存根票据不存在一一对应关系，故仅能掩盖账面总体差额，其提取公款行为有账可查；虚列支出的收款单位与赵某所在单位有正常业务往来，虚列支出项目在工程结算时无法核销，故无法达到侵吞公款的目的；被告人具有陆续归还公款行为，因此被告人“虚列支出”的行为不能证明被告人主观故意发生转化，与采取虚假发票平账、销毁有关账目且无归还行为的转化型贪污犯罪不属同一性质。

【无罪判例5】刘某某贪污二审刑事判决书（2013）榕刑终字第69号

具体内容参见贪污罪规则16无罪判例1。

【无罪判例6】林某癸贪污罪刑事一审判决书（2011）龙刑初字第281号

本案中，对于被告人林某癸是否共同参与贪污涉案的14.611亩和1.728亩土地补偿款的事实认定问题。被告人林某癸在多次供述及开庭中称，其认为14.611亩和1.728亩土地系其祖宗留下的土地，虽在2009年3月14日及2009年3月24日两次供述中称涉案的两块土地不是其祖宗的土地，但其两次不利供述系孤证，与证人证言不能相互印证，而其他供述相对稳定，能够形成完整的证据链。故根据刑事诉讼的证据规则，本院对其他供述予以采信。本案中经侦查机关多次补充侦查，结合林某戊、陈某丁、林某己等多位证人的证言均可以证实被告人林某癸的祖父曾在涉案的土地上耕作过，按照当地风俗，被告人林某癸及其家族成员因此认为涉案的土地属于其家族合情合理，故他们发现该两块土地登记在村民林某丙名下后按照程序提出异议，其行为系其行使权利的体现，亦符合公序良俗原则。林某义在“791 工程”中还负责调解征地期间村民间的土地权属纠纷，林某癸提出异议后其前来调解，被告人林某癸为了顺利取得其主观上认为应得租地租金及补偿款，从而配合林某义的调解，林某癸主观目的与林某义想非法占有公共财物的主观目的不同，被告人林某癸主观上不存在非法占有 14.611 亩和 1.728 亩土地补偿款的目的，故不符合贪污罪的主观要件。

【无罪判例 7】谢某红贪污再审刑事判决书（2018）赣 07 刑再 1 号

本院认为，本案中证明谢某红主观上有贪污故意的证据不足。谢某红所收农户的建房款均开了收据，建房款没有及时归还村账是由于该款是陆续收上来的，所有工程还没有全部完工，还有部分改造户的工程款未交齐，镇农经站不同意入账。因此，没有及时入账不能证明谢某红有贪污的主观故意。

【无罪判例 8】韩某宝、万某科犯贪污罪再审刑事判决书（2013）苏刑再提字第 00001 号

本院认为，万某科与韩某宝之间的主观意思联络停留在万某科放行韩某宝的两辆装有铅精矿的货车上。请求万某科放行车辆，是韩某宝积极追求实现盗运铅精矿并获利目的过程中的一个环节，万某科均未参与韩某宝前期盗运、后期获利行为。万某科与韩某宝之间对于“放行车辆”的意思联络不能作为万某科主观上具有贪污公司财物的故意。万某科主观上不具有侵吞铅精矿的故意，客观上没有实施侵吞铅精矿所有权的行为，也没有分得韩某宝销赃后的赃款。因此，万某科、韩某宝在主观上不具有构成刑法意义上共同犯罪的共同犯意，也不能认定万某科是韩某宝盗窃铅精矿的帮助犯。关于事前通谋与否的共犯，分工与否的共犯均不适用于本案。故辩护人的辩护意见成立，本院予以采纳。

【无罪判例 9】李某清等被控贪污案二审刑事判决书《刑事审判参考》第 377 号

孝感市中级人民法院认为，原审被告人李某清、张某军、刘某梅主观上不具有贪污的共同故意，客观方面不符合共同贪污的行为特征，不构成贪污罪。

【无罪判例10】晏某、杨某玲贪污罪一审刑事判决书（2017）川0113刑初24号

关于对二被告人接受攀成钢公司管理、代表攀成钢公司控股利益参与伊红公司决策、经营的有关运作机制的评价。伊红公司系中外合资企业，是独立公司法人主体。攀成钢公司主要通过提名、任免在被派遣公司担任管理层、经营层的成员从而介入伊红公司的经营管理过程，并通过有关内部规章制度规范被派遣人员的履职行为实现其公司的控股利益。根据攀成钢公司在2012年12月出台实施的《派出董事、监事及高级管理人员管理办法》（QG/PCG183号文件）中的有关规定，派出的董事、监事在所派任职公司的董事会召开前和董事会讨论完毕后都应将会议议题及形成的决议报送攀成钢公司。庭审中查明，由于《派出董事、监事及高级管理人员管理办法》缺乏相应的实施细则，二被告人在规定出台实施前后，对有关伊红公司董事会召开以及决议情况是否完全被攀成钢公司所知悉存在模糊。再者，攀成钢公司对其外派董事、高级管理人员在派出公司参加董事会决议、进行日常经营管理等方面缺乏清晰的衔接机制与操作步骤，伊红公司自成立至今与攀成钢公司之间尚未形成一套明确的报告与反馈规程，相应形式上存在一定的随意性，历届伊红公司董事会召开与决议内容是否被攀成钢公司知悉，何时被知悉不固定、不明确。因此，即使二被告人存在没有报送或者没有及时报送有关董事会召开以及决议内容情况，但并没有充分证据证实二被告人故意或者指使他人违规不向攀成钢公司报告，也不能据此否认伊红公司作为独立法人所形成的无效力瑕疵的董事会决议。

【无罪判例11】张某贪污罪刑事再审判决书（2017）藏03刑再1号

本院认为，原审被告人张某根据阿某提交的86张票据总金额为1,637,756.75元，减去林木成活率不高扣除的92,678.25元，再减去已开具的中林卡乡的131,669.5元支票以及自己支取的107万元现金支票，得出应当给阿某开具343,409元的现金支票。然后原审被告人张某根据阿某提供的虚报金额662,465.50元减去所谓全部是虚报的支票金额260,574元以及最后开具的343,409元，得出剩余应当支付给阿某的现金为58,482.50元。原审被告人张某据此为阿某开具发票和退还现金，且账面相符，公诉机关出示的证据无法证实张某有贪污的故意。

在发放资金工作中，由于不遵守财务制度和工作失误，虚报了退耕还林土地面积，而且发放花名册里出现了 101.5 亩重复报账的情况，按照当年应当发放的标准，重复报账的金额为 36,032.50 元。而产生此误差的原因既有阿某的工作失误也有原审被告人张某本人的失职，但是并无证据证明原审被告人张某具有将此款据为己有的犯罪故意。

【无罪判例 12】肖某贪污罪再审刑事判决书（2014）哈刑再终字第 7 号

经二审审理查明，原审判决认定被告人肖某于 1983 年 4 月借单位付运费之机套出现金后将其中 600 元据为己有。据证人张某某证实，此款是经公司严格核算后开出支票，由于找不到落户单位户头，求肖某帮忙套现。据此，肖某没有参与运费核算及开具支票，不具备多转运费非法占有的主观故意。

【无罪判例 13】冉某某贪污罪二审刑事判决书（2015）泸刑终字第 96 号

具体内容参见贪污罪规则 12 无罪判例 4。

【无罪判例 14】李某录、王某联贪污一审刑事判决书（2017）冀 0132 刑初 15 号

本院认为，贪污罪是指国家工作人员利用职务上的便利，侵吞、窃取、骗取或者以其他手段非法占有公共财物的行为。本案中，被告人李某录提议采取签订虚假承包合同的方式冒领粮食直补款，被告人王某联表示同意，但根据本案现有证据，在犯罪的主观方面，不能证实二被告人在谋划签订虚假合同冒领粮食直补款之前具有非法占有该款的主观目的。

规则 26：被告人不是贪污罪的主体

【规则分析】该规则主要是对贪污罪的主体进行确认，核心在于确认犯罪嫌疑人是否为国家工作人员。贪污罪的主体包括：（1）国家工作人员。主要包括四类，第一种是国家机关中从事公务的人员；第二种是国有公司、企业、事业单位、人民团体中从事公务的人员；第三种是国家机关、国有公司、企业、事业单位委派到非国有公司、企业、事业单位、社会团体从事公务的人员；第四种是其他依照法律从事公务的人员。（2）受国家机关、国有公司、企业、事业单位、人民团体委托管理、经营国有财产的人员。①

---

① 参见陈兴良：《口授刑法学》（第 2 版），中国人民大学出版社 2017 年版，第 396～405 页。

实践中，很多无罪判决的产生，都是由于被告人不具有国家工作人员的身份。例如，董某贪污二审刑事判决书［(2014）秦刑终字第143号］谈道：“其当时并未担任该村村民委员会主任一职，不属于《中华人民共和国刑法》第九十三条第二款规定的‘其他依照法律从事公务的人员’，不是贪污罪的主体”；李某、陈某贪污一审刑事判决书［(2018）冀0109刑初21号］中则谈道：“六被告人系东某村两委会成某，不是国家工作人员。”该判决书专门对贪污罪的主体问题进行探讨，实际上反映了法官对于贪污罪主体问题的认识。

具体而言，不具有贪污罪主体身份的主体包括但不限于：(1）普通村民；(2）村委会成员；(3）教师；(4）百货公司经理；(5）国家出资企业无行政级别合同制员工；(6）在名为全民事业单位、实为个体性质企业任职的人员。

【无罪判例1】董某贪污二审刑事判决书（2014）秦刑终字第143号

具体内容参见贪污罪规则15无罪判例5。

【无罪判例2】李某、陈某贪污一审刑事判决书（2018）冀0109刑初21号

本院认为，贪污罪是指国家工作人员利用职务上的便利，侵吞、窃取、骗取或者以其他手段非法占有公共财物，即被告人的身份应为“国家工作人员”。《刑法》所称国家工作人员是指国家机关中从事公务的人员。国有公司、企业、事业单位、人民团体中从事公务的人员和国家机关、国有企业、企业、事业单位委派到非国有公司、企业、事业单位、社会团体从事公务的人员，以及其他依照法律从事公务的人员，以国家工作人员论。六被告人系东某村两委会成员，不是国家工作人员，公诉机关指控六被告人实施的用借款预发奖金，其超出正定镇党委政府审批额度的部分未予退还的行为，不符合《全国人民代表大会常务委员会关于〈中华人民共和国刑法〉第九十三条第二款的解释》规定的七种情形，六被告人不属于上述规定的“国家工作人员”的范围，不符合贪污罪的主体要件，应宣告六被告人无罪。对于被告人李某、陈某、黄某、胡某、赵某、张某的无罪的辩解意见以及被告人李某的辩护人辩称的李某不构成贪污罪，不符合贪污罪的主体要件的辩护意见，经查证均属实，本院予以采纳。

【无罪判例3】吕某先贪污再审刑事判决书（2015）云刑再初字第2号

被告人吕某先系贵州师范学校教师，其与贵州广告公司系聘用关系，并不具备受委托管理、经营国有财产的资格，不符合贪污罪犯罪主体的资格。

【无罪判例4】张某甲、陈某贪污一审刑事判决书（2015）抚刑初字第323号

本院认为，公诉机关提供的现有证据不能证实被告人张某甲、陈某受抚宁县[①]深河乡人民政府委托，协助乡人民政府发放该村党家坟的搬迁补偿款；认定本案主体身份符合贪污罪的主体要件，证据不足。另公诉机关提供的现有证据不能否定抚宁县深河乡人民政府与被告人张某甲所签订的协议内容。抚宁县深河乡人民政府与被告人张某甲、陈某在发放该村党家坟的搬迁补偿款过程中虚构坟头行为由谁实施，无法查清。

【无罪判例5】陈某杰等贪污案一审刑事判决书《刑事审判参考》第29号

公诉机关指控陈某杰、钟某华、卢某阳的犯罪事实属实，但指控各被告人的行为构成贪污罪不当。被告人钟某华、卢某阳不具有国家工作人员身份，不构成贪污罪的主体，应认定陈某杰、钟某华、卢某阳的行为构成侵占罪。

【无罪判例6】苟某良等贪污、受贿案二审刑事判决书《刑事审判参考》第30号

被告人苟某良任通江县百货公司经理期间虽行使管理职权，但不具有国家工作人员身份，其以职务之便索取收受他人现金和采取收支不入账等手段侵吞公司钱财的行为，已构成商业受贿罪和（职务）侵占罪，且数额较大，在共同犯罪中起主要作用，系本案主犯，应依法惩处。

【无罪判例7】肖某华贪污、挪用公款案二审刑事判决书《刑事审判参考》第63号

省高院经审理后认为，原判决认定的基本事实清楚，但上诉人兴办的经济实体，虽有集体所有制企业的营业执照，因抚顺市司法局没有投资、没有贷款和集资，也没有按集体所有制企业管理机制进行管理，完全由上诉人自筹资金、自聘人员、自由经营，对剩余所创利润，按承包协议，应由承包人肖某华自主分配，其有权处分。原审法院对其占有上缴定额利润后的营利部分以贪污罪定

---

① 2015年抚宁改县为区，改为抚宁区，后文不再另述。

罪，处罚不当，上诉人肖某华应改判无罪。

【无罪判例8】李某光贪污、挪用公款案

广西壮族自治区高级人民法院经审理认为，上诉人李某光所在中铁三局四公司系国有资本控股公司中铁三局的全资子公司，属于国家出资企业，李某光系该公司合同制员工，只有技术职称，没有行政级别，其担任南广铁路NGZQ－4项目部一分部财务主任是经过公司人力资源部提名，主管总会计师同意报公司总经理聘任的，未经公司党委或者党政联席会讨论、批准或者任命，故其不具有国家工作人员身份。

【无罪判例9】钱某元贪污、职务侵占案一审刑事判决书《刑事审判参考》第642号

公诉机关关于被告人钱某元犯贪污罪的指控，提供的证据均不能证实被告人钱某元当时是在实施“协助人民政府从事国有土地的经营和管理”的行政管理工作，不能据此认定被告人钱某元属于《刑法》第九十三条第二款规定的“其他依照法律从事公务的人员”。

【无罪判例10】陆某中被控贪污案再审刑事判决书《刑事审判参考》第83号

根据原审被告人陆某中所在原常州市第五律师事务所的投资、核算等具体情况，原常州市第五律师事务所在陆某中任职期间系名为全民事业单位、实为个体性质，故陆某中不具备贪污罪的主体资格，对其以贪污罪处罚不当。

规则27：以单位名义将国有资产集体私分给个人的行为，属于单位犯罪，且被告人并非单位主要负责人

【规则分析】本规则主要是针对犯罪主体问题的，该问题在无罪辩点13中已经有了详细的论述。本规则略有不同的是，在单位犯罪的前提下，被告人是否应承担相应责任。牛某2贪污罪审判监督刑事判决书［（2013）京铁刑再初字第120号］给出了一个较好的解答，具体参见下文无罪判例。

【无罪判例】牛某2贪污罪审判监督刑事判决书（2013）京铁刑再初字第120号

本院认为，燕山车间违反国家规定，以单位名义将国有资产集体私分给个人，数额较大，该单位的行为侵犯了国有财产的所有权和国家的廉政建设制度。原审认定被告人牛某2犯贪污罪适用法律错误，北京铁路运输检察院再审期间指控原审被告人牛某2共同贪污人民币19万元的理由不成立。经查，原审被告人牛某2的供述和同案人陈某利、唐某的陈述，及证人牛某1等人证言均证实，燕山车间这次私分行为是单位集体决定的，私分截留工程款的范围涉及车间班子成员和中层干部及部分职工，因此，上述行为并非燕山车间少数几个人暗中私分国有资产，该行为是以单位的名义，将国有资产集体私分给个人，是单位犯罪，依法应当追究作为车间直接负责的主管人员和其他责任人员的刑事责任。同案人陈某利、唐某的供述，证人牛某1等人的证言及书证岗位职责、干部履责说明书，证明牛某2案发时系燕山车间副主任，牛某2对燕山车间的账外工程款无支配权和决定权，其是在车间领导的授意下开立账户、支取钱款，在单位私分国有资产过程中，虽然参与了分钱，但其分得的钱款与车间直接负责的主管人员陈某利、唐某有明显区别，故其不是车间直接负责的主管人员，也不属于其他责任人员。因此不应追究牛某2的刑事责任。

规则28：提供的证据不能证明多人之间有共同的故意或共同犯罪的行为

【规则分析】本规则主要是针对共同犯罪的。在贪污犯罪中，很有可能出现多人共同犯罪的情况，因此，几个当事人之间不具有共同犯罪的故意，或是自己当事人没有参与共同犯罪也可以成为一个有效的辩点。

以下两个无罪判例，均是从当事人之间没有共同故意角度进行论述的。王某犯贪污罪一审刑事判决书［（2012）涉刑初字第142号］中主要提及的是“提供的证据不能证明王某和陈某、张某甲之间有共同的故意”；张某某等玩忽职守一审刑事判决书［（2014）平刑初字第93号］则谈道：“提供的证据不能证明主观方面二被告有共谋非法占有公共财物的故意。”因此，在辩护过程中，将是否有共同犯罪的故意作为一个突破口是十分可行的方案。当然，张某某等玩忽职守一审刑事判决书中也提及了“不能证明客观方面二被告共同实施了非法占有公共财物的行为”，这同样也是值得挖掘的内容。

【无罪判例1】王某犯贪污罪一审刑事判决书（2012）涉刑初字第142号

本院认为，本案中被告人王某伙同陈某、张某甲与弹音村签订荒山承包协议，等邯长铁路改造时获取补偿款的事实清楚，但由于其三人均不能确定铁路征地必然占用该荒山，故此种情况不能认定为犯罪。

起诉书指控在评估过程中，采用少栽树多评估的手段骗取补偿款，提供的证据不能证明王某和陈某、张某甲之间有共同的故意，公诉机关指控被告人王某犯贪污罪的事实不清，证据不足。

具体理由：1. 关于王某是否与陈某、张某甲协商通过行贿的方式将村集体小树登记在自己名下

公诉机关提供的张某甲在侦查过程中的供述“2010年11月下旬的一天，王某开车到弹音村找到我和陈某，催促荒山树木核对情况，在我家我们商量由陈某找汤某雷承诺给他些好处，让他从村集体的树木里给我们增加数量”。某甲当庭作证证实：“王某说给汤某雷好处应该是要我们实际栽种的数，应该是按合同上给。后来陈某让我去他家，我去了之后汤某雷也在，汤某雷提出给我们加数的，让我们给他个好处，王某当时没在场。”

公诉机关提供的陈某在侦查过程中的供述“2010年11月下旬的一天，王某开车到弹音村找到我和张某甲，催促荒山树木核对情况。在张某甲家，王某和张某甲商量说汤某雷不给核对，应承诺给汤某雷一些东西，让他多给我们些树木数。两三天后一个晚上，我到汤某雷家，给汤某雷说尽快给核对一下，等铁路复线改造树木补偿款回来后，给他分些钱，汤某雷答应了。”

陈某当庭作证证实：“当时我们三人商量过，汤某雷一直不给数，我们三人商量说是不是先给他许诺个什么。我们三人商量给汤某雷好处的事记不清商量了几次了，不是在他车里就是在家商量的。我们栽树时没有少栽树、多评估的想法，后来我自己回家对数后，我发现村里没有3公分以下的小柏树，我就给王某、张某甲说想把村里的树都加给我们。”

2. 关于取款情况

陈某当庭作证称“关于50万元是我们一块儿取的，取的是现金支票，当时给王某6万元钱时，我们三人商量剩下的钱过了年在铁路上做生意”。

张某甲当庭作证称“后来村里给了50万元，我和陈某去取的，取完钱后我在银行门口给王某打了个电话，王某就过来了，我们开始准备给王某4万元，王某说不行，后来给了王某6万元。当时我们没告诉王某村里一共给了多少钱。当时就怕村里有什么事了，给了王某之后不好退，所以就留下钱了”。

3. 被告人王某自己供述承认的事实

自己是事后知道陈某等人通过给汤某雷行贿，采取将集体的小树登记在个人名下的方式获取树木补偿款的。陈某给自己说过此事，自己表态只要属于自己45%的数额，其余的不管，而通过计算，3000棵×60元×45%＝8.1万元。而实际上王某两次分得8万元。

【无罪判例2】张某某等玩忽职守一审刑事判决书（2014）平刑初字第93号

公诉机关指控被告人张某某、殷某某犯贪污罪，提供的证据不能证明主观方面二被告有共谋非法占有公共财物的故意，亦不能证明客观方面二被告共同实施了非法占有公共财物的行为，故公诉机关指控被告人张某某、殷某某犯贪污罪证据不充分，本院不予支持。

【无罪判例3】林某癸贪污罪刑事一审判决书（2011）龙刑初字第281号

对于被告人是否共同贪污涉案的18.322亩土地补偿款的事实认定问题。根据被告人林某癸的供述、证人石某某和吴某乙的证言，该块土地的异议系石某某以林某癸的名义提出，林某癸并不知情。从主观方面来看，被告人林某癸其不知道该块土地是否归林某义所有，在这种情况下，其为了获取14.611亩、1.728亩土地补偿款而答应林某义放弃本不是其本人提出的异议的行为，是合情合理的，其主观上既没有与林某义共同骗取土地补偿款的故意也没有帮助林某义骗取土地补偿款的故意，其主观上与林某义没有共同的犯罪故意，不符合共同贪污的主观要件。从客观方面来看，林某癸解除了不是其提出的异议的行为不必然导致林某义骗取土地款的结果，不宜将该行为认定为其与林某义共同实施了骗取土地补偿款的行为。

【无罪判例4】李某甲被判无罪一审刑事判决书（2015）仁和刑初字第60号

本院认为，控辩双方主要争议被告人李某甲是否与李某乙、马某某等人具有共同犯意。根据审理查明的事实和在案证据，因特种分公司机械化需要解决劳务费，在分公司领导的同意和安排下，决定采用签订空合同套取部分现金的方式予以解决。这一行为和目的本身，并不当然构成刑事犯罪。该机械化处联系被告人李某甲，告知了其相关情况。被告人李某甲经四川中宇建设工程有限公司授权与攀钢集团冶金工程技术有限公司签订《兰营徐采场上盘局部扩邦工程道路维护及排土场监控指挥分包合同》，并按照事先与机械化处的约定，将该工程结算款中的550,000元，交给了机械化处的副主任黄某华用于解决该机械化处的劳务工费用。虽然被告人李某甲从中收取了好处费，但其仅仅认为该款系帮机械化处走账，并不知道该款的真实用途及最后去向。期间，机械化处的班子成员李某乙、马某某、孟某甲、黄某某商定，将550,000元公款予以私分，被告人李某甲并不知情。因此，被告人李某甲无犯罪故意，即认定其伙同李某乙等八人私分公款，或者放任李某乙等八人私分公款的危害结果发生的证据不足。公诉机关指控的部分事实成立，但罪名不成立。

【无罪判例5】韩某宝、万某科犯贪污罪再审刑事判决书（2013）苏刑再提字第00001号

具体内容参见贪污罪规则25无罪判例8。

【无罪判例6】徐某学、王某师贪污一审刑事判决书（2016）晋0823刑初126号

经查，王某师供述，徐某学交代自己一定要把资金申请下来，自己因为没有经验，在乡政府会计指导下填写了虚假的材料（施工单位及负责人韩某某，项目名称为人畜吃水工程），徐某学供述对填写虚假材料的事实自己并不知情。王某师是出于什么目的填写了虚假材料，是否系在乡政府工作人员指导下填写的虚假材料无证据证实，2013年1月21日40,000元一事一议奖补金转入王某师卡上，王某师将40,000元提出后交给徐某学。被告人王某师并没有将财政拨款据为已有，也不存在与被告人徐某学共同贪污的犯罪故意。公诉机关指控被告人王某师犯贪污罪的事实不清，证据不足，指控的犯罪不能成立。

规则 29：主观恶意性不大，情节显著轻微，可不认为是犯罪

【规则分析】 虽然《刑法》规定了“情节显著轻微危害不大的，不认为是犯罪”以及“犯罪情节轻微，不需要判处刑罚的，可以免予刑事处罚”，但是并未划分清晰的标准。因此，犯罪情节轻微的具体判断一般是由事实认定者即法官认定。法官在对该问题进行认定时，一般会根据贪污行为，主观恶性，是否有自首、坦白等情节判断。例如，在邓某、陈某某、肖某某、吴某某、聂某某犯贪污罪再审刑事判决书［（2013）娄中刑再终字第 1 号］中，法官认为情节显著轻微的理由是：“根据公司章程规定，申诉人李某甲、陈某某、原审被告人肖某某与吴某、聂某等人通过公司管理层研究，给每人发放 2 万多元奖金，虽然在处理财物上采取做假账套取资金不当，但主观恶意性不大，情节显著轻微，可不认为是犯罪。”而史某某贪污一审刑事判决书［（2014）万刑二重字第 4 号］中给出的理由则是：“其犯罪情节与被告人张某甲的犯罪情节均属显著轻微，社会危害不大”以及“被告人孙某甲归案后能如实供述自己的犯罪事实，系坦白，依法可从轻处罚。鉴于其认罪态度较好，主动退还侵吞的全部赃款，犯罪情节轻微，不需要判处刑罚，依法可免予刑事处罚”。

【无罪判例 1】李某甲、邓某、陈某某、肖某某、吴某某、聂某某犯贪污罪再审刑事判决书（2013）娄中刑再终字第 1 号

本院再审认为，涟钢大同工贸总公司 1992 年由涟钢家委会申请注册成立，工商登记为集体所有制企业。虽然涟钢家委会设立公司时登记的公司注册资金系虚假出资，公司实际经营所需资金系公司从业人员李某甲等人以“借款”“集资款”名义从职工及社会关系人中筹集，但公司经营盈利后对以“借款”“集资款”名义筹集的资金均已还本付息。实际上，主办单位和主要经营者对公司均未投入。根据《国家工商行政管理局关于核定企业经济性质有关问题的答复》（工商企字〔1996〕第 262 号）（已失效）的规定，“经审查原登记为全民或集体所有制的企业，主办单位实际未出资，企业的法定代表人和主要经营者也未投入，而主要靠贷款、借款和政策扶持等开展经营的，原核定的企业经济性质不变。这类企业歇业或被吊销执照，其资产和债权债务应按有关全民所有制企业或集体所有制企业的法律、法规和政策处理”。因此，涟钢大同工贸

总公司应认定为集体所有制企业，申诉人李某甲、陈某某提出涟钢大同工贸总公司所有制是私营经济性质的意见，理由不成立，本院不予采纳。本案申诉人的涉案行为发生于1993年、1994年，当时，国家鼓励兴办企业，但尚处于“摸着石头过河”的探索期，对企业性质界定及企业经营规制的法律法规并不十分完善，且涟钢大同工贸总公司的公司章程中规定“从业人员的工资标准和奖励方式，根据企业效益的好坏和本人贡献的大小区别对待，上不封顶、下不保底，体现多劳多得的社会主义分配原则”。因此，在涟钢大同工贸总公司经营盈利情况下，公司从业人员适当获取奖励是可以的。根据公司章程规定，申诉人李某甲、陈某某、原审被告人肖某某与吴某、聂某等人通过公司管理层研究，给每人发放2万多元奖金，虽然在处理财物上采取做假账套取资金不当，但主观恶意性不大，情节显著轻微，可不认为是犯罪，可以宣告申诉人李某甲、陈某某、原审被告人肖某某无罪。

【无罪判例2】史某某贪污一审刑事判决书（2014）万刑二重字第4号

关于公诉机关指控被告人张某甲、赵某某犯贪污罪的意见，经查，被告人赵某某伙同国家工作人员史某某贪污，依法应以贪污的共犯论处，但根据《最高人民法院、最高人民检察院关于办理贪污贿赂刑事案件适用法律若干问题的解释》规定，其犯罪情节与被告人张某甲的犯罪情节均属显著轻微，社会危害不大，依法应宣告被告人张某甲、赵某某无罪。

……

被告人孙某甲归案后能如实供述自己的犯罪事实，系坦白，依法可从轻处罚。鉴于其认罪态度较好，主动退还侵吞的全部赃款，犯罪情节轻微，不需要判处刑罚，依法可免予刑事处罚。被告人史某某曾因犯罪受过刑事追究，属司法解释规定的情节较重的情形，依法应追究其刑事责任。但鉴于其犯罪后能主动投案，并如实供述自己的犯罪事实，系自首，依法可减轻处罚。案发后同案犯赵某某又主动退还了全部赃款，其犯罪情节轻微，不需要判处刑罚，依法可免予刑事处罚。

三、程序无罪规则

规则30：取证程序不符合法律规定，且与证人证实的事实相悖

【规则分析】该规则主要考察是否具有非法取证的情况。《刑事诉讼法》对非法证据排除作了详细的规定：(1) 排除范围，包括言词证据和实物证据（第56条）；(2) 排除程序（第57条、第58条、第59条）；(3) 证明责任，包括申请排除者的初步证明责任（第58条第2款）和检察院的证据合法性证明责任（第59条）；(4) 证明标准（第60条），“经法庭审理确认或不能排除存在第56条规定的以非法方法收集证据情形的，对有关证据应当予以排除”，这意味着，对非法取证的事实认定有两个证明标准，一是优势证据标准，即对法官审查判断来说，只要“不能排除”非法取证的可能性，或者，非法取证的可能性大于不可能性，有关证据就应当予以排除；二是确信无疑标准，即对检察院来说，对证据收集合法性的证明要达到排除合理怀疑的程度，否则，有关证据将会被法官排除；(5) 排除方法（第56条）：对非法取得的言词证据予以绝对排除；对非法取得的物证、书证采用相对排除办法，即达到严重影响司法公正的程度，且不能补正或作出合理解释的，才予以排除。①

实践中，在肖某贪污罪再审刑事判决书［（2014）哈刑再终字第7号］中谈到了“原审认定被告人肖某犯贪污罪，取证程序不符合法律规定”，实际上也是对该辩点的证明。

【无罪判例】肖某贪污罪再审刑事判决书（2014）哈刑再终字第7号

本院认为，原审认定被告人肖某犯贪污罪，取证程序不符合法律规定，且与证人当某某证实的事实相悖，本案现有证据不能证实肖某犯贪污罪。原公诉机关指控肖某犯贪污罪，不能成立。对肖某的上诉理由及辩护人的辩护意见予以采纳。

---

① 张保生主编：《证据法学》（第3版），中国政法大学出版社2018年版，第334页。

第二节　统计分析与辩护攻略

一、统计分析

在贪污罪65个无罪判决中，证据无罪的判例共有16个，实体无罪的判例共有82个，程序无罪的判例1个。（详见图1－1）①

在证据无罪的判例中，最多的是证人证言之间存在矛盾以及发现新证据。（详见图1－2）就前者而言，可以一定程度说明在贪污罪中，证人证言的不稳定性相对较高。而后者则意味着贪污罪的无罪认定很多时候需要更多的证据支撑。

从实体无罪的角度看，不具有非法占有故意（14个）、款项不清（12个）、不是贪污罪主体（10个）和未达到起刑点（9个）是四个最为主要的无罪理由。当然，其他无罪理由也并不罕见。例如，没有利用职务便利、没有实施贪污行为等理由也占据一定比例。（详见图1－3）这说明在贪污罪中，各种无罪理由均有一席之地，可以进一步挖掘。

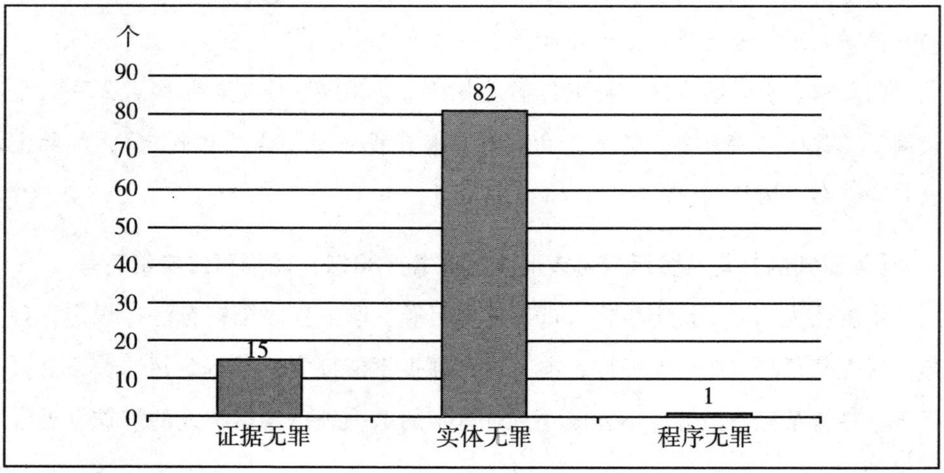

图1－1　贪污罪概况

① 不同案件会因不同理由重复引用，因此此处总量大于65，下文皆是如此。

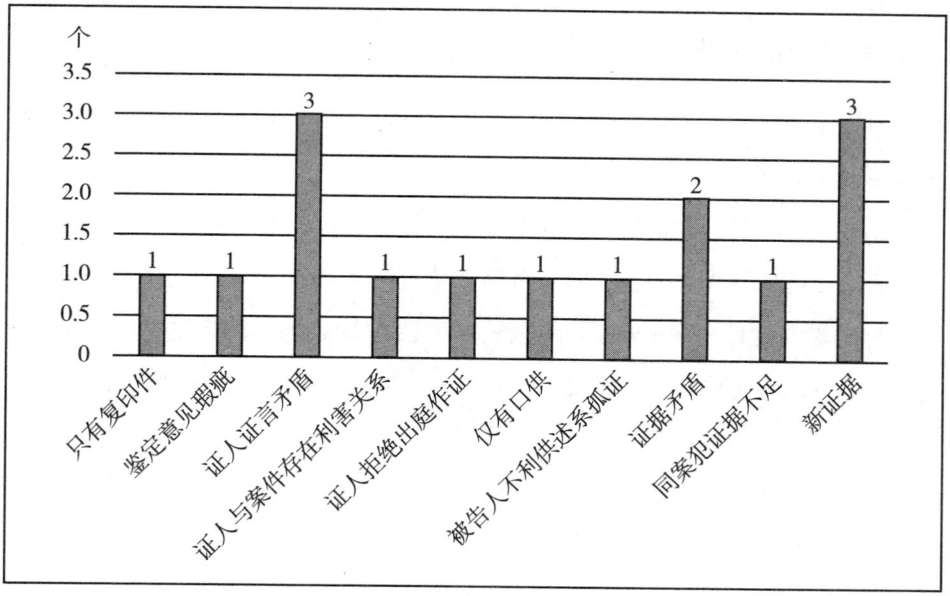

图 1－2　贪污罪证据无罪

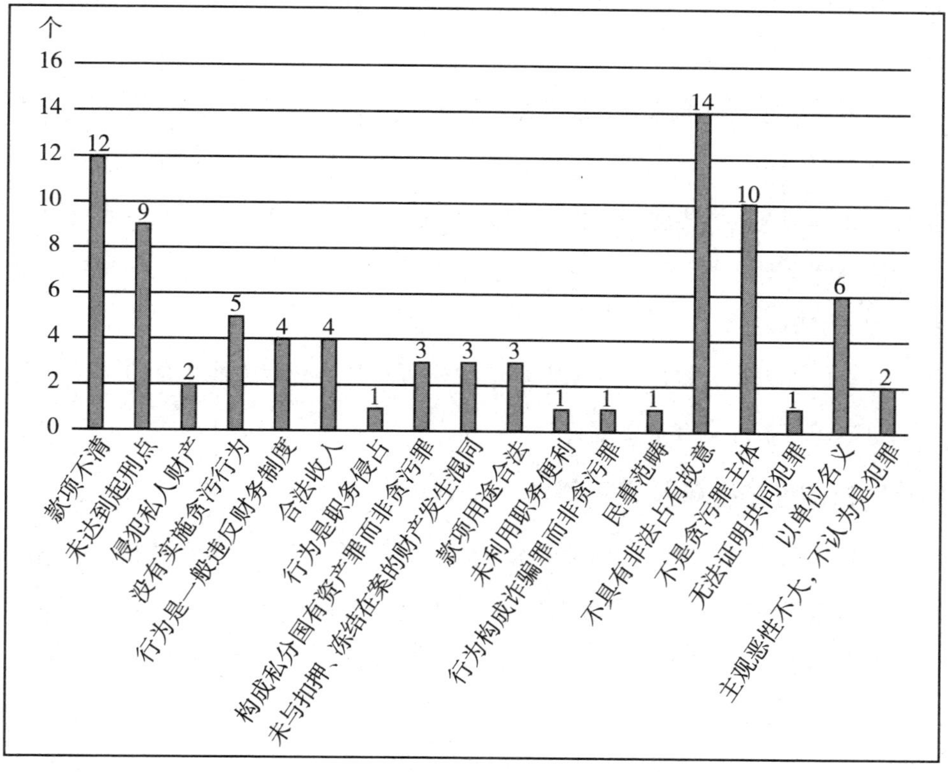

图 1－3　贪污罪实体无罪

二、无罪辩护攻略

贪污罪不仅是本书讨论的第一个罪名，同时也是最重要的罪名，具体表现为以下几个方面：

第一，无罪判例数量较多。贪污贿赂型犯罪的无罪判例内容分布并不均衡，在一百余个无罪判例之中，贪污罪占到了接近一半的数量。一方面是由于贪污罪本身的基数较大，因此无罪判例也较多；另一方面也是由于贪污罪的构成较为复杂，认定起来的难度也更大。因此，贪污罪的无罪判例数量相对较多，给研究提供了充足的素材。

第二，无罪规则具有足够的代表性。贪污罪的无罪规则共有30个，不仅数量相较于其他无罪规则更多，同时也基本囊括了经典的无罪规则。例如，“事实不清，证据不足”“证据之间存在矛盾，不能形成完整证据链条”“主体不符合国家工作人员身份”等。这实际上意味着，很多贪污罪的辩护策略均可以推而广之。

第三，无罪判例的情形更加多样。事实认定者在进行无罪判决时，其原因较为统一。例如，证据无罪、主体、主观故意等内容，均具有一定相似性。而贪污罪无罪判例的多样化则在很大程度上提供了多种可能。实际上，每一种新的可能，都是对无罪辩点分析的重大发现，这对于辩护人而言，无疑提供了一种有效的突破口。

综合以上因素，就贪污罪无罪辩点的分析及其展开对于本书的其余所有罪名的进一步分析均具有重要意义。

（一）打破证据链条及其完整性

根据证据之镜原理，证据是认定过去事实的唯一桥梁，事实认定者必须通过证据对过去事实进行认定。然而，由于证据本身存在的一些特性，事实认定也具有盖然性。特文宁教授等学者论述了基于证据的事实认定必然具有盖然性的五个基本理由：[①]“第一，我们的证据总是不完全的，我们永远不会掌握所有证据。”也就是说，事实认定的确定性，取决于我们能够获得多少证据。要拼出“上帝”剪的是什么地图，关键是可获得多少证据。获得的证据当然越多越好，但我们永远不会获得所有的证据。“第二，证据一般是非结论性的。这意味着，在某种程度上，证据也许对争议中某一方的主张更有利些，或者与争议中某一方主张的事实真相更相符一些。”这是指，同一个证据可以支持诉讼双方不同的事实主张。“第三，我们拥有的证据常常是含糊的，我们不能确定，证据告诉了我们什么或传达了什么信息。”这是由语言的模糊性或歧义性所决定的。比如，情书上的话语可以做多种解释。“第四，证据实体通常是不和谐的；某个证据也许支持一种主张，而另一个证据则支持另一个主张。”这是指，不同的证据可以支持诉讼双方不同的事实主张。“第五，对我们来说，证据来源于其所具有的不尽完美的可信性等级。”可信性关注一个证据或证据来源可被相信的程度，包括真实性、可靠性和诚实性等。

因此，基于证据的特性，构建证据链条变成了准确认定事实的一个有效方式。根据我国《刑事诉讼法》的规定，事实清楚、证据确实充分是刑事案件的证明标准，而这一标准在刑事法官的法律思维和认识中，一般体现为以证据为基础、具有严密逻辑关系、“环环相扣”的证据链事实。它似一座隐形桥，使适格的证据联结起来重组案件事实，使得同样的案件由不同的法院进行裁判，每个法官认定的事实一致，至少在简单案件中如此。[②]从另一角度来说，对于辩护人而言，打破可能的证据链条，形成关键事实的证据空白，就成为无罪辩护的重要方法。

如果我们尝试进一步分析证据链条，就能够以该辩点实现突破。证据链条本身是基于证据网络而形成的，每一个证据形式实际上都可以形成一条证据链条，而各个证据之间的交汇点实际上就实现了相互印证。不同的证据实际上可能形成不同的指向，而交汇点则意味着相互印证。对辩护律师而言，通过证据完成对交互点的影响是十分关键的。依照吕某先贪污再审刑事判决书［（2015）

① 参见［美］特伦斯·安德森、戴维·舒姆、［英］威廉·特文宁合著：《证据分析》（第2版），张保生、朱婷、张月波等译，中国人民大学出版社2012年版，第327～328页。

② 参见冯爱冰、谢萍：《证据链：认证案件事实的另一视角》，载《法律适用》2011年第7期。

云刑再初字第 2 号］的观点来看：

法院认为，案件事实是由若干具体情节构成，查清每一个基本情节是认定案件事实的基础。但是，公诉机关指控被告人吕某先贪污的事实，所提交的证据存在矛盾之处，不能排除合理怀疑。由于构成案件事实的基本情节不清楚，导致整个案件事实不清楚。

当关键的节点不能被证实或存在矛盾时，就很可能实现有效辩护。在尝试对证据问题进行辩护的过程中，提出存在无法形成有效的证据链条或是以不同证据之间的矛盾点对证据的真实性进行拆解同样是十分重要的方法。例如，吕某先贪污再审刑事判决书［（2015）云刑再初字第 2 号］中就谈道“公诉机关指控被告人吕某先贪污的事实，所提交的证据存在矛盾之处，不能排除合理怀疑”。无独有偶，晏某、杨某玲贪污罪一审刑事判决书［（2017）川 0113 刑初 24 号的判决书］中也有“因缺乏充分的证据支撑，未能形成证据锁链，不能排除合理怀疑”的类似表述。实际上，在证据链条的任何一环中，对证据本身的真实性形成冲击将更加容易形成有效的辩护。

（二）注重证人证言的质询

在唐某荣贪污罪一案再审刑事判决书［（2013）陇刑再终字第 01 号］中：

证人乔某忠在作证时多次、反复供述不一，无法与高某龙、孟某信等人的证言相互印证。乔某忠的供述及证言在本案中系关键证词，直接影响到给唐某荣的定罪科刑。法院再审时办案人员会同检察机关办案人员也对证人乔某忠进行了询问，乔某忠再次承认他给了烟草公司副经理孟某信 157, 000 元，并不是以前向公诉机关陈述的 114, 300 元，这就无法证明原审被告人唐某荣从乔某忠处拿到 43, 046 元。所以，本案关键证人乔某忠的证言多次陈述不一，且又属孤证，并无其他证据支持。

本段内容实际上诠释了如何利用证人证言进行辩护。众所周知，由于控辩双方背后力量的差异，辩护方很难像控方一样获取证据。对于辩护人而言，除了尽最大可能挖掘一些有利于本方的证据之外，对检方提出的各项证据进行质询也具有重要意义。对于辩护律师而言，一项重要的能力就是熟练掌握交叉询问的技巧。交叉询问的质证功能是由它的内在属性和提问方式决定的，其目的主要在于降低或摧毁反方证人的可信度，降低或瓦解反方证人证词的证明力，或从反方证人口中获得有利证言。①

在操作过程中，可以从以下几个角度入手：

1. 询问主题的评估

交叉询问旨在摧毁主询问证人证言的证明力，辩护律师要打有把握之战，因此预先评估主题的安全性，避免提出无法预知答案的问题。若有众多主题可提出时，则应选择最具相关性及说服力的主题。② 其中，最理想的方式是通过大数据的模拟分析。通过这种方法可以很好地预测到检方证人可能的回答。通过对各种回答的假设分析，可以更好地进行风险分析。

2. 关于“主控信息流露”能力

主控证人回答成功的交叉询问除备妥适当问题之外，还需要有“主控信息流露”的能力 。准备妥当一连串问题，在安全主题下进行交叉询问，切勿采用“为何”或“如何”（why or how）的开放性问话，并避免与证人争论不休，丧失交叉询问的主导地位。适当的问话方式，使证人只作简短的回答，避免证人多作解释，以主控询问进行。

此外，适时停止追问，亦为主控反询问的关键所在。善用观察力，配合交叉询问的运用，亦可获得良好的效果。例如，证人出现兴奋 、紧张 、言语结巴或“非任意性肌肉抽动”等现象，是进行某一反询问的机会。③ 这实际上是对证人可信性的评估，无论是辩护律师，还是法官，均可以根据证人的表现与语言的状况，对证人的可信性进行评估并得出有关结论。

3. 关于交叉询问

我国庭审询问证人的规制。《最高人民法院关于适用〈中华人民共和国刑事诉讼法〉的解释》第二百一十三条第一款规定了询问证人的规则：（1）发问的内容应当与本案的事实有关；（2）不得以诱导方式发问；（3）不得威胁证人；（4）不得损害证人的人格尊严。《人民法院办理刑事案件第一审普通程序法庭调查规程（试行）》第二十条也进一步明确规定：“向证人发问应当遵循以

① 参见刘晓兵：《交叉询问质证功能论略》，载《证据科学》2016 年第 4 期。

② 参见陈健民：《美国刑事诉讼中交叉询问的规则与技巧》，载《法学》2004 年第 4 期。

③ 参见陈健民：《美国刑事诉讼中交叉询问的规则与技巧》，载《法学》2004 年第 4 期。

下原则：（一）发问内容应当与案件事实有关；（二）不得采用诱导方式发问；（三）不得威胁或者误导证人；（四）不得损害证人人格尊严；（五）不得泄露证人个人隐私。”

从上述规定来看，我国证据法中询问证人的规则，还没有区分清楚直接询问和交叉询问的不同规则。上述规定中“不得以诱导方式发问”一条，实际上只适用于直接询问，交叉询问的规则恰恰是“以诱导方式发问”。诱导方式发问，即提出诱导性问题。什么是诱导性问题？对其界定最常引用的是英国证据法学家斯迪芬（J. F. Stephen）《证据法摘要》中的定义：所谓诱导性问题，就是暗示了提问者希望得到的回答或者暗示了证人尚未作证证明的争议事实之存在的问题。[①] 在普通法中，就直接询问和交叉询问设置了若干重要的规则，其中最为重要的，就是诱导性提问规则。该规则的基本内容是，交叉询问者可以提出诱导性问题，直接询问一般不能提出诱导性问题。正因交叉询问可以提出诱导性问题，才成就了“它仍然是我们曾经发明的揭示事实真相之最伟大的法律引擎”。[②]

上述规定实际上给辩护律师提出了一个要求：如何在不使用诱导性发问的前提下，较好地实现交叉询问的作用。一个有效的方式是尽可能缩短证人的叙述时间，通过短小的问题，压缩证人的发挥空间，通过成套的问题，考察证人的可信性。

（三）以口供为突破口

曹某梅贪污罪再审刑事判决书［（2014）滁刑再终字第00003号］：

从中截留侵吞12万元公款的事实、仅有口供，没有相关账目、原始单据等其他证据予以佐证，且明光市人民检察院作出明检反贪不立（2015）1号不立案通知书，认为江某涉嫌贪污罪一案，事实不清，证据不足，故本案认定曹某梅贪污证据尚未达到确实、充分程度。

这段判决书中的内容实际上说明了口供在事实认定中的有限作用。尽管我

① 参见王进喜：《刑事证人证言论》，中国人民公安大学出版社2002年版，第246页。

② 参见［美］约翰·亨利·威格莫尔：《论普通法审判中的证据制度》，转引自［美］罗纳德·J. 艾伦等：《证据法——文本、问题和案例》，张保生、王进喜、赵滢译，满运龙校，高等教育出版社2006年版，第114页，脚注4。

国有着重视口供的传统，但是《刑事诉讼法》规定："对一切案件的判处都要重证据，重调查研究，不轻信口供。只有被告人供述，没有其他证据的，不能认定被告人有罪和处以刑罚；没有被告人供述，证据确实、充分的，可以认定被告人有罪和处以刑罚。"

一方面，口供是贪污贿赂犯罪案件的重要证据。贪污贿赂犯罪案件的特性决定了其诉讼证明容易依赖口供，进而威胁口供自愿性，导致冤假错案的发生。[①] 另一方面，必须要强调的是，受观念、传统、制度、体制等因素的影响，刑事诉讼中，公安司法机关仍然带有浓厚的"口供情结"，侦查、审查起诉和审判多是围绕口供而展开，并将口供作为定案处理的主要依据，形成了口供中心主义的理念和办案方式。口供中心主义虽然能保证绝大多数案件的正确处理，节约刑事诉讼的直接成本，却异化了诉讼构造，增加了错误成本，损害了过程利益，导致刑讯逼供不止。[②]

这是辩护人一个可以利用的辩点，当检察机关仅仅依据口供便试图论证某些问题时，辩护人应该敏锐地捕捉到这一内容，并尝试破解。这也就意味着，口供实际上是一个重要的突破口。其突破性表现为两个方面：（1）仅以口供作为论证某一事实的唯一依据时，辩护人可以运用证据法学的相关理论，阐释口供的特性，进而强调检方的论证存在漏洞；（2）当口供出现反复或者矛盾时，可以对口供的可信性提出质疑，甚至作为非法证据排除的线索。

1. 有效利用非法证据排除

《刑事诉讼法》对非法证据排除作了详细的规定：（1）排除范围，包括言词证据和实物证据（第56条）；（2）排除程序（第57条、第58条、第59条）；（3）证明责任，包括申请排除者的初步证明责任（第58条第2款）和检察院的证据合法性证明责任（第59条）；（4）证明标准（第60条），"经法庭审理确认或不能排除存在第56条规定的以非法方法收集证据情形的，对有关证据应当予以排除"，这意味着，对非法取证的事实认定有两个证明标准，一是优势证据标准，即对法官审查判断来说，只要"不能排除"非法取证的可能性，或者非法取证的可能性大于不可能性，有关证据就应当予以排除；二是确信无疑

① 参见李明蓉：《贪污贿赂犯罪案件口供依赖的破解》，载《国家检察官学院学报》2016年第2期。
② 参见闫召华：《口供中心主义评析》，载《证据科学》2013年第4期。

标准，即对检察院来说，对证据收集合法性的证明要达到排除合理怀疑的程度，否则，有关证据将会被法官排除；（5）排除方法（第56条）：对非法取得的言词证据予以绝对排除；对非法取得的物证、书证采用相对排除办法，即达到严重影响司法公正的程度，且不能补正或作出合理解释的，才予以排除。①

在肖某贪污罪再审刑事判决书［（2014）哈刑再终字第7号］中：

法院认为，原审认定被告人肖某犯贪污罪，取证程序不符合法律规定，且与证人当某某证实的事实相悖，本案现有证据不能证实肖某犯贪污罪。原公诉机关指控肖某犯贪污罪，不能成立。

对辩护人来说，提出非法证据排除可以有效地保护被告人的权利，并保证辩护权的行使。然而，据有关研究显示，不仅法院很少依职权启动非法证据排除程序，而且被告方提出启动程序申请的比例也较低，即使依被告方申请启动程序，法官展开合法性调查的兴趣也不高。从结果看，很少有证据被认定为非法并排除，即便被排除也难以对案件处理产生实质影响。②

2. 提高非法证据排除的积极性

实践中，辩护人提出非法证据排除的比例并不高。原因可能有很多，一是随着侦查机关法治意识的增强和取证规范化程度的提高，非法证据存在的可能性逐步降低，当绝大多数证据都符合合法性要求时，被告方也就没有提出排除非法证据申请的空间；二是被告方受某种外力影响而未能提出排除非法证据申请，或虽然被告方提出了申请，但法院未予理睬，并且未在案卷中予以体现。从逻辑上而言，只有当作为权利主体的被告方受其他因素的影响未能提出申请，或者提出申请后未得到法院的认可时，才能认为非法证据排除规则在中国刑事司法实践中遇“冷”。③

无论基于何种原因，辩护人对于非法证据排除的申请热情均应有所提高。一方面，其确实可能保护被告人的权利；另一方面，其有可能促使权力部门规范地行使权力。

---

① 参见张保生主编：《证据法学》（第3版），中国政法大学出版社2018年版，第295页。

② 参见左卫民：《“热”与“冷”：非法证据排除规则适用的实证研究》，载《法商研究》2015年第3期。

③ 参见左卫民：《“热”与“冷”：非法证据排除规则适用的实证研究》，载《法商研究》2015年第3期。

3. 提升非法证据排除的能力

在我国，非法证据排除的提出需要申请排除者的初步证明，这实际上对辩护人提出了一定要求，即在申请非法证据排除时，能够进行初步证明。不仅应积极参与到各项活动中，更重要的是对非法证据树立一种敏锐的感觉。例如，侦查人员在制作相关证据笔录时存在技术性缺陷的证据，如缺少侦查人员的签名、遗漏询问的时间、地点等重要内容，以及在程序步骤、方式、时间、地点等方面违规的情况下收集的证据很多情况下因为法律的规定而被认定为瑕疵证据。如果此时辩护律师不加辨别，那么很可能该证据就被作为瑕疵证据处理。然而，这类证据除了可能是瑕疵证据之外，还有可能是非法证据的线索，而如果辩护人以此为基础进行展开，则有可能实现非法证据的排除。

（四）贪污罪主体

贪污罪的主体是构成贪污罪的重要要件之一。而在司法实践中，贪污罪主体的认定是一大难点，主要是因为行为人的身份和职务之间错综复杂的关系。在司法实践中，复杂的关系影响对国家工作人员本质特征的理解，即从事公务。而“从事公共事务”有三大特点，第一个特点是将“从事公务”定义为代表国家行使权力；第二个特点是认为管理国家公共事务；第三个特点是依法履行职务。然而，即使存在类似的说法，贪污罪的主体有时仍然难以界定，实践中依然存在因主体问题而产生的争议。我们试用四个判决对该问题进行分析：

1. 董某贪污二审刑事判决书（2014）秦刑终字第143号：本院认为，上诉人董某得到的110,800元款项，是其身为普通村民参与购买样板房之后，退房得到的合理补偿，是合法所得，其当时并未担任该村村民委员会主任一职，不属于《刑法》第九十三条第二款规定的“其他依照法律从事公务的人员”，不是贪污罪的主体。

2. 李某、陈某贪污一审刑事判决书（2018）冀0109刑初21号：六被告人系东某村两委会成员，不是国家工作人员，公诉机关指控六被告人实施的用借款预发奖金。

3. 吕某先贪污再审刑事判决书（2015）云刑再初字第2号：被告人吕某先系贵州师范学校教师，其与贵州广告公司系聘用关系，并不具备受委托管理、经营国有财产的资格，不符合贪污罪犯罪主体的资格。

4. 张某甲、陈某贪污一审刑事判决书（2015）抚刑初字第323号：本院认为，公诉机关提供的现有证据不能证实被告人张某甲、陈某受抚宁县深河乡人民政府委托，协助乡人民政府发放该村党家坟的搬迁补偿款；认定本案主体身份符合贪污罪的主体要件，证据不足。

不难发现，之所以出现争议，主要是被告人看似具有“公权力”的身份，但实则并非如此。因此，对辩护人而言，当被告人的身份趋于模糊时，应将贪污罪主体问题作为辩护的重要方向。

（五）贪污罪犯罪故意

辩护人通过关注贪污罪的犯罪故意可能在两点上实现有效辩护：（1）有罪与无罪的区别。主客观综合认定是定罪的基础，而从辩护律师的角度上讲，从主客观综合关注犯罪，可以增加有效辩护的可能。例如，孙某山、苏某宗贪污一审刑事判决书（2017）冀0181刑初101号判决内容：

本院认为，国家粮食补贴的对象是种粮的农民，被告人苏某宗与东朗月村委会签订284亩土地承包合同，应享有承包期内取得国家粮食补贴款的权利，承包合同虽然约定粮食补贴款归村委会，但并不能由此改变国家粮食补贴款的性质。被告人苏某宗承包东朗月村委会284亩土地的事实属实，其取得90亩土地粮食补贴款的行为，符合国家粮补政策规定，虽然被告人苏某宗在支取粮补过程中通过孙某山将90亩土地虚挂在马某、苏某名下，但因苏某宗承包东朗月村284亩土地的事实属实，其取得90亩土地粮补款并不具有非法占有的目的。

在该案件中，认定无罪的核心并非客观行为，而是基于主观上没有犯罪故意。实际上，如果忽视主观上是否具有犯罪故意，则有可能导致辩护效果削弱。

行为主体是否具备非法占有目的，是将贪污罪与挪用公款罪相区分的关键。两罪由于在犯罪主体、主观方面、客体、客观方面均存在相似之处，所以极易出现混淆。理论界与实务界均认为，挪用行为人对公款仅仅是为了使用而不是想非法占有，当公款使用完成后还是想要归还的；而贪污行为人对公款怀有长期使其脱离所有权人控制，并置于自己或第三人完整权能控制之下的目的。①

---

① 参见何家弘、黄健：《贪污罪非法占有目的之推定规则初探》，载《法学杂志》2016年第10期。

考虑到两个罪之前的起刑点的差异，通过分析行为人的主观故意，有可能达致无罪辩护。

有学者专门讨论了犯罪故意推定的可能规则，“行为人利用职务便利采用不如实上报（虚报、谎报、多报、重复报）抑或冒充他人等手段骗领公共财物后，又实施了如下行为的，应当推定其具有非法占有的目的：（1）将公共财物用于个人花销或生活支出、为亲友或其他关系人谋利益；（2）将公共财物予以私分；（3）拒不退还、长时间不予归还、直到案发才归还的；（4）将公共财物予以隐匿；（5）将公共财物予以私存或理财、存入以他人名义开立的账户并实际控制；（6）将公共实物予以变卖；（7）携带公共财物潜逃；（8）将公共财物汇往国外”。[①] 然而，这样的分析实际上在一定程度上是与无罪推定原则可能发生冲突的，根据推定是证明的中断这一基本分析，在犯罪故意的运用过程中，若检方试图运用推定规则推断犯罪故意，则辩方可以运用证据法规则加以有效还击。

刑事诉讼奉行无罪推定原则，且必须严格遵循举证、质证的证明程序。因此，推定的适用范围不能涉及犯罪要件事实。无罪推定原则对刑事诉讼中的证明责任进行了预先分配。在公诉案件中，国家承担着证明刑事被告人有罪的责任。《刑事诉讼法》第五十一条规定：“公诉案件中被告人有罪的举证责任由人民检察院承担，自诉案件中被告人有罪的举证责任由自诉人承担。”人民检察院的这种证明责任是不可转移的。推定不是对证明责任的预先分配，而是在其适用过程中对证明责任在当事人间的分配产生影响。因此，“刑事案件中的推定显然不能把举证责任和说服事实认定者的责任交给被告人”。[②] 举凡世界各国证据法典，均无关于刑事犯罪要件可以适用推定的规定，有的只是一些与要件事实无关的推定。例如，新西兰《1908 年证据法》第六条（保存 20 年的书证之推定）只提及“在任何诉讼程序中，不论是民事诉讼还是刑事诉讼，如书证经证明或声称为不少于 20 年的，可当即作出推定”。[③] 这说明，在刑事诉讼中，

---

① 何家弘、黄健：《贪污罪非法占有目的之推定规则初探》，载《法学杂志》2016 年第 10 期。

② ［美］乔恩·R. 华尔兹：《刑事证据大全》，何家弘等译，中国人民公安大学出版社 2004 年版，第 397 页。

③ 新西兰《1908 年证据法》。

推定只对非要件事实的证明具有补充作用。[①]

（六）贪污罪对象

贪污罪的对象主要是财物，具体何为财物，本书已经在规则分析时有了较为详细的介绍，对于辩护律师而言，在面对贪污罪时，需要首先询问自己三个问题：

1. 是否侵犯财物？贪污罪的前提是对财物进行了侵犯，而如果财产来源是合法的，那就根本谈不上侵犯一说。例如，王某贪污、挪用公款案二审刑事判决书《刑事审判参考》第 422 号：

由于王某所在单位进行住房改革，该笔款项为王某应得款项。王某及其辩护人所提此笔报销 45 万元购房款不构成贪污犯罪的上诉理由和辩护意见，予以采纳。

如果贪污的款项本身就是合法收入，所谓“贪污”也就不复存在了。

2. 侵犯的是公共财物吗？当对第一个问题做出肯定回答后，辩护人需要问自己第二个问题：侵犯的是否是公共财物。由于非法占有公共财物是贪污罪的要求，那么当非法占有的并不是公共财物时，同样也不存在贪污行为。例如，卢某贪污一审刑事判决书（2015）东刑初字第 146 号：

本案的收养人让被告人卢某代为交纳公告费而给予其财物，是基于委托关系而交给卢某个人保管的财物，本质上属于收养人的私人财产。在案的证人田东县民政局的出纳施某、会计周某 2 均证实，公告费是按实际交纳，不用上交财政，所以局里对这部分收费没有做入账处理，涉案的公告费并没有进入到田东县民政局的公家账号，不属于《刑法》规定的“在国家机关、国有公司、企业、集体企业和人民团体管理、使用或者运输中的私人财产”，不应以公共财产论处。

本院认为，被告人卢某侵犯的财产为私人财产，并非公共财产，其行为不符合贪污罪的犯罪构成要件。公诉机关指控被告人卢某犯贪污罪的证据不足，指控的犯罪不能成立。对于被告人卢某及其辩护人提出被告人卢某的行为不构成贪污罪的辩护意见，与查明的事实相符，法院予以采纳。

---

① 参见张保生主编：《证据法学》（第 3 版），中国政法大学出版社 2018 年版，第 354 页。

就该问题而言，辩护人需要对财产的性质进行必要的区分，特别是共有财产与私有财产的区分。

3. 侵犯的数量是否达到标准？即使在上述两个问题全部做出肯定答复的情况下，辩护人依然存在翻盘的可能性，即通过贪污款项的金额数影响贪污罪的认定。前文已经对贪污罪的起刑点进行了介绍，对辩护人而言，其依然可以通过否定一部分款项，进而推动整体认定的金额不足起刑点。例如，关某贪污罪一审判决书（2015）呼刑初字第49号中的："根据现有法律规定，被告人的侵吞公款数额未达到贪污犯罪的定罪起点数额，且无其他法律追究刑事责任的情节，指控被告人关某贪污的罪名不能成立"；彭某某贪污罪一审判决书（2016）黑2721刑初4号中的："根据现有法律规定，被告人的侵吞公款数额未达到贪污犯罪的定罪起点数额，指控被告人彭某某贪污的罪名不能成立"。类似无罪判决多达10起，在无罪判决中占有相当的比重。

综上，在对待贪污罪金额问题时，辩护人需要先询问自己三个问题，在三个问题全部做出肯定性答复时，才可以做出关于贪污罪对象的认定。但即使做出了关于确实侵犯了公共财物且到达足够金额认定的时候，依然不必然导致有罪，一个可能的方法是通过改变罪名实现无罪辩护。即"金额＋主体"的辩护模式，先通过对被告人主体不适格的辩护将"贪污罪"转变为"职务侵占罪"，之后再以金额未达到标准进行无罪辩护。例如，张某甲犯贪污罪一案一审判决书（2015）双桥刑初字第192号：

法院认为，被告人张某甲系村民小组长，在镇政府征占土地工作中，利用职务上的便利将本属于集体的土地登记在其父张某乙名下，非法取得土地附着物补偿款34,642元，其行为是将村集体财产非法据为己有，是职务侵占行为。被告人张某甲侵占数额尚未达到数额较大，依法不应当受刑罚处罚，其行为不构成犯罪。

除了职务侵占罪，也可以转变为私分国有资产罪甚至诈骗罪。这种此罪与彼罪的变化，无疑增加了辩护人的辩护空间。

（七）贪污罪行为

贪污罪犯罪行为的无罪辩护主要有两个方面值得探讨：

首先，是关于贪污罪"利用职务上便利"的问题。作为贪污罪构成要件中体现违反了职务廉洁性法益的行为要素，贪污罪中的“利用职务上的便利”的含义在理论上存在一定的争议。理论通说及司法解释尝试从形式上对“利用职务上的便利”中的“职务”做一个界定，没有从实质上把握其本质内涵，因而未能提供一个明确而又合理的判断标准。贪污罪中的“利用职务上的便利”的实质内涵是，行为人在非法占有公共财物之前，要么基于其职务而合法地占有了该公共财物，要么基于其职务和特定事实的发生而享有在价值金额上与其后来所占有的公共财物相对应的债权请求权。①

当我们利用这样的标准重新再审视关于利用职务便利的说法时，在很大程度上清晰化了关于利用职务便利的争议。实践中的解释大体与之类似，杨某某贪污一案刑事判决书（2016）青2223刑初13号：

所谓利用职务上的便利是指行为人利用其职责范围内主管、经手、管理公共财产的职权所形成的便利条件，假借执行职务的形式非法占有公共财物。

因此，对辩护人而言，只要被告人的行为不具有上述两种情况，那么就可以从其没有利用职务便利的角度入手进行辩护。

其次，犯罪行为的性质也同样具有讨论空间，其中最重要的问题就是贪污行为与一般民事行为的区别。要厘清这一问题，关键在于对贪污罪的构成要件进行分析，辩护人可以从以下几个角度进行考虑：（1）是否遭到了损失？（2）是否利用职务上的便利？（3）是否据为已有？实践中的案例，也多是从这几个问题进行开展的。即如果能够合理解释被告人的行为或是其行为针对的对象是私人财产，都存在完成无罪辩护的可能。例如，卢某贪污一审刑事判决书（2015）东刑初字第146号就谈道了：“被告人卢某侵犯的财产为私人财产，并非公共财产，其行为不符合贪污罪的犯罪构成要件”；而于某鳌贪污二审判决书（2014）鞍刑二终字第00381号则认可了“上诉人于某鳌及其辩护人提出的位于某街的房屋是经苏区长同意购买，产权是某厂的，是单位福利分房”以及“由于某公司没有合同约定标准的房屋，退款20万元给于某鳌及给付的位于胜利路的房子应是奖励的”辩护意见。

① 邹兵建：《论贪污罪中的“利用职务上的便利”——以指导性案例11号为切入点的反思》，载《政治与法律》2016年第11期。

为了进一步厘清这一问题，我们尝试以假设案例进行分析：

国企 M 出纳员 A 受委托从 B 处提取 3 万元，然而之后发现提取了 3.3 万元，其将多出的 3000 元据为己有。

在这一案例中，首先，国企并非遭到损失——其 3 万元一分不少；其次，A 虽看似利用职务便利，但未将国企的钱据为己有。由此不难发现，本案例的核心问题并非 M 与 A 之间的关系，而是 A 与 B 之间的关系。当厘清这一层关系后，便很容易对本案性质进行认定了。

（八）共同犯罪问题分析

即便我国刑法总则缺乏共犯与身份的明文规定，通过借鉴域外理论与判例经验，根据共犯规定及共犯原理，也能妥当处理共犯与身份问题。根据身份是影响行为的法益侵害性还是行为人的非难可能性，可将身份区分为违法身份与责任身份；非身份者参与违法身份犯罪的，虽成立违法身份犯的共犯，但应减轻处罚；非身份者参与责任身份犯罪的，应分别定罪处罚。委派到非国有公司从事公务的国家工作人员只是一种责任身份，其伙同公司人员侵占本单位财产、收受贿赂、挪用本单位资金的，具有国家工作人员身份的分别成立贪污罪、受贿罪、挪用公款罪，公司人员则相应成立职务侵占罪、非国家工作人员受贿罪、挪用资金罪。①

（九）其他问题

需要特别说明的是，在二审或是再审过程中，如果能出现新的证据，将在一定程度上决定案件的最终走向。例如，薛某某贪污罪再审判决书（2017）吉 0582 刑再 1 号中谈道：“现有新的证据能够证明石庙村二组 2004 年度补助款发放后没有余款，不存在剩余 1700 元退给薛某某并被其据为己有的事实”；而姜某波贪污再审刑事判决书（2017）鄂 1124 刑再 2 号中也有“姜某波提交的新证据，即 2011 年度甘塘坳村退耕还林资金 14,789.5 元的入账凭证，足以证明姜某波并未贪污该款”的说法。

---

① 参见陈洪兵：《共犯与身份的中国问题》，载《法律科学》（西北政法大学学报）2014 年第 6 期。

第三节 相关法律法规及判例索引

一、法律法规列表

（一）法律

文件	条数
《刑法》（2017 年修正）	第一百八十三条第二款
	第二百七十一条第二款
	第三百八十二条
	第三百八十三条
	第三百九十四条

（二）司法解释

文件	条数
《最高人民法院、最高人民检察院关于办理虚假诉讼刑事案件适用法律若干问题的解释》	第四条
《最高人民检察院关于贪污养老、医疗等社会保险基金能否适用〈最高人民法院、最高人民检察院关于办理贪污贿赂刑事案件适用法律若干问题的解释〉第一条第二款第一项规定的批复》	全文
《最高人民法院、最高人民检察院关于办理贪污贿赂刑事案件适用法律若干问题的解释》	第十一条
	第十六条
	第十九条
《最高人民法院关于〈中华人民共和国刑法修正案（九）〉时间效力问题的解释》	第七条

续表

文件	条数
《最高人民法院、最高人民检察院关于办理国家出资企业中职务犯罪案件具体应用法律若干问题的意见》	一、关于国家出资企业工作人员在改制过程中隐匿公司、企业财产归个人持股的改制后公司、企业所有的行为的处理
	二、关于国有公司、企业在改制过程中隐匿公司、企业财产归职工集体持股的改制后公司、企业所有的行为的处理
	四、关于国家工作人员在企业改制过程中的渎职行为的处理
	五、关于改制前后主体身份发生变化的犯罪的处理
《最高人民法院关于方某炬与重庆国际信托有限公司返还财产纠纷一案的法律适用问题的复函》	四、我院请示的主要问题和意见
《最高人民法院研究室关于对行为人通过伪造国家机关公文、证件担任国家工作人员职务并利用职务上的便利侵占本单位财物、收受贿赂、挪用本单位资金等行为如何适用法律问题的答复》	全文
《最高人民法院关于印发〈全国法院审理经济犯罪案件工作座谈会纪要〉的通知》	二、关于贪污罪
《最高人民法院、最高人民检察院关于办理妨害预防、控制突发传染病疫情等灾害的刑事案件具体应用法律若干问题的解释》	第十四条
《最高人民法院关于印发〈全国法院审理金融犯罪案件工作座谈会纪要〉的通知》	1．非金融机构非法从事金融活动案件的处理
	3．用账外客户资金非法拆借、发放贷款行为的认定和处罚

续表

文件	条数
《最高人民法院关于审理贪污、职务侵占案件如何认定共同犯罪几个问题的解释》	第一条
《最高人民检察院关于贯彻执行全国人民代表大会常务委员会关于〈中华人民共和国刑法〉第九十三条第二款的解释的通知》	第二条
《最高人民检察院关于人民检察院直接受理立案侦查案件立案标准的规定（试行）》	一、贪污贿赂犯罪案件 （一）贪污案
《最高人民检察院关于在全国检察机关实行“检务公开”的决定（十条）》	三、贪污贿赂、渎职犯罪案件立案标准
《最高人民检察院关于认真执行〈关于惩治破坏金融秩序犯罪的决定〉的通知》	第二条
《最高人民法院、最高人民检察院关于执行〈通告〉的若干问题的答复》	第三条
《最高人民法院、最高人民检察院关于贪污受贿投机倒把等犯罪分子必须在限期内自首坦白的通告》	第一条
《全国高级人民法院院长座谈会纪要》	第三条
《最高人民法院、最高人民检察院关于正确执行〈全国人民代表大会常务委员会关于惩治走私罪的补充规定〉和〈全国人民代表大会常务委员会关于惩治贪污罪贿赂罪的补充规定〉的通知》	全文
《最高人民检察院发言人就〈关于当前办理经济犯罪案件中具体应用法律的若干问题的解答（试行）〉答〈中国法制报〉记者问》	全文
《最高人民法院关于缓刑问题的复函》	第二条

（三）行政法规

文件	条数
《退耕还林条例》	第五十七条
《社会抚养费征收管理办法》	第十四条

（四）监察法规

文件	条数
《国家监察委员会管辖规定（试行）》	一、贪污贿赂犯罪（一）贪污罪
《中共中央纪律检查委员会关于共产党员在经济方面的违法违纪党纪处分的若干规定（试行）》	第六条

（五）其他规范性文件

1. 部门规章

文件	条数
《人力资源社会保障部办公厅关于贯彻落实贪污社会保险基金属于刑法贪污罪中较重情节规定的通知》	全文
《监察部①关于对贵州省监察厅〈关于监察机关在执行行政纪律处分中有关问题的请示〉的答复》	第二条
《监察部关于〈国家行政机关工作人员贪污贿赂行政处分暂行规定实施细则〉施行时间等问题的请示的答复》	第二条
《监察部对纺织部监察局〈关于执行《国家行政机关工作人员贪污贿赂行政处分暂行规定》及其《实施细则》的几个问题的请示〉的答复》	一、关于对贪污、贿赂已构成犯罪需移送司法机关处理的监察对象给予行政处分，应在何时进行的问题
《监察部关于有贪污贿赂行为的国家行政机关工作人员必须在限期内主动交代问题的通告》	第二条
《监察部关于有贪污贿赂行为的国家行政机关工作人员必须在限期内主动交代问题的通知》	第二条

2. 军事规范性文件

文件	条数
《中国人民解放军军事法院印发〈关于审理军人违反职责罪案件中几个具体问题的处理意见〉的通知》	三、关于监守自盗军用物资的行为应如何定罪处罚问题

① 2018 年改为国家监察委员会。

二、指导性案例列表

（一）指导性案例

发布机构	案号	案例	是否无罪判决
最高人民法院	（2009）浙刑二终字第34号	指导案例11号：杨某虎等贪污案	有罪

（二）“两高”公报中的案例

1.《最高人民法院公报》中的案例

案号	案例	是否无罪判决
《最高人民法院公报》2005年第7期（总第105期）	无锡市北塘区①人民检察院诉束某龙贪污案	有罪
《最高人民法院公报》2004年第12期（总第98期）	成都市人民检察院诉尚某多等人贪污案	有罪
《最高人民法院公报》2004年第9期（总第95期）	成都市人民检察院诉刘某东贪污、受贿案	有罪
《最高人民法院公报》2004年第5期（总第91期）	上海市人民检察院第二分院诉王某兵贪污案	有罪
《最高人民法院公报》2004年第1期（总第87期）	重庆市人民检察院诉陈某贪污、挪用公款案	有罪
《最高人民法院公报》2004年第12期（总第98期）	重庆市人民检察院第一分院诉严某贪污案	有罪
《最高人民法院公报》2003年第2期（总第82期）	上海市黄浦区人民检察院诉窦某颖、冼某玲贪污案	有罪
《最高人民法院公报》2002年第2期（总第76期）	唐某华等五人贪污、职务侵占、企业人员受贿案	有罪
《最高人民法院公报》1999年第2期（总第58期）	褚某健等贪污、巨额财产来源不明案	有罪
《最高人民法院公报》1998年第3期（总第55期）	陈某同贪污、玩忽职守上诉案	有罪

① 2016年北塘区划入新设的梁溪区。

续表

案号	案例	是否无罪判决
《最高人民法院公报》1998 年第 1 期（总第 53 期）	高某林等五人贪污、受贿案	有罪
《最高人民法院公报》1998 年第 2 期（总第 54 期）	程某青贪污案	有罪
《最高人民法院公报》1994 年第 2 期（总第 38 期）	李某时受贿、贪污案	有罪
《最高人民法院公报》1994 年第 2 期（总第 38 期）	沈某福贪污、行贿案	有罪
《最高人民法院公报》1993 年第 4 期（总第 36 期）	徐某和、范某朝受贿、贪污、挪用公款案	有罪
《最高人民法院公报》1993 年第 4 期（总第 36 期）	徐某春贪污案	有罪
《最高人民法院公报》1991 年第 3 期（总第 27 期）	管某诚受贿、贪污案	有罪
《最高人民法院公报》1990 年第 2 期（总第 22 期）	刘某山贪污案	有罪
《最高人民法院公报》1989 年第 4 期（总第 20 期）	刘某胜贪污案	有罪
《最高人民法院公报》1989 年第 3 期（总第 19 期）	邓某薇、宋某文贪污、偷越国境、诈骗案	有罪
《最高人民法院公报》1988 年第 1 号（总第 13 号）	吴某明、黄某梁、陈某育、吴某寿走私、受贿、贪污案	有罪
《最高人民法院公报》1991 年第 1 期（总第 25 期）	徐某贪污、受贿案	有罪

2.《最高人民检察院公报》中的案例

案号	案例	是否无罪判决
《最高人民检察院公报》2013 年第 3 号（总第 134 号）	李某彬滥用职权、受贿、贪污案	有罪

续表

案号	案例	是否无罪判决
《最高人民检察院公报》2010年第4号（总第117号）	黄某有受贿、贪污案	有罪
《最高人民检察院公报》2009年第6号（总第113号）	孙某贪污、受贿案	有罪
《最高人民检察院公报》2009年第5号（总第112号）	李某英贪污受贿案	有罪
《最高人民检察院公报》2008年第2期（总第103期）	温某杰受贿、贪污案	有罪
《最高人民检察院公报》2005年第6号（总第89号）	刘某宝贪污、受贿、巨额财产来源不明，朱某、丁某生、张某宝贪污案	有罪
《最高人民检察院公报》2005年第2号（总第85号）	卞某贪污、挪用公款，吴某挪用公款、玩忽职守案	有罪
《最高人民检察院公报》2004年第4号（总第81号）	李某受贿、贪污案	有罪
《最高人民检察院公报》2003年第4号（总第75号）	胡某、徐某设贪污、挪用公款案	有罪
《最高人民检察院公报》2001年第6号（总第65号）	青海省机电公司、青海省永吉公司单位非法经营；刘某平非法经营、巨额财产来源不明、贪污公诉案	有罪
《最高人民检察院公报》2002年第1号（总第66号）	刘某霞、李某洋贪污案	有罪
《最高人民检察院公报》2000年第5号（总第58号）	张某昌贪污、受贿、挪用公款、巨额财产来源不明案	有罪
《最高人民检察院公报》2000年第3号（总第56号）	邓某、陈某受贿、贪污、徇私枉法、滥用职权、巨额财产来源不明案	有罪
《最高人民检察院公报》2000年第2号（总第55号）	张某信贪污抗诉案	有罪

续表

案号	案例	是否无罪判决
《最高人民检察院公报》1999年第6号（总第53号）	宋某勇贪污抗诉案	有罪
《最高人民检察院公报》1999年第2号（总第49号）	原某津贪污案	有罪
《最高人民检察院公报》1998年第6号（总第47号）	马某妹贪污、受贿案	有罪
《最高人民检察院公报》1998年第4号（总第45号）	王某秀、孔某丽、王某富贪污、挪用公款、受贿、玩忽职守案	有罪
《最高人民检察院公报》1998年第2号（总第43号）	高某林、张某斌、张某田、李某清、樊某奎贪污、受贿案	有罪
《最高人民检察院公报》1998年第1号（总第42号）	陈某才、季某勇贪污抗诉案	有罪
《最高人民检察院公报》1996年第4号（总第34号）	闻某、杨某贪污、盗窃、挪用公款案	有罪
《最高人民检察院公报》1996年第3号（总第33号）	邓某受贿、贪污、投机倒把、挪用公款、行贿案	有罪
《最高人民检察院公报》1996年第1号（总第31号）	王某业、史某青受贿、贪污、投机倒把、重婚、偷越国境案	有罪
《最高人民检察院公报》1995年第6号（总第30号）	薛某文贪污、受贿、流氓案	有罪
《最高人民检察院公报》1995年第1号（总第25号）	闫某宏贪污、挪用公款、投机倒把、受贿案	有罪
《最高人民检察院公报》1994年第4号（总第24号）	王某贪污案	有罪
《最高人民检察院公报》1994年第2号（总第22号）	李某时受贿、贪污案	有罪
《最高人民检察院公报》1993年第4号（总第20号）	徐某和、范某朝等人受贿、贪污、挪用公款、窝赃案	有罪

续表

案号	案例	是否无罪判决
《最高人民检察院公报》1994 年第 1 号（总第 21 号）	薛某和等八人贪污案	有罪
《最高人民检察院公报》1992 年第 1 号（总第 13 号）	李某华特大贪污行贿案	有罪
《最高人民检察院公报》1992 年第 1 号（总第 13 号）	刘某兰特大受贿贪污案	有罪
《最高人民检察院公报》1993 年第 1 号（总第 17 号）	李某国等特大贪污案	有罪
《最高人民检察院公报》1992 年第 2 号（总第 14 号）	殷某青贪污案	有罪
《最高人民检察院公报》1996 年第 1 号（总第 31 号）	黄某万贪污案	有罪
《最高人民检察院公报》1992 年第 1 号（总第 13 号）	易某、刘某虎、马某贪污案	有罪
《最高人民检察院公报》2002 年第 2 号（总第 67 号）	马某东、宁某杰、李某芳贪污、受贿、挪用公款、巨额财产来源不明案	有罪
《最高人民检察院公报》1993 年第 3 号（总第 19 号）	蒋某凤受贿、贪污案	有罪

（三）《刑事审判参考》中的案例

案号	案例	是否无罪判决
第 29 号	陈某杰等贪污案——银行临时工与外部人员勾结监守自盗应如何定罪	是
第 30 号	苟某良等贪污、受贿案——具有两种不同特定身份的人共同实施侵吞企业财产、收受他人财物的行为应如何定罪处罚	是
第 63 号	肖某华贪污、挪用公款案——定额承包者占有或者支配本人上缴定额利润后营利部分是否构成贪污罪	是

续表

案号	案例	是否无罪判决
第 79 号	李某贪污、挪用公款案——对贪污、挪用犯罪行为直接造成的财产损失能否提起附带民事诉讼	有罪
第 83 号	陆某中被控贪污案——律师事务所主任将名为国有实为个体的律师事务所的财产据为己有不构成贪污罪	是
第 124 号	徐某、罗某德贪污案——在国有企业改制过程中隐瞒资产真实情况造成巨额国有资产流失的行为如何处理	有罪
第 125 号	刘某伟私分国有资产案——集体私分国有资产行为与共同贪污行为如何区分	是
第 136 号	宾某春、郭某、戴某立贪污案——如何认定村民委员会等村基层组织成员为依照法律从事公务的人员	有罪
第 195 号	左某等受贿、贪污、挪用公款案——单位领导研究决定收受回扣款、并为少数领导私分行为的定性	有罪
第 216 号	于某红贪污案——不动产能否成为贪污罪的犯罪对象	有罪
第 236 号	彭某军贪污、挪用公款案——如何认定以挪用公款手段实施的贪污犯罪	有罪
第 275 号	胡某能贪污案——截留并非法占有本单位利润款的贪污行为与收受回扣的贪污行为的区分	是
第 292 号	胡某玮贪污案——贪污罪中非法占有目的的推定	有罪
第 311 号	江某生等贪污案——贪污罪犯罪对象的理解与认定	有罪
第 312 号	尚某多等贪污案——学校违规收取的“点招费”能否视为公共财产	有罪
第 313 号	杨某芳贪污、受贿案——私分国有资产与共同贪污的区分	有罪
第 328 号	朱某海、左某红等非法买卖枪支、贪污案——对于 1997 年《刑法》施行以后、司法解释公布施行以前实施的非法买卖枪支犯罪，是参照执行原有的司法解释还是适用新公布施行的司法解释	有罪

续表

案号	案例	是否无罪判决
第 334 号	阎某民、钱某芳贪污、受贿案——国家工作人员利用职务上的便利以单位的名义向有关单位索要“赞助款”并占为己有的行为是索贿还是贪污	有罪
第 355 号	朱某岩贪污案——租赁国有企业的人员盗卖国有资产的行为如何处理	有罪
第 377 号	李某清等被控贪污案——国家机关内部科室集体私分违法收入的行为构成私分国有资产罪	是
第 383 号	郭某鳌、张某琴、赵某贪污、挪用公款案——证券营业部工作人员利用职务便利私分单位违规自营炒股盈利款的行为如何定性	有罪
第 422 号	王某贪污、挪用公款案——已办理退休手续依然从事公务的国家工作人员仍构成挪用公款罪主体	是
第 446 号	顾某忠挪用公款、贪污案——由国有公司负责人口头提名、非国有公司聘任的管理人员能否以国家工作人员论	有罪
第 454 号	陈某林等挪用资金、贪污案——无法区分村民委员会人员利用职务之便挪用款项性质的如何定罪处罚	有罪
第 462 号	高某华等贪污案——使用公款购买房屋构成贪污的，犯罪对象是公款还是房屋	有罪
第 594 号	廖某伦贪污、受贿案——村民小组长在特定情形下属于“其他依照法律从事公务的人员”	有罪
第 642 号	钱某元贪污、职务侵占案——如何理解村基层组织人员协助人民政府从事“国有土地的经营和管理”	是
第 692 号	黄某惠贪污案——利用受国家税务机关委托行使代收税款的便利侵吞税款的行为，如何定罪处罚	有罪
第 695 号	王某勤贪污、受贿案——余罪自首的证据要求与证据审查	有罪

续表

案号	案例	是否无罪判决
第 710 号	石某伟偷税、贪污案——被羁押期间将他人串供字条交给监管人员，对进一步查证他人犯罪起了一定的协助作用，虽不认定为立功，但可酌情从轻处罚	有罪
第 734 号	王某兴贪污、受贿、职务侵占案——对国有公司改制中利用职务便利隐匿并实际控制国有资产的行为，如何认定	有罪
第 771 号	李某兴贪污案——社保工作人员骗取企业为非企业人员参保并私自收取养老保险费的行为，如何定性	有罪
第 786 号	刘某贪污案——适用减轻处罚情节能否减至免予刑事处罚	有罪
第 805 号	姚某文贪污、受贿案 ——个人决定以单位名义将公款借给其他单位使用，虽然在事后收取对方财物，但难以证实借款当时具有谋取个人利益目的的，如何定罪处罚	有罪
第 871 号	黄某强贪污案——在不同证据所证内容存在矛盾的情况下，如何判断案件全案证据是否确实、充分	有罪
第 1016 号	李某光贪污、挪用公款案——如何审查认定国家出资企业中国家工作人员的身份	有罪
第 1071 号	陈某等贪污、受贿案 ——国家工作人员套取的公款中用于支付原单位业务回扣费用的部分，是否应当计入贪污数额	有罪
第 1087 号	祝某财等贪污案——如何区分非法经营同类营业罪和贪污罪	有罪
第 1088 号	赵某贪污、挪用公款案——对采取虚列支出手段实施平账行为的认定及上诉不加刑原则在数罪并罚中的理解与适用	是
第 1139 号	周某武、周某贪污案——贪污特定款物的司法认定以及新旧法选择适用时罚金刑的判处	有罪

续表

案号	案例	是否无罪判决
第1140号	郑某文贪污、受贿、滥用职权案——如何处理以威胁方法收集的被告人供述及司法实践中对“重复供述”如何采信	有罪
第1141号	吴某、朱某娅贪污案——侦查机关通过疲劳审讯获得的被告人供述是否属于非法证据以及非法证据排除后是否对量刑事实形成影响	有罪
第1142号	王某龙挪用公款、贪污案——如何认定“小金库”性质公司及公务性支出能否从贪污数额中扣除	有罪
第1235号	任某厚受贿、贪污、巨额财产来源不明违法所得没收申请案——关于违法所得没收程序具体操作规范和裁判要点解析	是

三、无罪判例列表

案例名称	案号	法院名称	法院层级	审判程序
徐某学、王某师贪污一审刑事判决书	（2016）晋0823刑初126号	山西省闻喜县人民法院	基层法院	一审
程某犯贪污罪一案刑事二审判决书	（2014）晋市法刑终字第301号	山西省晋城市中级人民法院	中级法院	二审
黄某1贪污罪一审刑事判决书	（2013）东刑初字第321号	北京市东城区人民法院	基层法院	一审
李某贪污罪再审刑事判决书	（2014）浙金刑再终字第1号	浙江省金华市中级人民法院	中级法院	再审
李某海、李某元贪污一审刑事判决书	（2018）冀0132刑初21号	河北省元氏县人民法院	基层法院	一审
吕某哲贪污一案一审刑事判决书	（2013）济刑初字第15号	河南省济源市人民法院	基层法院	一审

续表

案例名称	案号	法院名称	法院层级	审判程序
孙一某、孙二某犯贪污罪一审刑事判决书	（2014）宝刑初字第196号	天津市宝坻区（县）人民法院	基层法院	一审
田某某贪污一案再审刑事判决书	（2015）洪刑再字第1号	山西省洪洞县人民法院	基层法院	再审
赵某宅贪污一审判决书	（2014）肃刑初字第160号	河北省肃宁县人民法院	基层法院	一审
祁某某、祁×某、陈某某、郑某某犯贪污罪一审刑事判决书	（2013）镇安刑初字第00084号	陕西省镇安县人民法院	基层法院	一审
冉某某贪污罪二审刑事判决书	（2015）泸刑终字第96号	四川省泸州市中级人民法院	中级法院	二审
肖某刚贪污罪再审判决书	（2015）阳刑再字第1号	湖南省邵阳县人民法院	基层法院	一审
张某贪污罪刑事再审判决书	（2017）藏03刑再1号	西藏自治区昌都市中级人民法院	中级法院	再审
周某丽贪污罪一审刑事判决书	（2017）甘0111刑初137号	甘肃省兰州市红古区人民法院	基层法院	一审
张某甲、陈某贪污一审刑事判决书	（2015）抚刑初字第323号	河北省抚宁县人民法院	基层法院	一审
陆某中被控贪污案再审刑事判决书	《刑事审判参考》第83号			
胡某能贪污案死刑复核刑事判决书	《刑事审判参考》第275号			
陈某受贿案一审刑事判决书	（2013）福铁刑初字第31号	四川省新津县人民法院	基层法院	一审
李某录、王某联贪污一审刑事判决书	（2017）冀0132刑初15号	河北省元氏县人民法院	基层法院	一审

续表

案例名称	案号	法院名称	法院层级	审判程序
晏某、杨某玲贪污罪一审刑事判决书	（2017）川0113刑初24号	四川省成都市青白江区人民法院	基层法院	一审
吕某先贪污再审刑事判决书	（2015）云刑再初字第2号	贵州省贵阳市云岩区人民法院	基层法院	再审
陈某杰等贪污案一审刑事判决书	《刑事审判参考》第29号	广东省茂名市中级人民法院	基层法院	一审
苟某良等贪污、受贿案二审刑事判决书	《刑事审判参考》第30号			二审
肖某华贪污、挪用公款案二审刑事判决书	《刑事审判参考》第63号			二审
李某光贪污、挪用公款案		广西壮族自治区高级人民法院	高级法院	二审
钱某元贪污、职务侵占案一审刑事判决书	《刑事审判参考》第642号			一审
牛某2贪污罪审判监督刑事判决书	（2013）京铁刑再初字第120号	北京铁路运输法院	基层法院	再审
郭某社贪污刑事判决书	（2015）富平刑初字第00074号	陕西省富平县人民法院	基层法院	一审
李某甲被判无罪一审刑事判决书	（2015）仁和刑初字第60号	四川省攀枝花市仁和区人民法院	基层法院	一审
刘某庆贪污一案二审刑事判决书	（2015）果刑终字第4号	青海省果洛藏族自治州中级人民法院	中级法院	二审
孙某山、苏某宗贪污一审刑事判决书	（2017）冀0181刑初101号	河北省辛集市人民法院	基层法院	一审
赵某贪污、挪用公款案二审刑事判决书	《刑事审判参考》1088号			二审
谢某红贪污再审刑事判决书	（2018）赣07刑再1号			再审

续表

案例名称	案号	法院名称	法院层级	审判程序
李某清等被控贪污案二审刑事判决书	《刑事审判参考》第 377 号			二审
李某甲、邓某、陈某某、肖某某、吴某某、聂某某犯贪污罪再审刑事判决书	（2013）娄中刑再终字第 1 号	湖南省娄底地区（市）中级人民法院	中级法院	再审
史某某贪污一审刑事判决书	（2014）万刑二重字第 4 号	山西省万荣县人民法院	基层法院	一审
被告人彭某某贪污罪一审判决书	（2016）黑 2721 刑初 4 号	黑龙江省呼玛县人民法院	基层法院	一审
曹某甲、张某甲、王某甲、王某乙犯贪污罪一审刑事判决书	（2015）成刑初字第 91 号	四川省成都市中级人民法院	中级法院	一审
花某国犯贪污罪一案一审判决书	（2015）双桥刑初字第 287 号	河北省承德市双桥区人民法院	基层法院	一审
关某贪污罪一审判决书	（2015）呼刑初字第 49 号	内蒙古自治区呼伦贝尔市中级人民法院	中级法院	一审
陈某贪污罪一案刑事判决书	（2015）呼中刑初字第 6 号	黑龙江省呼中区人民法院	基层法院	一审
林某甲贪污一审刑事判决书	（2015）汕陆法刑初字第 326 号	广东省陆丰市人民法院	基层法院	一审
彭某水贪污罪一审判决书	（2016）黑 2721 刑初 4 号	黑龙江省呼玛县人民法院	基层法院	一审
尹某明、程某举、冉某利、冉某泽贪污罪刑事一审判决书	（2016）甘 1227 刑初 35 号	甘肃省徽县人民法院	基层法院	一审

续表

案例名称	案号	法院名称	法院层级	审判程序
卢某贪污一审刑事判决书	（2015）东刑初字第146号	内蒙古自治区鄂尔多斯市中级人民法院（原内蒙古自治区伊克昭盟中级人民法院）	基层法院	一审
于某鳌贪污二审判决书	（2014）鞍刑二终字第00381号	辽宁省鞍山市中级人民法院	中级法院	二审
王某贪污、挪用公款案二审刑事判决书	《刑事审判参考》第422号	辽宁省高级人民法院		二审
刘某某贪污二审刑事判决书	（2013）榕刑终字第69号	福建省福州市中级人民法院	中级法院	二审
韩某宝、万某科犯贪污罪再审刑事判决书	（2013）苏刑再提字第00001号	江苏省高级人民法院	高级法院	再审
桂某兴、强某等犯贪污罪二审刑事判决书	（2016）皖02刑终151号	安徽省芜湖市中级人民法院	中级法院	二审
李某清等被控贪污案二审刑事判决书	《刑事审判参考》第377号			二审
张某权犯贪污罪一案一审判决书	（2015）双桥刑初字第192号	河北省承德市双桥区人民法院	基层法院	一审
李某贪污罪一审刑事判决书	（2016）鄂1303刑初10号	湖北省随州市曾都区人民法院	基层法院	一审
陈某某犯贪污罪再审刑事判决书	（2009）汴刑再字第2号	河南省开封市中级人民法院	中级法院	再审
王某全、马某某犯贪污罪一审刑事判决书	（2013）开刑重字第2号	河北省唐山市开平区人民法院	基层法院	一审
杨某某贪污一案刑事判决书	（2016）青2223刑初13号	青海省海晏县人民法院	基层法院	一审
杨某何贪污一审刑事判决书	（2016）云2801刑初542号	云南省景洪市人民法院	基层法院	一审

续表

案例名称	案号	法院名称	法院层级	审判程序
刘某伟私分国有资产案二审刑事判决书	《刑事审判参考》第125号			二审
贾某兰、杨某茹诈骗罪再审刑事判决书	（2017）陕0202刑再1号	陕西省铜川市王益区人民法院	基层法院	再审
任某厚受贿、贪污、巨额财产来源不明违法所得没收申请案	《刑事审判参考》第1235号			
王某犯贪污罪一审刑事判决书	（2012）涉刑初字第142号	河北省涉县人民法院	基层法院	一审
张某某等玩忽职守一审刑事判决书	（2014）平刑初字第93号	广西壮族自治区平南县人民法院	基层法院	一审
林某贪污罪刑事一审判决书	（2011）龙刑初字第281号	河南省南阳市卧龙区人民法院	基层法院	一审
肖某贪污罪再审刑事判决书	（2014）哈刑再终字第7号	黑龙江省哈尔滨市中级人民法院	中级法院	再审

第二章　受贿罪

第一节　无罪判例规则

一、证据无罪规则

规则1：事实不清，证据不足或证据存疑，无其他证据印证，无法作为定案依据

【规则分析】该规则为兜底性辩点，详见贪污罪无罪规则1。

【无罪判例1】黄某斌受贿案一审刑事判决书《刑事审判参考》第693号

公诉机关指控黄某斌向新纪元公司索取2万元现金支票和1万元现金支票的事实，证据不足，不能成立。

【无罪判例2】褚某剑受贿案二审刑事判决书《刑事审判参考》第823号

判认定褚某剑收受旅游费4700元和装修款2000元，分别由于证据不足和采信证据标准问题，不予认定。

规则2：证言没有其他证据予以印证，系孤证，不能足以认定

【规则分析】该规则可参考贪污罪的规则4。

【无罪判例】肖某受贿罪一审刑事判决书（2016）鄂1022刑初70号

起诉书指控关于肖某的朋友在宝带家园购买房屋时，要桑某在房价上优惠，要求每套房子优惠10万元共计30万元，否则就要别人在土地招拍挂时举牌和办理房产证时为难，即桑某证言的真实性问题。

桑某所开发建设的宝带家园土地取得未经土地招拍挂，属于违规建设。在伍某兰等人找其购房时该开发项目已初见雏形，实际对该宗土地的违法建设处理已无法实现土地招拍挂。事后“按照评估价格足额收取土地出让金后，以协议出让的方式供地办证”，不存在土地招拍挂时举牌和办理房产证时为难的事实。就这一事实，只有桑某的陈述，没有其他证据予以印证，系孤证，不能足以认定。

规则3：证人翻供，以前的证词存在串供，证据不足，存疑有利于被告人

【规则分析】该规则实际上是证人翻证问题，一般而言证人翻证可能因为：(1) 侦查人员诱骗；(2) 获得利益；(3) 畏惧报复；(4) 担心牵连。

针对证人翻证的现象，辩护人应该 (1) 注意证人证言与其他证据之间的关系，综合其他证据分析判断；(2) 对比证人的不同证言，针对证言的内容进行分析；(3) 分析影响证人证言的因素，必要时对证人进行保护与心理辅导；(4) 审查证人与案件的关系。

【无罪判例】被告人周某健犯受贿罪重审刑事判决书（2013）南法刑重字第1号

本案证人王某善对自己以前所作的证词全盘翻供，以前的证词存在串供，证人王某善在庭上的陈述经质证可信度较高，与证人周某鸣证言、被告人周某健的供述相印证，对其当庭证言予以采信。而证人涂某前、张某高全盘推翻以前证词。根据存疑有利于被告人的原则，对涂某前、张某高这次的证言予以采信。

本院认为，原审被告人周某健在被纪委两规期间，错误地认为讲一点受贿的情况就能从宽处理，保住饭碗，早日出去，于是自作聪明，与王某善、张某高串通，主动交代自己收受王某善 14,000 元、张某高 3000 元的受贿情况。纪委在限制涂某前人身自由的情况下取得了涂某前指认曾送 1 万元给周某健的证词，周某健也就承认了收受涂某前 1 万元贿赂的问题。现原审被告人周某健翻供且证人王某善、张某高，涂某前全盘推翻以前证词，故认定原审被告人周某健收受王某善 14,000 万元，涂某前 7800 元，张某高 3000 元证据不足，指控原审被告人周某健犯受贿罪不能成立，应予改判。对原审被告人周某健及其辩护人提出的无罪辩护意见予以采纳。

规则4：检察机关提供的证据存在诸多疑点，且无其他证据排除合理怀疑，证据之间不能形成完整的证据锁链或存在矛盾

【规则分析】相关分析可参考贪污罪无罪规则8。

【无罪判例1】周某清受贿再审刑事判决书（2013）渝二中法刑再终字第00001号

关于周某清及其辩护人提出周某清没有受贿事实，不构成犯罪的理由，经审查检察机关在原审中提供的证据，主要存在下列疑点：其一，周某清在侦查阶段曾多次供述收受姜某某现金，但其供述中对于具体收受姜某某多少钱、是直接收受还是通过他人转交、是单独收受还是转交了一部分给他人以及在何处转交给他人等问题说法不一；且其供述通过聂某某收受姜某某6万元钱并将其中3万元转交给贺某某，系在姜某某作证之后，证明力相对较低。其二，证人姜某某在庭前曾四次证实托聂某某带了一篓装有6万元钱的广柑给周某清，并电话告知周某清，叫周某清将其中3万元钱转交给贺某某。但其证言中，对于行贿款来源的说法不一致，具体而言，其对于在哪家银行取款以及取款多少没有一致说法，且没有作出合理解释，缺乏证据进一步印证。其三，虽然聂某某庭前证实姜某某托他带了一篓广柑给周某清，但其证言中提到系“王某某”将该广柑搬上车，而案卷内并无“王某某”的证实材料。综上，检察机关提供的证据存在诸多疑点，且无其他证据排除合理怀疑，证据之间不能形成完整的证据锁链。即检察机关提供的证据尚未达到“确实充分”的证明标准，因此检察机关指控周某清收受姜某某贿赂款3万元的证据不足，不能认定周某清有罪。对周某清及其辩护人提出的周某清无罪的辩护理由，本院予以采纳。

【无罪判例2】刘某甲犯受贿罪再审刑事判决书（2014）涟刑再初字第1号

本院再审认为，原公诉机关双峰县人民检察院指控原审被告人刘某甲受贿犯罪事实的证据虽有证人金某2005年9月28日的证言、原远东公司业务主管销售二部经理秦某2006年1月16日的证言、证人胡某2005年9月16日的证言、证人刘某乙2005年10月6日的证言、证人姜某2006年1月13日的证言、江苏省宜兴申利化工有限公司业务员周某2006年1月10日的证言、证人蒋某（伟）东2006年1月12日的证言证实，但由于上述证据在证实刘某甲受贿的时间、地点及事件的主要情节上互相存在矛盾。如证人金某、刘某乙证实原审被告人刘某甲和证人刘某乙同住一间房，而证人胡某证实原审被告人刘某甲是一个人住一间房；证人姜某证明1万元手机款是先拿给双峰县农资公司业务股长胡某，再由业务股长胡某转交原审被告人刘某甲的；证人周某证实其拿了1万元手机款给公司姜某经理，至于姜总是否交给原审被告人，其不清楚。证人胡某证实是姜某经理在宾馆大厅里从包里拿1万元送给原审被告人刘某甲购买手机，原审被告人刘某甲没讲什么就收下了；证人刘某乙证实1万元手机款是在宜兴申利化工有限公司办公室送给原审被告人刘某甲的。同时，相关证人经人民法院通知后无正当理由拒绝出庭作证，以致法庭对证言的真实性无法进行确认，因此，公诉机关提出的上述证人证言不能作为本案的定案依据。此外，公诉机关也没有提供能证明原审被告人刘某甲受贿的任何书证以及原审被告人刘某甲受贿后为行贿人谋取了利益的证明材料。综上所述，原公诉机关指控原审被告人刘某甲犯受贿罪的事实不清，证据不足，原审被告人刘某甲辩称其无罪的辩护观点成立，应予采纳。原审判决被告人刘某甲犯受贿罪的处理不当，应予纠正。

【无罪判例3】刘某祥受贿案再审刑事判决书（2014）涟刑再初字第1号

本院认为，公诉机关指控被告人刘某祥受贿的证据不能形成有效的证据链，排除本案合理怀疑。首先，本案证据与情理不符，如行贿人在当天结婚晚上跑140多公里去行贿；三人出差，有严重鼻炎打鼾的经理刘某祥和他人合住，而另外职位低的人单独住；在宾馆大厅当着多人的面送钱给刘某祥。其次，从证据关联性上讲，证据存在很大缺失，如手机款是由谁送给刘某祥，是在哪里送的存在根本矛盾，行贿单位缺失财务账目登记等。这些矛盾之处不是因为案件本身所处的气候、地理环境等合理因素所引起的正常误差。最后，在证据的合法性上，关键证人胡某舟、刘某江（同案但另案处理的人）在刘某祥一再要求和法院多次通知的情况下，不能到庭质证，其证明效力不能确定。所以，双峰县人民法院（2007）双刑重字第01号刑事判决书认定申诉再审人刘某祥有罪缺乏事实依据，应予纠正。疑罪从无并不是放纵犯罪，而是切实保护人权的表现，事实上在法定期限内只要有新的证据，即可重新指控犯罪。

规则5：公诉机关的证据材料不具有排他性，不能充分得出指控犯罪事实的唯一结论，无法满足确实充分的证据规格要求

【规则分析】证据材料不具有排他性很大程度上意味着不能排除合理怀疑，《最高人民法院关于适用〈中华人民共和国刑事诉讼法〉的解释》第一百零五

条规定："没有直接证据，但间接证据同时符合下列条件的，可以认定被告人有罪：

（一）证据已经查证属实；

（二）证据之间相互印证，不存在无法排除的矛盾和无法解释的疑问；

（三）全案证据已经形成完整的证明体系；

（四）根据证据认定案件事实足以排除合理怀疑，结论具有唯一性；

（五）运用证据进行的推理符合逻辑和经验。"

从反面讲，当证据结论不具有唯一性和排他性时，便不能认定被告人有罪，这符合无罪推定的原则。

【无罪判例】白某刚犯受贿罪一案刑事再审判决书（2017）辽03刑再2号

本院认为，本案原公诉机关指控原审被告人白某刚犯受贿罪的证据不足，起诉指控的事实和罪名不能成立，本院对此不予支持。原审认定白某刚受贿5万元事实不清，证据不足，应予纠正。原公诉机关提供证明原审被告人白某刚受贿5万元的直接证据是证人辛某斌证言、录音材料及物证纸袋。辛某斌证言与白某刚的辩解，客观上形成了证据的"一对一"。本案另一证据录音材料的来源和提取存在瑕疵，且其中不存在能够直接、明确证明白某刚收受5万元的内容，亦不能作为定案的依据。关于物证纸袋，在没有相关来源说明的情况下，无法证明与案件事实存在关联。证人杨某龙证言系传来的间接证据，无法客观证实辛某斌进入办公楼后发生的情况，无从佐证辛某斌的证言，不能合理排除辛某斌去送钱时存在白某刚收钱以外其他情况发生的可能。证人祁某君、宋某丹、马某龙证言证实的内容，与起诉指控白某刚收受5万元的事实缺乏关联性。有证据证明白某刚以未归还拆卸的管线为由，截至案发前始终拒绝在工程验收签证单上签字，并曾两次向有关领导汇报相关情况，亦曾让辛某斌的领导与自己的领导当面协商解决。根据《全国法院审理经济犯罪案件工作座谈会纪要》中关于受贿罪"为他人谋取利益"的认定，没有证据证明白某刚具有"承诺、实施和实现"三个阶段的行为，不具备为他人谋取利益的犯罪要件。故原公诉机关指控白某刚受贿5万元的证据材料不具有排他性，不能充分得出指控犯罪事实的唯一结论，无法满足确实充分的证据规格要求。根据疑罪从无的原则，仅凭上述证据不能认定原审被告人白某刚有罪。

规则6：非法证据排除

【规则分析】本辩点在贪污罪无罪规则30中已经进行了较为详细的论述，实践中被认定为无罪的两个案件，主要是因为疲劳审讯和侦查机关没有充分的证据排除郑某文承认受贿的供述存在被威胁、引诱的合理怀疑。

【无罪判例1】苏某财犯受贿罪一审刑事判决书（2016）青2802刑初29号

关于非法证据排除问题，经查，对被告人苏某财的第一份、第二份笔录系询问笔录，侦查机关告知的是证人权利义务。第三份系讯问笔录，笔录制作完毕后宣布拘留。故此三份笔录均在采取强制措施之前制作。从2015年7月3日21时52分至7月4日16时29分期间制作了三份笔录，且第二份笔录是在第一份笔录7月3日22时58分制作完2小时后，又于7月4日1时4分至2时20分询问，属于疲劳审讯。故对被告人苏某财受贿案立案前的三份笔录属于非法证据，予以排除。辩护人该辩护意见成立。

【无罪判例2】郑某文贪污、受贿、滥用职权案二审刑事判决书《刑事审判参考》第1140号

广东省高级人民法院经审理认为，检察机关指控原审被告人郑某文受贿的依据是郑某文的部分供述及李某平的证言。郑某文在本案侦查阶段虽然曾经供认收受李某平40万元，但郑某文后来否认其在侦查阶段所作的全部受贿供述，辩称之前之所以承认受贿是受侦查人员以取保候审相利诱和以抓捕其子女相威胁。郑某文的辩解有讯问笔录、某市人民检察院反贪局出具的《情况说明》、某市人民检察院对郑某某、陈某某的询问笔录相印证，具有较强的合理性。侦查机关没有充分的证据排除郑某文承认受贿的供述存在被威胁、引诱的合理怀疑，根据《刑事诉讼法》的规定不能采信为定案依据。因此，在仅有行贿人李某平的供述，无其他证据佐证的情况下，一审判决认定检察机关指控郑某文犯受贿罪证据不足的理由充分。检察机关的相关抗诉意见不能成立，不予采纳。据此，广东省高级人民法院依法裁定驳回抗诉，维持原判。

二、实体无罪规则

规则7：尚未达到数额较大的起点

【规则分析】根据《最高人民法院、最高人民检察院关于办理贪污贿赂刑事案件适用法律若干问题的解释》第一条的规定，“贪污或者受贿数额在三万元以上不满二十万元的，应当认定为刑法第三百八十三条第一款规定的‘数额较大’，依法判处三年以下有期徒刑或者拘役，并处罚金……受贿数额在一万元以上不满三万元，具有前款第二项至第六项规定的情形之一，或者具有下列情形之一的，应当认定为刑法第三百八十三条第一款规定的‘其他较重情节’，依法判处三年以下有期徒刑或者拘役，并处罚金：（一）多次索贿的；（二）为他人谋取不正当利益，致使公共财产、国家和人民利益遭受损失的；（三）为他人谋取职务提拔、调整的”。

因此，受贿金额未达到起刑点是一个十分具有价值的辩点。在实际运用中与其他辩点配合，将认定的受贿金额降低到起刑点之下是一种十分巧妙的辩护方法。例如，宋某受贿罪一审刑事判决书（2015）泰刑初字第193号就是一个典型案例，具体分析参见下文无罪判例3。

【无罪判例1】段某受贿罪一审刑事判决书（2016）鄂1022刑初138号

本院认为，被告人段某利用职务之便，收受他人钱物10,000元，尚未达到数额较大的起点，其行为不构成受贿罪。

【无罪判例2】张某华受贿一审刑事判决书（2015）古刑初字第187号

被告人张某华身为国家工作人员，利用职务上的便利，非法收受谷某青、宋某1财物，为两人谋取利益的行为属受贿，但其受贿数额未达到《刑法》关于受贿数额较大的规定，因此，唐山市古冶区人民检察院对被告人张某华的指控犯受贿罪不能成立。

【无罪判例3】宋某受贿罪一审刑事判决书（2015）泰刑初字第193号

本院认为，被告人宋某在任泰来监狱入监集训监区监区长期间，利用职务上的便利条件，通过犯人王某谋取不正当利益，收受犯人好处费22,800元事实清楚，证据确实、充分。但根据《最高人民法院、最高人民检察院〈关于办理贪污贿赂刑事案件适用法律若干问题的解释〉》第一条第一款的规定，此数额没有达到受贿犯罪的立案标准。关于公诉机关起诉书的第1起至第7起及第9起，受贿数额50,000元的指控。除第9起5000元的指控外，公诉机关所提供的证据仅证实了钱款交到王某手里的经过，在王某将45,000元的钱款交到宋某手里的关键环节，仅有王某的证实，无其他证据予以佐证。关于第9起5000元的指控，也仅有于某证实，无其他证据佐证。关于该50,000元的指控，被告人宋某均予以否认。因此，公诉机关关于该50,000元的指控，其所提交的证据不能形成完整的证据链，其指控的事实不清，证据不足，本院不予认定。被告人宋某的辩护人关于依法认定宋某无罪的辩护意见，本院予以采纳。

【无罪判例4】肖某受贿罪一审刑事判决书（2016）鄂1022刑初70号

综上所述，本院认为，受贿犯罪是以行为人利用职务上的便利，索取他人财物，或者非法收受他人财物，为他人谋取利益的行为，其犯罪特征为权钱交易，该案被告人没有收受请托人的财物，请托人也并非特定关系人，公诉机关将房地产估价意见与实际购买价之间的差额作为其受贿金额，事实不清，证据不足，关联性存疑；被告人肖某对受贿袁某贿赂1万元供认不讳，但受贿金额尚未达到刑事立案起点，且被告人肖某主动投案，退清赃款，不应以犯罪论处，公诉机关指控犯受贿罪的罪名不成立，其辩护人的辩护意见本院予以采纳。

【无罪判例5】邸某权受贿罪二审刑事判决书（2015）忻中刑终字第368号

原审法院根据上诉人邸某权的犯罪事实、犯罪性质、情节和对社会的危害程度所作出的判决，定罪及适用法律正确，但二审期间《最高人民法院、最高人民检察院关于办理贪污贿赂刑事案件适用法律若干问题的解释》施行，致量刑标准发生变化，依法予以改判。上诉人（原审被告人）邸某权在担任忻州市农业机械发展中心纪检组长期间，利用职务上的便利收受他人贿赂2万元，为他人谋取利益，但其受贿行为不符合《最高人民法院、最高人民检察院关于办理贪污贿赂刑事案件适用法律若干问题的解释》第一条的规定，根据罪刑法定原则，上诉人邸某权的行为不构成犯罪，上诉人（原审被告人）邸某权无罪的上诉理由及辩护人所提合理的辩护意见，依法予以采纳。

规则8：合理的报酬、往来或民事行为，不属于贿赂款

【规则分析】本辩点与贪污罪的规则20具有相似性，在受贿罪中，同样有必要区分有关款项的性质。与贪污罪不同的是，受贿罪的对象是财物，在刑法理论中，对该罪对象做了扩大解释，即除了金钱、物品、财产凭证以外，还包括财产性的利益。所谓财产性利益是指他人所提供的能够得到经济利益的某种交易机会或其他一些利益。①

因此，对于受贿罪而言，一个重要的区分就是有关财物的性质。例如，蒲某受贿案刑事判决书中将案件中的财务界定为借款；而祁某利受贿再审刑事判决书则将款项界定为了“超额利润”；周某洪受贿罪再审刑事判决书将款项界定为“买卖合同关系”，这与段某受贿罪一审刑事判决书相一致。

总之，对于辩护人而言，将被指认的款项说明其合法来源是十分有必要的。例如，借款合同、买卖合同等。

【无罪判例1】蒲某受贿案刑事判决书（2017）晋0923刑初85号

本院认为，关于公诉机关指控蒲某五次向宋某甲索贿80万元的定性问题，结合蒲某供述与宋某甲证言，双方在借款时及借款后未有行贿、受贿的意思表示，宋某甲从未向蒲某明确免除这80万元的债务或放弃债权的意思表示，双方之间从未形成明确的行贿、受贿合意，借款也无法转化为贿赂款。蒲某与宋某甲之间没有任何职务上的便利可以利用，宋某甲也未要求蒲某利用职务上的便利为其谋取利益。蒲某与宋某甲就80万元的借款通过第三人即宋某甲雇佣的财务人员转账给蒲某指定的其弟蒲某1，具有真实的借款意思表示和行为。虽然双方无书面形式的借款合同或借据，但法律并未禁止自然人之间以口头形式订立借款合同，故应认定蒲某与宋某甲之间借款关系成立。蒲某和宋某甲二人供、证均为借款，期间又几次催要，因故未还，蒲某在主观、客观上均不具备利用职务之便非法收受他人财物的故意和行为，公诉机关指控被告人蒲某以借为名向宋某甲索贿80万元证据不足，不予认定。

---

① 参见陈兴良：《口授刑法学》（第2版），中国人民大学出版社2017年版，第465~466页。

【无罪判例 2】祁某利受贿再审刑事判决书（2011）冀刑再终字第 16 号

本院认为，根据《最高人民法院关于适用刑法时间效力规定若干问题的解释》第十条的规定，按照审判监督程序重新审判的案件，适用行为时的法律。原判认定的原审被告人祁某利收取单位内部工程承包人超额利润兑现款共计 6900 元，系施工一处根据上级文件精神，在单位内部实行工程承包，承包者对获得的超额利润有权自行分配，承包中，因祁某利给予承包者一些指导帮助，获得的报酬不应以受贿罪认定；许某将运费 350 元退还祁某利属亲属往来，亦不应认定为受贿，并无不当。

【无罪判例 3】周某洪受贿罪再审刑事判决书（2013）鄂刑监一再终字第 00029 号

关于收受郑某联想牌电脑一台的问题。该电脑是周某洪的朋友赵某明帮其购买，且已支付 7000 元，郑某在检察机关调查笔录中亦证实是代买，后因电脑出现故障余款未付，原审中也未将该电脑作为赃物收缴，应属买卖合同关系，不应认定为受贿。

【无罪判例 4】段某受贿罪一审刑事判决书（2016）鄂 1022 刑初 138 号

对被告人段某及其辩护人提出的以 50, 000 元的价格将 99, 030 万元的房屋低价卖给被告人段某，同时实际购房人陈某某与段某亦非“特定关系人”，二人系买卖关系，不应认定为受贿的意见。经查，2013 年 7 月 1 日桑某某与陈某某之女陈某乙签订了商品房买卖合同，合同约定价款 99, 030 元；证人马某某、饶某某亦证实直接或间接向被告人段某催讨过余款；桑某某证实自己曾经让老婆找段某讨过 10 万元；被告人段某当庭供述与桑某某只是购房款没有结清。因此，桑某某对实际购房者依照合同约定尚有民事追偿的权利；公诉机关提交的证据中也没有证实“特定关系人”陈某某与被告人段某通谋并共同占有该房产，亦无被告人段某从中谋取利益的证据，从查明的事实看，被告人段某受陈某某委托代为向桑某某购房，房产部门出具的该小区其他购房合同显示房价均在 10 万元左右，被告人段某代陈某某购买的房子合同约定价格为 99, 030 元，也没有明显低于市场价格；虽被告人段某在侦查机关作过有罪供述，但被告人段某与桑某某均供述二人系买卖关系，现有证据不能证实被告人段某的行为构成受贿罪。本院（2015）鄂公安刑初字第00294号刑事判决书对桑某某向被告人段某行贿10万元的指控，以事实不清，证据不足不予认定。

【无罪判例5】刘某祥被控受贿案二审刑事判决书《刑事审判参考》第15号

刘某祥从下属业务员赵某青手中拿走11.9万余元，并非抗诉书所称是利用职务的便利，其向赵某青索要的款项，部分已用于业务活动，部分系其本人劳动所得。

【无罪判例6】被告人王某飞犯受贿罪一审刑事判决书（2014）金刑初字第00155号

对公诉机关指控王某飞收受张某杰4000元现金的事实，经查，其中3000元属于确系贿赂款，另1000元现金是被告人王某飞以给张某杰办低收入证明为由索取的钱财，不属于贿赂款的性质，不应计入受贿数额。对公诉机关指控的该部分事实应予变更。

【无罪判例7】苏某财犯受贿罪一审刑事判决书（2016）青2802刑初29号

关于辩护人提出祁某某与苏某财有债权债务关系，公诉机关指控受贿5万元的事实不清、证据不足的辩护意见。经查，被告人苏某财的银行卡于2010年2月11日收到以“刘某某代”名义转来的5万元，但该笔款项并非刘某某所转，刘某某笔录予以否认此转账，签名不是其签的字，且证人张某某、包某风证言均否认瑞能公司给苏某财送钱，公司也没有支出这一笔款项，款项具体的来源不明；同时苏某财与祁某某双方有经济往来，苏某财是否收受其5万元财物的事实无法排除合理怀疑，现有证据不能证实被告人的行为构成受贿罪。此辩护意见成立。

综上所述，本院认为，被告人苏某财与祁某某之间存在房屋出租、买卖、借款等债权、债务关系。现5万元款项的出款人及具体经手人无法查明。公诉机关指控被告人苏某财收受祁某某5万元贿赂的事实不清，证据不足，现有证据不能排除合理怀疑得出被告人苏某财受贿这唯一结论。根据《刑事诉讼法》

第一百九十五条第三项的规定，判决被告人苏某财无罪。

【无罪判例8】卢某涛、林某棠等受贿罪二审刑事判决书（2014）闽刑终字第279号

关于原判认定上诉人卢某涛、林某棠、陈某雄、余某装四上诉人以投资平安公司名义收受贿赂一节。经查，原判根据在案的《审计报告》及卢某涛、林某棠、陈某雄、余某装、陈某9、邹某1等人的一致供证认定平安公司实际总投入为45万元并无不当。按照陈某9与四上诉人的约定，卢某涛、林某棠各持有平安公司20%股份，分别应出资9万元，陈某雄、余某装各持有平安公司10%股份，分别应出资4.5万元。但原判认定四上诉人未全额出资证据不足：首先，提取在案的平安公司内账中的记账凭证及出纳林某1出具的收款收据体现，卢某涛、林某棠、陈某雄、余某装实际投入平安公司的出资分别是9万元、9万元、4.5万元、4.5万元。其次，四上诉人及证人的口供和证言反复无常，不能相互印证。证人陈某9、邹某1在侦查阶段多份证言证明四上诉人完全没有出资，平安公司内账中的出资凭证记载内容是虚假的；但证人陈某9、邹某1亦有相反证言证明四上诉人分别出资7万元、7万元、3.5万元、3.5万元；本院二审审理期间，陈某9、邹某1均提供书面证明，证实四上诉人已按照出资比例实际出资，出资情况以平安公司内账为准。四上诉人亦存在没有出资、部分出资、全部出资多种供述。对于上述供、证中存在的诸多矛盾，原审未予进一步核实不当。再次，证人林某1经手收取的部分上诉人的出资款，即林某棠出资3万元、陈某雄出资1.5万元、余某装出资1.5万元，原审已予以确认，省人民检察院出庭检察员意见亦予以确认，而该部分出资款项证实，证人陈某9、邹某1关于四上诉人完全没有出资的证言不能成立。最后，卢某涛、余某装分别存入邹某1账户的7万元、2万元银行凭证进一步证实，除了林某1经手收取的出资款外，还存在其他出资可能；同时证实，用于平安公司筹建的上述邹某1账户上的资金有可能包含了各上诉人存入的资金，原判对于在相应时间段该账户上资金的来源未予进一步查清不当。综上，原判未排除此节证据存在的合理怀疑的情况下，认定四上诉人未全额出资不当，应予纠正。

规则9：无法证明收受金钱事实

【规则分析】受贿罪是国家工作人员利用职务上的便利，索取他人财物，或者非法收受他人财物，为他人谋取利益的行为。其中，受贿行为是很重要的组成部分。即《刑法》中谈到的“索取他人财物”和“非法收受他人财物”。其中，前者主要是索贿行为，既包括明示索取，同时也包括默示索取。如果把受贿行为理解为一种“权钱交易”，那么其中必然包括一种双向互动。一方面，拥有金钱者通过向拥有权力者提供金钱，以满足自身的利益；另一方面，拥有权力者利用手中的权力为拥有金钱者牟取利益，并获得金钱。[①] 而本辩点主要针对这一循环中的一个方向，即拥有权力者收受金钱的证据不足。

值得注意的是，本辩点在使用时可以将各个款项分开分析，即对每一笔款项的来源和去向均进行详细分析，对每一笔款项的证据均进行剖析，详细审查各个款项是否有足够的证据做支撑，即使无法做到全案无罪，也可以实现认定受贿数额的减少，进而达致有效辩护。例如，邸某权受贿罪二审刑事判决书中只认定了 2 万元的受贿金额，而其余数 10 万元均因证据不足而未被认定，而 2 万元尚未达到受贿罪起刑点，从而使被告人获得了无罪判决。

【无罪判例 1】邸某权受贿罪二审刑事判决书（2015）忻中刑终字第 368 号

本院认为，本案现有证据中，刘某 1、刘某 2 的讯问笔录及韩某 1 的询问笔录可证实 2012 年六七月邸某权收受刘某 12 万元行贿款的犯罪事实，上诉人邸某权对此亦供认不讳；刘某 1 的讯问笔录、韩某 1 的询问笔录可证实 2013 年七八月的一天刘某 1、邸某权在忻州高速路口见面的事实；刘某 1 的讯问笔录及刘某 1 与邸某权的通话记录、刘某 1 车辆的出入高速路口信息可证实 2014 年 1 月 27 日刘某 1、邸某权在忻州高速路口见面的事实；上诉人邸某权对 2013 年七八月的一天、2014 年 1 月 27 日与刘某 1 在高速路口见面亦予认可，但对 2013 年七八月的一天、2014 年 1 月 27 日与刘某 1 在高速路口见面分别收受刘某 1 行贿款 12 万元、15 万元的犯罪事实多次出现口供反复，且上诉人邸某权在被指定居所监视居住期间于 2014 年 6 月 16 日至 18 日因高血压、心律失常住院 2 天，至此行贿人刘某 1 的言辞证据成为本案的关键性证据。在行贿人刘某 1 的供认中对行贿上诉人邸某权有两种不同的陈述，第一种陈述：2012 年六七月的

---

① 参见陈兴良：《口授刑法学》（第 2 版），中国人民大学出版社 2017 年版，第 463～465 页。

一天下午，刘某1、刘某2在酒店的茶座与邸某权见面，由刘某2给邸某权2万元见面礼，并约定每销售一台玉米收获机给2000元好处费；2013年1月、2013年七八月，韩某1两次开车拉着刘某1在忻州高速路口与邸某权见面，刘某1两次上了邸某权的车后分别给了邸某权15万元、20万元；2014年1月，司机王某谦开车拉着刘某1在忻州高速路口与邸某权见面，刘某1上了邸某权的车后给了邸某权20万元。第二种陈述首先来源是一份回忆性的交代材料，其次来源于复核性的讯问笔录，该陈述：2012年6月给了邸某权2万元，并约定每销售一台玉米收获机给2000元好处费；2013年7月、2014年春节在忻州高速路口邸某权车上分别给了邸某权12万元、15万元。刘某1的讯问笔录中称述：之所以承诺每销售一台玉米收获机给邸某权2000元好处费，是因为邸某权分管农机补贴工作；忻州的种植、收获环境特殊，如果能够在忻州推广使用，那么在全国、全省都可以推广使用，所以我们选择忻州作为主要推广区来提高产品的适应性能和技术水平。根据刘某才对邸某权权利的认知、忻州销售市场的认知及每台2000元好处费的承诺，结合2012年至2013年共销售302台信联牌玉米收获机的实际情况及刘某1公司建立各县局及经销商经销费备忘录的事实分析，可看出刘某1未按照承诺支付60.4万元好处费的陈述不符合常情常理，且从本案现有证据来看，上诉人邸某权除帮助信联公司重新启动了忻府区农业机械化服务中心涉及该公司的农机补贴外，再无其他帮助信联公司的事实，刘某1的陈述因一份回忆性的交代材料突然由57万元的指认变成29万元的指认，该陈述不稳定，真实性难以认定；本案现有证据李某欢、韩某2的情况说明及2014年5月13日刘某1的交代材料证实，刘某1给农机部门相关人员好处费从油泵账内提取，在油泵账上作记载，后该油泵账被刘某1撕毁，导致刘某1行贿他人的旁证毁损，致使受贿款项来源不明，本案除扣押上诉人邸某权之妻黄某213万元购买的大众汽车一辆外，受贿款去向再无其他证据印证，致使受贿款去向不明，综合上述情况，导致原公诉机关指控上诉人邸某权受贿12万元、15万元犯罪事实的证据存疑，根据疑罪从无原则，抗诉机关所提抗诉意见不予采纳。

【无罪判例2】鲁某受贿二审刑事判决书（2015）唐刑终字第61号

关于原判认定鲁某收受唐钢销售有限公司10万元的事实。

1. 证人张某乙（系鲁某之妻）证明，2003 年其实际出资 25 万元在刘某的唐钢销售有限公司入股，刘某让其多入，其丈夫鲁某从唐钢销售有限公司借款 10 万元用于入股，该公司为其开具了 35 万元入股收据，年底分红是按 25 万元给的股息 1000 余元，其嫌太少，没有银行利息高，决定退股，该公司让其偿还 10 万元借款，该公司便从退的股金 25 万元里边扣了 10 万元用于偿还借款，剩余 15 万元给了张某乙，同时给其开了一张入 10 万元股金的收据。2004 年按 10 万元股金给的 700 余元的股息。其认为利息太少，就把股份转让给刘某。在股金 35 万元收据背面签字“本金已支取”此本金指的是 25 万元。从本金中拿出 10 万元还了借款，实际退回 15 万元，有还款 10 万元收据为证。

2. 在案证据证实，鲁某于 2003 年 5 月 20 日向唐钢销售有限公司借款 10 万元，有借条为证，但该借款没有实际借走而是借款当日以鲁某之妻张某乙的名义直接向唐钢销售有限公司入股，加上鲁某自己的本金 25 万元，共计入股 35 万元。该公司给张某乙开具的股金收据为 35 万元。鲁某妻子张某乙在侦查阶段提交了一份还借款的收据，该收据证实张某乙于 2004 年 1 月 1 日还唐山钢铁销售有限公司借款 10 万元，并有张某甲的签字收据为证。虽然刘某证实给鲁某配股了 10 万元及邱某的证言证实鲁某没有将借款归还该公司，给鲁某开具的还该公司 10 万元借款的收据是该公司为了给鲁某冲平 10 万元借款的账。但此二人因涉嫌贪污犯罪，以此二人的证言否定收到还借款 10 万元的书证，不能排除合理怀疑。

3. 张某乙在二审庭审过程中提交的收款单原件及复印件：2003 年 12 月 31 日张某甲收张某乙还借款 10 万元，并盖有唐山钢铁销售有限公司财务专用章。

4. 司法会计鉴定意见书证实 2004 年 1 月 1 日鲁某以现金形式还借款 10 万元，但所附中国建设银行现金缴款回单的缴款日期是 2004 年 2 月 2 日，与记账凭证日期不符，无法确定还款 10 万元的真实性。该鉴定意见与鲁某是否实际还款没有直接关系，不能否定鲁某有还款的可能性。

5. 鲁某供述反复，且侦查机关在侦查阶段未给鲁某出示张某乙还唐钢销售有限公司 10 万元借款收据的证据，并让其作出解释。故鲁某的供述不能作为定案的依据。

综上，原判认定鲁某收受唐钢销售有限公司配股 10 万元的事实证据不足。

【无罪判例 3】宋某周受贿二审刑事判决书（2015）漯刑终字第 00096 号

高某称其将该 10 万元钱分两次送给了宋某周，宋某周辩称未向黄某借过钱，也没有收到高某送的这 10 万元钱。高某是否将这 10 万元送给宋某周仅有高某一人的证言，没有其他证据相印证。

《刑法》第三百八十五条第一款规定，“国家工作人员利用职务上的便利，索取他人财物的，或者非法收受他人财物，为他人谋取利益的，是受贿罪”，说明权钱交易是受贿罪的本质特征，必须同时具备收受他人财物和为他人谋取利益这两方面的条件，才构成犯罪。本案中黄某、李某 1、符某、高某等证人的证言只能证明 10 万元钱到了高某手里。宋某周是否收到这 10 万元钱，只有高某一人的证言，无其他证据相印证。况且行贿受贿行为具有隐蔽性，一般采取隐秘手段，不让其他人知道。但一审认定宋某周向黄某索贿 10 万元，是在人员众多的打牌场提出的，并让黄某交给高某，再由高某交给宋某周本人，这样的索贿手段和常理不符。另外，本案没有宋某周允诺或者默许为黄某谋取利益的证据，构成受贿犯罪的两个条件均不具备。故无法认定宋某周构成受贿罪。

……

本院认为，原审法院认定上诉人（原审被告人）宋某周受贿 10 万元，已构成受贿罪，经查，现有证据能够证实黄某将 10 万元交给了高某，但高某是否将该 10 万元钱送给了宋某周无确实充分的证据，且没有证据证明宋某周允诺或默许为黄某谋取利益，故认定宋某周犯受贿罪的证据不足。

【无罪判例 4】苏某财犯受贿罪一审刑事判决书（2016）青 2802 刑初 29 号

具体内容参见受贿罪规则 8 无罪判例 7。

【无罪判例 5】周某清受贿再审刑事判决书（2013）渝二中法刑再终字第 00001 号

具体内容参见受贿罪规则 4 无罪判例 1。

【无罪判例 6】周某洪受贿罪再审刑事判决书（2013）鄂刑监一再终字第 00029 号

关于收受荆州市交通安全服务部 4000 元和价值 4900 元的“三星”牌手机

的问题。该笔款项仅凭荆州市交通安全服务部经理周某在自己单位的报销凭证上注明给了周某洪，明显证据不足，亦不应认定为受贿。

【无罪判例 7】宋某受贿罪一审刑事判决书（2015）泰刑初字第 193 号

具体内容参见受贿罪规则 7 无罪判例 3。

【无罪判例 8】林某元等受贿、玩忽职守案二审刑事判决书《刑事审判参考》第 46 号

上诉人林某元、张某碧、贺某慎的上诉理由及他们的辩护人的辩护意见均不能成立。但一审判决认定林某元违法所得 23,490 元证据不足，应予撤销。

【无罪判例 9】肖某受贿罪一审刑事判决书（2016）鄂 1022 刑初 70 号

公诉机关以 2012 年 1 月估价时点的估价意见与实际购买价之间的差额作为其受贿金额是否客观的问题。

该房地产估价报告以 2012 年 1 月估价时点的估价与实际购买价之间的差额 16 万元和桑某陈述的优惠价不谋而合。该房地产估价报告未考虑三套房屋成交时开发商尚未取得建设许可和商品房预售许可，实际当时属"小产权房"。该估价报告以取得建设许可和商品房预售许可的《房地产估价规范》进行估价，缺乏真实性、科学性、可行性。公诉机关以此估价报告与实际购买款之间的差额作为指控被告人的受贿金额缺乏证据予以支撑。

规则 10：无法证明是否利用了职务便利为他人谋取利益

【规则分析】 本辩点是闭环的另一个方面，即在权钱交易中，拥有权力者利用手中的权力为拥有金钱者牟取利益。根据《最高人民法院、最高人民检察院关于办理贪污贿赂刑事案件适用法律若干问题的解释》第十三条的规定，具有下列情形之一的，应当认定为"为他人谋取利益"，构成犯罪的，应当依照《刑法》关于受贿犯罪的规定定罪处罚：

（1）实际或者承诺为他人谋取利益的；（2）明知他人有具体请托事项的；（3）履职时未被请托，但事后基于该履职事由收受他人财物的。同时，国家工作人员索取、收受具有上下级关系的下属或者具有行政管理关系的被管理人员的财物价值 3 万元以上，可能影响职权行使的，视为承诺为他人谋取利益。

该解释明确了“为他人谋取利益”的情形，这对于该辩点的运用具有重要意义。

实践中，法官往往会根据行贿人与受贿人之间的行为和目的进行综合分析，例如，祁某利受贿再审刑事判决书（2011）冀刑再终字第16号主要谈道：“许某、黄某、吴某等人证言证实只是想利用祁某利的职权寻求照顾并没有向祁某利表达，送给祁某利现金时，没有具体的请托事项，也没有充分的证据证明祁某利收钱后对他们有所照顾。原判认定在许某、黄某、吴某等人给予原审被告人祁某利钱财后均得到了被告人利用职权谋取的利益的证据不足。”这实际上是从行贿人的角度进行分析。

而刘某甲犯受贿罪再审刑事判决书（2014）涟刑再初字第1号则主要是从受贿人的视角出发：“此外，公诉机关也没有提供能证明原审被告人刘某甲受贿的任何书证以及原审被告人刘某甲受贿后为行贿人谋取了利益的证明材料。”

【无罪判例1】鲁某受贿二审刑事判决书（2015）唐刑终字第61号

关于原判认定鲁某在唐钢股份有限公司利用了职务便利为他人谋取利益的事实。

1. 证人冯某证明，2001~2003年其任北京办事处经理，鲁某是办事处业务员，鲁某没有调整物品发货的权利。以前提供的证明也是真实的。

2. 河北钢铁集团有限公司销售总公司唐钢分公司唐钢销售处北京办王某证明：鲁某在唐钢销售处北京办负责唐钢发往北京区域火车钢材车皮号及重量的抄写和传真至北京区域用户的工作，没有对外联系业务签订合同的权利，没有调整钢材品种、发货顺序的职务权利。

综合证人刘某、冯某、王某的证言、鲁某的供述和案卷中相关证据，鲁某是唐山钢铁集团有限责任公司销售处业务员，鲁某是否从事管理工作以及是否受国家上级部门委托从事过公务活动，鲁某在唐钢股份有限公司是否利用了职务便利为他人谋取利益证据不足。

【无罪判例2】刘某甲犯受贿罪再审刑事判决书（2014）涟刑再初字第1号

此外，公诉机关也没有提供能证明原审被告人刘某甲受贿的任何书证以及原审被告人刘某甲受贿后为行贿人谋取了利益的证明材料。

【无罪判例3】祁某利受贿再审刑事判决书（2011）冀刑再终字第16号

国家工作人员、集体经济组织工作人员或者其他从事公务的人员，利用职务上的便利，索取他人财物的，或者非法收受他人财物为他人谋取利益的，是受贿罪。认定受贿罪应当掌握：非法收受他人财物，同时具备“为他人谋取利益”的，才能构成受贿罪。为他人谋取的利益是否正当，为他人谋取的利益是否实现，不影响受贿罪的成立。许某、黄某、吴某等人证言证实只是想利用祁某利的职权寻求照顾并没有向祁某利表达，送给祁某利现金时，没有具体的请托事项，也没有充分的证据证明祁某利收钱后对他们有所照顾。原判认定在许某、黄某、吴某等人给予原审被告人祁某利钱财后均得到了被告人利用职权谋取利益的证据不足。全案分析，原判认定祁某利收受许某、黄某、吴某等人现金5700元的事实存在。但认定其犯受贿罪的证据不足，再审中原审被告人祁某利的部分辩解及其辩护人的部分辩护意见成立，予以采纳。河北省人民检察院认为原判认定原审被告人祁某利犯受贿罪的事实不清，证据不足的出庭意见，予以支持。

【无罪判例4】张某华受贿一审刑事判决书（2015）古刑初字第187号

本院认为，根据《刑法》第三百八十五条第一款的规定，国家工作人员利用职务上的便利索取他人财物或者非法收受他人财物，为他人谋取利益的是受贿。被告人张某华收受鲁某的购物卡、收受王某现金的行为，公诉机关未能提供鲁某有明确的请托事项的证据及证明张某华为鲁某谋取利益的证据，也没有证据证明张某华利用职务或影响力之便为王某谋取利益，因此，对张某华收受二人财物的行为，不应认定是受贿。

【无罪判例5】张某受贿罪一审刑事判决书（2014）西刑初字第600号

针对公诉机关及被告人张某的辩护人提交的上述证据材料，经当庭质证本院的认证如下：受贿罪的本质是权钱交易，根据现有证据分析，不排除被告人张某在宴请上提到过为朝阳区争取使用地方政府性债务的问题，但是当时主要是进行政策介绍和电话咨询，没有证据显示其实施了进一步的行为，比如帮助立项等，也没有证据证明被告人张某具有决定该事情的权力。被告人张某虽然承认收取佟某的款物，但本案尚不能排除被告人张某与佟某之间存在恋爱关系、具有感情纠葛的合理怀疑，以及佟某因感情因素而给予被告人张某款物的可能性。因此，现有证据无法充分证明被告人张某收受款物与谋取利益之间具有法律上的因果关系。

本院认为，公诉机关当庭提交的证据，无法充分证明被告人张某利用职务便利，收受他人财物，为他人谋利的事实。北京市西城区人民检察院指控被告人张某犯受贿罪的证据不足，指控的犯罪不能成立。

【无罪判例 6】赵某轩、侯某仙受贿一审刑事判决书（2015）北刑初字第58号

被告人赵某轩作为国家机关工作人员，虽然在其妻子被告人侯某仙承揽监理业务时通过打招呼、默许等方式，使被告人侯某仙顺利承揽了监理业务，从中谋取了利益，但该利益并非为他人谋取，也没有收受他人财物，其行为不构成受贿罪。

【无罪判例 7】肖某受贿罪一审刑事判决书（2016）鄂 1022 刑初 70 号

关于被告人肖某在其朋友购房的过程中是否存在受贿或索贿的事实，是否为桑某谋取了不正当利益的问题。

被告人肖某在归案后供述，在查处桑某违规开发过程中曾多次拒贿，公诉机关未查证核实。桑某在办理分户证的过程中因肖某要求收取办证费用而引发纠纷，后打电话给被告人肖某要求三套房子补交房款 15 万元，否则就不办理房产证并且在纪委举报被告人，实际后来也补交了 10 万元。从另一个侧面可以证明被告人肖某没有为桑某谋取不正当利益。事后，被告人肖某也没有收受请托人财物。

【无罪判例 8】宋某周受贿二审刑事判决书（2015）漯刑终字第 00096 号

本案没有宋某周允诺或者默许为黄某谋取利益的证据，构成受贿犯罪的两个条件均不具备。故无法认定宋某周构成受贿罪。

【无罪判例 9】黄某东受贿、陈某军行贿案一审刑事判决书《刑事审判参考》第 1165 号

起诉书指控，被告人陈某军经营的该挖掘机在内蒙古自治区、宁夏回族自治区石嘴山市、盐池县、青铜峡市、贺兰县等地承揽工程，黄某东参与分红20余万元，因公诉机关提供的证据不足以证实黄某东所分的上述利润系利用职务之便为陈某军谋取的利益所得，故对该部分受贿金额不予认定。

规则11：利益获取者不是被告人的特定关系人

【规则分析】根据《最高人民法院、最高人民检察院关于办理受贿刑事案件适用法律若干问题的意见》的规定，“国家工作人员利用职务上的便利为请托人谋取利益，授意请托人以本意见所列形式，将有关财物给予特定关系人的，以受贿论处”。

“特定关系人与国家工作人员通谋，共同实施前款行为的，对特定关系人以受贿罪的共犯论处。”

“特定关系人是指与国家工作人员有近亲属、情妇（夫）以及其他共同利益关系的人。”

因此，不在此范围内的人员不属于特定关系人，也就不属于受贿罪的主体。

【无罪判例1】肖某受贿罪一审刑事判决书（2016）鄂1022刑初70号

伍某兰等人是否是被告人肖某的特定关系人的问题。

杨某、伍某兰、伍某云、伍某、高某庚、胡某高等人与肖某不是近亲属、情妇情夫以及其他共同利益关系，属于一般性的朋友，依照《最高人民法院、最高人民检察院关于办理受贿刑事案件适用法律若干问题的意见》规定，不属于肖某的特定关系人。

【无罪判例2】周某华受贿案一审刑事判决书《刑事审判参考》第584号

经审理认为：冯某兴应被告人周某华的要求，而给予沈某良买房3万元优惠，沈某良因被告人周某华的身份而获利，鉴于沈某良既非被告人周某华的近亲属，且本案亦无证据证明被告人周某华与沈某良之间具有共同利益关系，故公诉机关指控被告人周某华对沈某良所获得的3万元购房优惠构成受贿罪，不能成立。

规则12：并非属于“仅是挂名，不实际工作却获取所谓薪酬”的情形

【规则分析】该规则与上一项规则联系较为紧密，根据《最高人民法院、最高人民检察院关于办理受贿刑事案件适用法律若干问题的意见》的规定，“关于特定关系人‘挂名’领取薪酬问题 国家工作人员利用职务上的便利为请托人谋取利益，要求或者接受请托人以给特定关系人安排工作为名，使特定关系人不实际工作却获取所谓薪酬的，以受贿论处”。

其本质是判断被告人是否属于“特定关系人”。

【无罪判例】周某华受贿案一审刑事判决书《刑事审判参考》第584号

经审理认为：……（2）张某仙、张某莲为东迁分公司做账，是基于被告人周某华的原因，但张某莲和张某仙共同完成了公司两年的会计工作，并非属于“仅是挂名，不实际工作却获取所谓薪酬”的情形，故公诉机关指控被告人周某华收受周某荣3万元构成受贿罪，不能成立。

规则13：无法证明被告人具有“承诺、实施和实现”三个阶段的行为，不具备为他人谋取利益的犯罪要件

【规则分析】根据《全国法院审理经济犯罪案件工作座谈会纪要》的规定，“为他人谋取利益包括承诺、实施和实现三个阶段的行为。只要具有其中一个阶段的行为，如国家工作人员收受他人财物时，根据他人提出的具体请托事项，承诺为他人谋取利益的，就具备了为他人谋取利益的要件。明知他人有具体请托事项而收受其财物的，视为承诺为他人谋取利益”。本辩点实际上就来源于此，其核心仍然是对是否为他人谋取利益进行探讨。

只是，该规则出自会议纪要，尽管最高人民法院的会议纪要重要性不言而喻，但其并不具有法律效力，在判决书中以此为依据，显得不是十分规范。即法官根据某一会议纪要对事实进行认定甚至判断并书写于判决书中，其权威性很容易遭到质疑。

【无罪判例】白某刚犯受贿罪一案刑事再审判决书（2017）辽03刑再2号

综上所述，原公诉机关指控白某刚受贿5万元的证据不够确实充分，未形成完整的证据链条，不具有证明或佐证白某刚受贿5万元的客观性和唯一性。故对上述证据本院不予采纳。

原审被告人白某刚在本院审理过程中当庭提交《劳动合同书》及《最高人民法院关于在国有资本控股、参股的股份有限公司中从事管理工作的人员利用职务便利非法占有本公司财物如何定罪问题的批复》（法释〔2001〕17号）复印件各一份，用以证明其不属于国家工作人员的身份。经质证，检察机关认为上述两份证据不适用本案事实的认定，故本院对该两份证据不予采纳。

本院认为，本案原公诉机关指控原审被告人白某刚犯受贿罪的证据不足，起诉指控的事实和罪名不能成立，本院对此不予支持。原审认定白某刚受贿5万元事实不清，证据不足，应予纠正。原公诉机关提供证明原审被告人白某刚受贿5万元的直接证据是证人辛某斌证言、录音材料及物证纸袋。辛某斌证言与白某刚的辩解，客观上形成了证据的“一对一”。本案另一证据录音材料的来源和提取存在瑕疵，且其中不存在能够直接、明确证明白某刚收受5万元的内容，亦不能作为定案的依据。关于物证纸袋，在没有相关来源说明的情况下，无法证明与案件事实存在关联。证人杨某龙证言系传来的间接证据，无法客观证实辛某斌进入办公楼后发生的情况，无从佐证辛某斌的证言，不能合理排除辛某斌去送钱时存在白某刚收钱以外其他情况发生的可能。证人祁某君、宋某丹、马某龙证言证实的内容，与起诉指控白某刚收受5万元的事实缺乏关联性。有证据证明白某刚以未归还拆卸的管线为由，截至案发前始终拒绝在工程验收签证单上签字，并曾两次向有关领导汇报相关情况，亦曾让辛某斌的领导与自己的领导当面协商解决。根据《全国法院审理经济犯罪案件工作座谈会纪要》中关于受贿罪“为他人谋取利益”的认定，没有证据证明白某刚具有“承诺、实施和实现”三个阶段的行为，不具备为他人谋取利益的犯罪要件。故原公诉机关指控白某刚受贿5万元的证据材料不具有排他性，不能充分得出指控犯罪事实的唯一结论，无法满足确实充分的证据规格要求。根据疑罪从无的原则，仅凭上述证据不能认定原审被告人白某刚有罪。原审被告人白某刚关于原审认定其犯受贿罪，事实错误，证据不足的再审理由成立，本院予以支持。

规则14：因未将款项上账就认定为据为己有的理由不充分

【规则分析】本辩点关键在于“收而不受”，即行为人客观上收到相对人的财物时，在口头上表示了拒绝（实际主观上是否接受财物仍处于一种不确定状态），但在案发时财物仍然处于行为人控制状态之中的一种情况。实务中，关于这一问题是否可以认定为收受仍然持有争议。有关学者提出了根据主客观相

统一的观点进行认定。(见表2－1)①

表2－1 “收而不受”的具体认定

情形	是否可以认定	理由
仅口头拒绝	是	既未上交也未退还，则是其主观上想接受的外在表现
事后已向有关部门说明情况	否	行为人主观上均无接受的意图，且由于单位或有关部门已了解情况，行为人实际上已不可能得到财物的所有权，其对财物的控制属于暂时代为保管

然而，即使如此，实践中依然出现了“来不及”说明的情况。这种情况下，被告人并没有进一步处理有关财物，那么根据无罪推定的精神，在无法证明被告人打算收受的情况下，不能随意认定其贪污行为。

【无罪判例】周某洪受贿罪再审刑事判决书（2013）鄂刑监一再终字第00029号

本院认为，湖北省交通安全设施厂厂长田某以及该厂会计等相关人员均证实前述款项是送给车管所解决福利的，该行为违反了财经纪律，属于单位对单位，该厂的上述行为不应认定为行贿。周某洪将收到交通设施厂的钱款一事告知过副科长周某清，其中的大部分款也均用于了公务，尚未处分的剩余款8178元以及被“双规”当天设施厂所送的1万元（原审及原二审均未认定为受贿款）均由纪委从其汽车后备箱中收缴，由此认定周某洪因未将8178元上账就认定为据为已有的理由不充分，认定为受贿的证据不足。而且就湖北省公安厅交通设施厂与荆州市交警支队车管科的关系而言，申诉人也不符合利用职务上的便利，为交通设施厂谋取利益的行为的法律特征。

规则15：收受财物尚未来得及处理的情况下，不宜认定为受贿

【规则分析】参见上一条无罪规则分析。

---

① 参见肖中华、赵震：《涉嫌受贿案件中“收受分离”情形的处理》，载《法学杂志》2010年第10期。

【无罪判例】周某洪受贿罪再审刑事判决书（2013）鄂刑监一再终字第00029号

案发当日上午周某洪收受的10,000元在其尚未作出相应处理的情况下，即在当日下午被纪委“双规”并收缴，不宜认定为受贿。

规则16：不具有刑法意义上的“国家工作人员”主体资格，不符合受贿罪的构成要件

【规则分析】对于被告人身份的认定，应该根据有关规定进行分析，目前通过各个案例能够确定不是国家工作人员的身份包括：(1) 国有企业一般劳务合同人员；(2) 某县百货公司经理；(3) 某市食品集团公司的副总经理；(4) 职工个人出资，没有国有股份的企业经理；(5) 非合同约定特定时间段内从事特定事务主体；(6) 省联社党委；(7) 已调任的水利管理中心站站长。

【无罪判例1】王某、柳某亮非国家工作人员受贿二审刑事判决书（2017）陕03刑终251号

宝鸡高新汽车发展公司虽为国有企业，但王某是该公司聘用的一般劳务合同人员，在公司融资的工作中属于一般事务性工作，不具有第九届全国人民代表大会常务委员会第十五次会议通过的《关于〈中华人民共和国刑法〉第九十三条第二款的解释》规定的“其他依照法律从事公务的人员”的七种情形。最高人民检察院在《关于办理公司、企业人员受贿侵占、挪用公司、企业资金犯罪案件适用法律的几个问题的通知》（已失效）第一条中界定：“所谓‘国家工作人员’，是指：①国家机关工作人员，即在国家权力机关、各级行政机关、各级司法机关和军队工作的人员；②在国家各类事业机构中的工作人员；③国有企业中的管理工作人员；④公司、企业中由政府主管部门任命或委派的管理人员；⑤国有企业委派到参股、合营公司、企业中行使管理职责的人员；⑥其他依法从事公务的人员。”最高人民法院在《关于办理违反公司法受贿、侵占、挪用等刑事案件适用法律若干问题的解释》（已失效）第四条中界定为：“《决定》第12条所说的国家工作人员，是指在国有公司、企业或者其他公司、企业中行使管理职权，并具有国家工作人员身份的人员，包括受国有公司、国有企业委派或者聘请，作为国有公司、国有企业代表，在中外合资、合作、股份制公司、企业中，行使管理职权，并具有国家工作人员身份的人员。”所谓从事公务，主要是指从事管理职能。最高人民法院在《全国法院审理经济犯罪案件工作座谈会议纪要》（三）“其他依照法律从事公务的人员”的认定，其他依照法律从事公务的人员应当具有两个特征：一是在特定条件下行使国家管理职能；二是依照法律规定从事公务。该纪要（四）“关于从事公务”的理解，“从事公务，是指代表国家机关、国有公司、企业、事业单位、人民团体等履行组织、领导、监督、管理等职责。公务主要表现为与职权相联系的公共事务以及监督、管理国有财产的职务活动”。本案的原审被告人王某既不具备该国有公司委派，也无法律授权，更无组织、领导、监督、管理等职责，其融资业务是一般的事务工作，仅仅是联系客户，寻找借款人，没有审批权和决定权。原审被告人王某在一审和二审均认为自己不构成受贿罪，而构成非国家工作人员受贿罪；其一审辩护人亦认为王某不具有刑法意义上的“国家工作人员”主体资格，不符合受贿罪的构成要件，应按非国家工作人员受贿罪论处。其辩护意见成立，应予采纳。原审认定王某犯受贿罪系适用法律错误，定性不准。本案王某不应以“国家工作人员”进行认定，而应以非国家工作人员受贿罪论处。

【无罪判例2】苟某良等贪污、受贿案二审刑事判决书《刑事审判参考》第30号

被告人苟某良任通江县百货公司经理期间虽行使管理职权，但不具有国家工作人员身份，其以职务之便索取收受他人现金和采取收支不入账等手段侵吞公司钱财的行为，已构成商业受贿罪和（职务）侵占罪，且数额较大，在共同犯罪中起主要作用，系本案主犯，应依法惩处。

【无罪判例3】左某等受贿、贪污、挪用公款案二审刑事判决书《刑事审判参考》第195号

上诉人邓某超及原审被告人左某虽然是罗定市食品集团公司的副总经理，有管理职权，但两人均不具有国家工作人员身份，不符合上述关于国家工作人员条件的规定，不能认定为国家工作人员。故两人在新《刑法》实施之前即于1995年至1996年收受生猪回扣款的行为，因其主体不是国家工作人员，不符合受贿罪的主体要求，不能认定为受贿罪。

【无罪判例4】杨某理受贿、非国家工作人员受贿案一审刑事判决书《刑事审判参考》第855号

但由银龙公司改制成功的银力公司系电力公司职工个人出资，没有国有股份，不属于国家出资企业。杨某理系根据银力公司全体股东会研究决定担任该公司经理，在银力公司管理电力公司职工个人出资的资金，其行使的不是国家公务，其利用经理的职务便利，收受他人贿赂30,000元，为他人牟利，其行为构成非国家工作人员受贿罪。

【无罪判例5】周某强、朱某华非国家工作人员受贿案二审刑事判决书《刑事审判参考》第1207号

上海市第二中级人民法院认为，周某强、朱某华作为公司、企业的工作人员，利用职务上的便利，非法收受他人财物，为他人谋取利益，数额较大，其行为均已构成非国家工作人员受贿罪。国有公司前期公司与非国有公司更强公司之间的委托关系仅存续于拆迁项目的运作中，周某强、朱某华属于受合同委托在特定时间段内从事特定事务，此后即无相关权限，周某强、朱某华二人仍系更强公司的工作人员，而非前期公司的工作人员，故二人不符合受贿罪的主体要件；周某强、朱某华工作职能的依据系前期公司与更强公司之间的委托协议及前期公司管理人员的口头委托，并非依法或受国家机关委托进行工作，故二人亦不符合滥用职权罪的主体要件。据此，依照《刑事诉讼法》第二百二十五条第一款第二项，《刑法》第一百六十三条第一款、第二十五条第一款、第六十七条第三款、第六十四条的规定，以非国家工作人员受贿罪，分别改判周某强、朱某华有期徒刑一年六个月。

【无罪判例6】朱某亮非国家工作人员受贿案二审刑事判决书《刑事审判参考》第1233号

湖北省荆州市中级人民法院经公开开庭审理查明的事实和证据与一审相同。关于被告人朱某亮的主体身份，法院认为湖北省联社、天门联社均不属国有企业或国家出资企业，省联社党委不构成法定的“委派”主体，朱某亮的职位不具有“从事公务”性质，因而朱某亮的主体身份不能以国家工作人员论。一审判决认定受贿罪罪名不当，认定朱某亮构成巨额财产来源不明罪有误。据此，于2015年4月24日判决撤销原审判决；以朱某亮犯非国家工作人员受贿罪，判处其有期徒刑9年，并处没收财产人民币100万元。

【无罪判例7】慕某受贿二审刑事判决书（2016）皖16刑终312号

本院认为，上诉人慕某利用其担任涡阳县高公镇农综站站长的职务便利，于2011年帮助巨星公司销售配方肥，并收取巨星公司法定代表人刘某11,000元现金的事实清楚。但由于慕某于2012年2月调任临湖水利管理中心站站长，不再担任高公镇农综站站长，已经不具备在涡阳县“小麦高产攻关示范活动”中利用职务便利在为他人谋取利益的条件；且无证据证明慕某实施了“通过其他国家工作人员职务上的行为”，为请托人谋取不正当利益的行为，故原判认定的慕某担任临湖水利管理中心站站长期间，于2012年至2013年因帮助巨星公司、金禾公司销售配方肥，收受巨星公司刘某、金禾公司贾某34,934.5元现金的行为，既不符合斡旋受贿的构成要件，也不符合利用影响力受贿的构成要件，将该34,934.5元定性为受贿款，属于适用法律错误。

规则17：共同受贿不具有事先预谋

【规则分析】该规则主要是从共同犯罪的角度进行的。受贿罪是身份犯，其主体是国家工作人员，非国家工作人员不能单独构成该罪。但国家工作人员与非国家工作人员勾结犯罪的，以受贿罪共犯论处。一般而言，受贿罪的共犯必须在国家工作人员收受财物中起到了策划、唆使或帮助等作用。例如，出谋划策、传递信息甚至威逼利诱等。但需要注意的是，与国家工作人员没有财产共有关系，而与国家工作人员相勾结，由国家工作人员利用职务上的便利为他人谋取利益，双方共同收受并占有请托人财物的，构成受贿罪共犯。与国家工作人员没有财产共有关系，而与国家工作人员相勾结，但没有与国家工作人员共同占有请托人财物的，不能以受贿罪共犯论处。

实践中，往往根据被告人之间是否具有共同犯罪的故意和行为进行判断。例如，王某、柳某亮非国家工作人员受贿二审刑事判决书就提出了“认定王某、柳某亮二人共同犯罪，既无证据证实事先有预谋，又无证据证实事后有分赃和共同占有的行为；亦无证据证实上诉人柳某亮有共同故意犯罪具备的特征，即必须具有共同故意，共同行为等”的说法。

【无罪判例】王某、柳某亮非国家工作人员受贿二审刑事判决书（2017）陕03刑终251号

上诉人柳某亮认为自己与王某没有共谋，王某也没有给他分钱，也没收到王某一分钱，王某一共收多少钱，总数自己也不清楚。认为与王某仅相识一年多时间，而与罗某、王某2、王某都是七八年以上的好朋友，如果要有收钱的动机，又何必让王某收企业的钱，多王某一个中间环节，风险大。对于他个人来讲，高新汽车工业园、民营企业、银行三方合作共赢，既拓展了个人业绩，也增长了个人绩效奖金，个人职位也得到了提升。其最后陈述符合常理，本院予以采信；其辩解与王某供述，证人罗某、王某、王某2等证言相互印证，确无共谋，亦无分赃。上诉人柳某亮的辩护律师在一审、二审认为，上诉人柳某亮与原审被告人王某事先预谋，共同受贿的事实一审认定不清，证据不足；认为上诉人柳某亮不符合共同受贿有关法律规定。从现有证据来看，并不能证明事先有通谋，事后有共同占有的行为。其辩护意见成立，本院予以采纳。上诉人的辩护人认为一审以短信聊天认定共同预谋，该证据不符合《最高人民法院关于适用〈中华人民共和国刑事诉讼法〉的解释》第七十三条第一款“未附笔录或清单”“不得作为定案的依据”的规定。又不符合该解释第九十二条、第九十三条“电子数据审查与认定”的有关规定，不应作为定案依据的辩护意见，本院予以采纳。上诉人柳某亮身为金融机构的人员，给王某介绍、参与民营企业给高新汽车发展公司贷款，属正常的业务往来，不能将介绍、参与同原审被告人王某收受他人好处费、点位费混为一谈，而况认定王某、柳某亮二人共同犯罪，既无证据证实事先有预谋，又无证据证实事后有分赃和共同占有的行为；亦无证据证实上诉人柳某亮有共同故意犯罪具备的特征，即必须具有共同故意，共同行为等。而《最高人民法院、最高人民检察院关于办理受贿刑事案件适用法律若干问题的意见》第七条规定：“国家工作人员利用职务上的便利为请托人谋取利益，授意请托人以本意见所列形式，将有关财物给予特定关系人的，以受贿论处……特定关系人以外的其他人与国家工作人员同谋，由国家工作人员利用职务上的便利为请托人谋取利益，收受请托人财物后双方共同占有的，以受贿罪的共犯论处。”就本案而言，上诉人柳某亮与王某事先预谋，无据可证；共同故意，无据可证；上诉人柳某亮对王某收取他人好处费、点位费既不知情，也未获得，更无共同占有。故上诉人柳某亮上诉认为原审认定事先通谋，共同受贿，属事实认定错误，适用法律错误的理由依法成立。故其上诉请求依法改判，本院予以支持。

规则18：犯罪情节轻微，不需要判处刑罚，可以免予刑事处罚

【规则分析】本规则分析可参考贪污罪无罪规则29。

【无罪判例】被告人王某飞犯受贿罪一审刑事判决书（2014）金刑初字第00155号

本院认为，被告人王某飞身为国家工作人员，利用职务上的便利，非法收受他人财物，为他人谋取利益，其行为已构成受贿罪，公诉机关指控被告人所犯罪名成立，应予惩处。唯指控数额应予变更。被告人王某飞在接受调查期间如实供述了侦查机关掌握的犯罪线索所针对的事实，还能如实供述侦查机关未掌握的同种罪行，均可从轻处罚，其已退赔违法所得，可以酌情从轻处罚。考虑被告人王某飞犯罪情节轻微，不需要判处刑罚，可以免予刑事处罚。

第二节 统计分析与辩护攻略

一、统计分析

在受贿罪36个无罪判例中，证据无罪共有9个，实体无罪共有50个，没有程序无罪的判例（详见图2－1）。

在证据无罪中，除了3个证据矛盾无罪外，还有2个非法证据排除，以及两个因事实不清、证据不足而导致无罪的案件（详见图2－2）。在非法证据排除案件相对较少的实践现实之下，受贿罪的两起非法证据排除案件显得尤为珍贵。

在实体无罪中，排名前三位的分别为无法证明收受金钱事实（10个），无法证明利用职务便利（9个）和合理报酬（9个）（详见图2－3）。在受贿罪中，没有达到起刑点的案件也有7个，而非国家工作人员身份的案件同样有7个。以上几个因素构成了受贿罪无罪的主要理由。

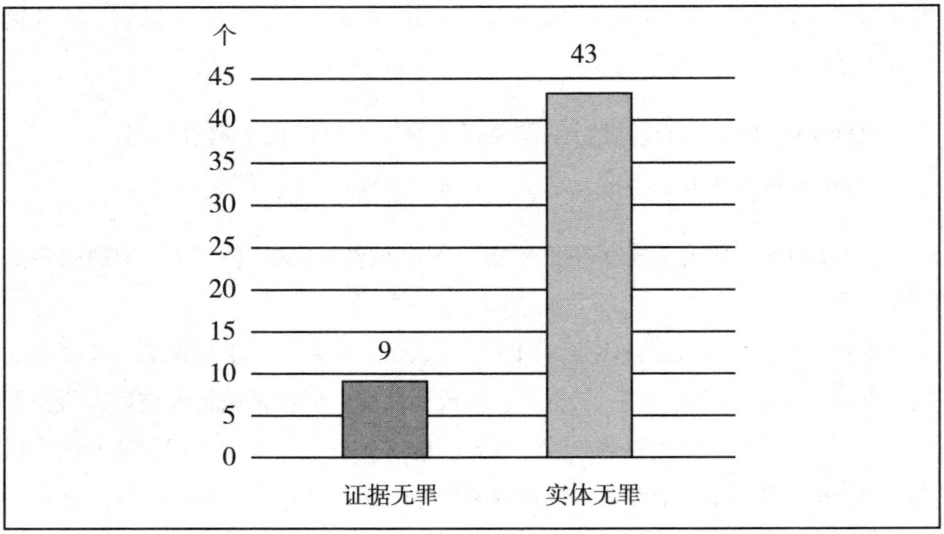

图 2-1　受贿罪概况

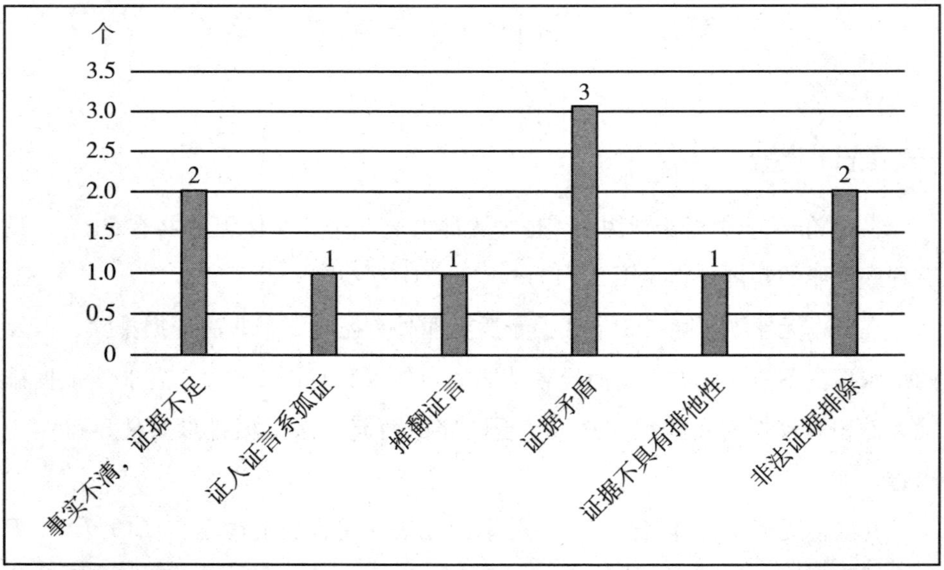

图 2-2　受贿罪证据无罪

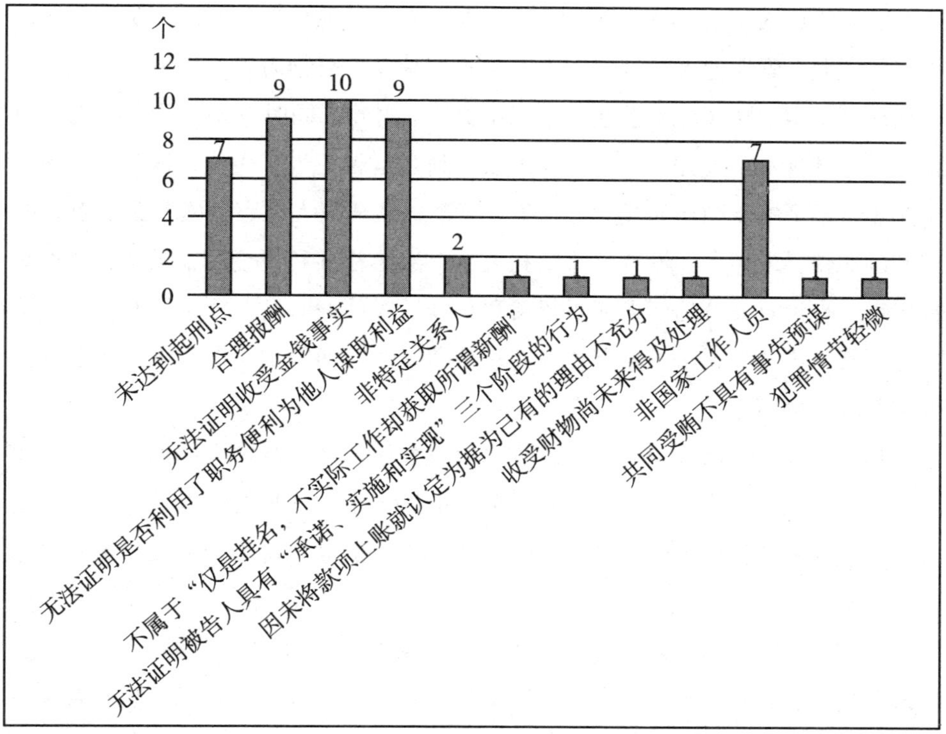

图 2-3　受贿罪实体无罪

二、无罪辩护攻略

整体而言，受贿罪的无罪辩点与贪污罪有很大相似性。例如，“犯罪情节轻微，不需要判处刑罚，可以免予刑事处罚”等辩点具有足够的借鉴性。但这并不意味着受贿罪不具有独特性。例如，对犯罪对象等内容而言，受贿罪的无罪辩点具有独特性。

受贿罪的无罪辩点可以围绕着一个闭环展开。如果将受贿罪的本质简化为权钱交易的话，那么这个闭环实际上是一种“权”与“钱”之间的二元结构。在这个闭环之中，权力者通过手中的权力获得金钱。而持有金钱者通过手中的财物获取利益，二者之前可谓“各取所需”。由此，在这个闭环的任意一端形成阻碍，均可以影响受贿罪的认定，进而形成有效辩护。

一方面，辩护人可以从没有为他人谋取利益这一点入手，即在“由钱到权”的环节中形成阻碍。这也是实践中的一个着力点。例如，祁某利受贿再审刑事判决书（2011）冀刑再终字第 16 号中的说法就十分典型：

国家工作人员、集体经济组织工作人员或者其他从事公务的人员，利用职务上的便利，索取他人财物的，或者非法收受他人财物为他人谋取利益的，是受贿罪。认定受贿罪应当掌握：非法收受他人财物，同时具备“为他人谋取利益”的，才能构成受贿罪。为他人谋取的利益是否正当，为他人谋取的利益是否实现，不影响受贿罪的成立。许某、黄某、吴某等人证言证实只是想利用祁某利的职权寻求照顾并没有向祁某利表达，送给祁某利现金时，没有具体的请托事项，也没有充分的证据证明祁某利收钱后对他们有所照顾。原判认定在许某、黄某、吴某等人给予原审被告人祁某利钱财后均得到了被告人利用职权谋取利益的证据不足。

另一方面，在闭环中另一个环节“由权到钱”中，辩护人同样可以通过没有相关的受贿行为进行辩护，即收受金钱证据不足。辩护人可以通过证明被告人没有获取相关钱财证明权钱交易这一闭环无法成立。例如，宋某周受贿二审刑事判决书（2015）漯刑终字第00096号有这样一段内容：

本院认为，原审法院认定上诉人（原审被告人）宋某周受贿10万元，已构成受贿罪，经查，现有证据能够证实黄某将10万元交给了高某，但高某是否将该10万元钱送给了宋某周无确实充分的证据，且没有证据证明宋某周允诺或默许为黄某谋取利益，故认定宋某周犯受贿罪的证据不足。

这实际上就是利用这一辩点的重要方式。当然，除了从“没拿到钱”的角度进行辩护之外，“钱是合法的”也是一条颇为重要的途径，并且在无罪案例中占据了相当的比重。这条辩护策略的关键在于将已经证实存在的款项进行合理解释。通常有效的解释方法包括借款合同、买卖合同等。总之，只要是合法的途径可以解释这部分款项的来源，就很容易实现有效辩护。

一个必须要注意的问题是，辩护人需要对每一笔款项逐个分析、逐个击破。某种意义上而言，辩护人实际上所做的工作更像是一道减法题，只要逐渐削减各个款项，影响法官的事实认定即可。而这道减法题也并不需要减到零，只需要让认定的款项总和无法达到起刑点，就可以实现无罪辩护，这也是无罪案例中出现较多的一个辩点。

当然，还有一个重要的辩点也是不容忽略的，那就是被告人是否符合受贿罪的主体要求。受贿罪本身是身份犯，这要求被告人应该具有一定的身份。对于身份的认定不妨使用排除法，只要不是法律规定的身份便不是“国家工作人员”。

在这一问题上，当牵扯到共同犯罪时，情形可能会变得相对复杂，需要把握共同犯罪人是否有共同犯罪的故意，以及非国家工作人员在受贿罪中发挥的作用。

第三节 相关法律法规及判例索引

一、法律法规列表

（一）法律

文件	条数
《刑法》（2017 年修正）	第一百六十三条
	第一百八十四条
	第三百八十五条
	第三百八十六条
	第三百八十七条
	第三百八十八条

（二）司法解释

文件	条数
《最高人民法院、最高人民检察院关于办理药品、医疗器械注册申请材料造假刑事案件适用法律若干问题的解释》	第二条
《最高人民法院、最高人民检察院关于办理贪污贿赂刑事案件适用法律若干问题的解释》	第十条第一款
	第十一条
	第十六条
	第十九条
《最高人民法院、最高人民检察院关于办理渎职刑事案件适用法律若干问题的解释（一）》	第三条
《人民检察院刑事诉讼规则（试行）》	第二百六十三条
《最高人民法院、最高人民检察院关于办理国家出资企业中职务犯罪案件具体应用法律若干问题的意见》	第五条

续表

文件	条数
《最高人民法院、最高人民检察院关于印发〈关于办理商业贿赂刑事案件适用法律若干问题的意见〉的通知》	第一条
	第四条
	第五条
	第六条
	第十一条
《最高人民法院、最高人民检察院关于印发〈关于办理受贿刑事案件适用法律若干问题的意见〉的通知》	七、关于由特定关系人收受贿赂问题
	九、关于收受财物后退还或者上交问题
	十二、关于正确贯彻宽严相济刑事政策的问题
《最高人民检察院研究室关于国有单位的内设机构能否构成单位受贿罪主体问题的答复》	全文
《最高人民法院研究室关于对行为人通过伪造国家机关公文、证件担任国家工作人员职务并利用职务上的便利侵占本单位财物、收受贿赂、挪用本单位资金等行为如何适用法律问题的答复》	全文
《最高人民法院关于印发〈全国法院审理经济犯罪案件工作座谈会纪要〉的通知》	三、关于受贿罪
《最高人民检察院法律政策研究室关于集体性质的乡镇卫生院院长利用职务之便收受他人财物的行为如何适用法律问题的答复》	全文
《最高人民检察院关于佛教协会工作人员能否构成受贿罪或者公司、企业人员受贿罪主体问题的答复》	第七十条
《最高人民法院、最高人民检察院、海关总署关于印发〈办理走私刑事案件适用法律若干问题的意见〉的通知》	十六、关于放纵走私罪的认定问题
《最高人民法院关于印发〈全国法院审理金融犯罪案件工作座谈会纪要〉的通知》	（三）用账外客户资金非法拆借、发放贷款行为的认定和处罚

续表

文件	条数
《最高人民法院关于国家工作人员利用职务上的便利为他人谋取利益离退休后收受财物行为如何处理问题的批复》	全文
《最高人民检察院关于贯彻执行全国人民代表大会常务委员会关于〈中华人民共和国刑法〉第九十三条第二款的解释的通知》	第二条
	第三条
《最高人民检察院关于人民检察院直接受理立案侦查案件立案标准的规定（试行）》	一、贪污贿赂犯罪案件 （三）受贿案
《最高人民检察院关于在全国检察机关实行“检务公开”的决定（十条）》	三、贪污贿赂、渎职犯罪案件立案标准
《最高人民法院、最高人民检察院关于贪污受贿投机倒把等犯罪分子必须在限期内自首坦白的通告》	第一条
《最高人民检察院发言人就〈关于当前办理经济犯罪案件中具体应用法律的若干问题的解答（试行）〉答〈中国法制报〉记者问》	全文

（三）行政法规

文件	条数
《互联网上网服务营业场所管理条例》	第二十五条
《技术进出口管理条例》	第五十条
《中外合作办学条例》	第四十九条
《退耕还林条例》	第五十七条
《音像制品管理条例》	第三十七条
《出版管理条例》	第六十条
《特种设备安全监察条例》	第九十七条
《生物两用品及相关设备和技术出口管制条例》	第二十二条

续表

文件	条数
《导弹及相关物项和技术出口管制条例》	第二十二条
《医疗事故处理条例》	第五十三条
《危险化学品安全管理条例》	第五十五条
《电影管理条例》	第五十四条
《外国律师事务所驻华代表机构管理条例》	第三十三条
《货物进出口管理条例》	第七十条
《金融机构撤销条例》	第三十条
《国务院关于特大安全事故行政责任追究的规定》	第十一条

（四）监察法规

文件	条数
《国家监察委员会管辖规定（试行）》	一、贪污贿赂犯罪（三）受贿罪

（五）其他规范性文件

1. 部门规章

文件	条数
《公安部关于学习贯彻〈关于完善产权保护制度依法保护产权的意见〉的通知》	第二条
《公安部关于切实做好刑事案件速裁程序试点工作的通知》	第二条
《有关化学品及相关设备和技术出口管制办法》	第二十条

2. 军事规范性文件

文件	条数
《军品出口管理条例》	第二十八条

二、指导性案例列表

（一）指导性案例

发布机构	案号	案例	是否无罪判决
最高人民检察院	检例第16号	赛某、韩某武受贿、食品监管渎职案	有罪
最高人民检察院	检例第15号	胡某贵等人生产、销售有毒、有害食品，行贿；骆某等人销售伪劣产品；朱某全等人生产、销售伪劣产品；黎某文等人受贿，食品监管渎职案	有罪
最高人民法院	（2009）苏刑二终字第0028号	潘某梅、陈某受贿案	有罪
最高人民检察院	检例第8号	杨某玩忽职守、徇私枉法、受贿案	有罪

（二）“两高”公报中的案例

1.《最高人民法院公报》中的案例

案号	案例	是否无罪判决
《最高人民法院公报》2014年第9期（总第215期）	上海市嘉定区人民检察院诉丁某康受贿案	有罪
《最高人民法院公报》2003年第5期（总第85期）	北京市人民检察院第二分院诉李某廷受贿案	有罪
《最高人民法院公报》2004年第1期（总第87期）	北京市人民检察院第二分院诉程某志受贿案	有罪

续表

案号	案例	是否无罪判决
《最高人民法院公报》2002年第2期（总第76期）	唐某华等五人贪污、职务侵占、企业人员受贿案	有罪
《最高人民法院公报》2000年第5期（总第67期）	成某杰受贿案	有罪
《最高人民法院公报》1999年第4期（总第60期）	曹某康受贿案	有罪
《最高人民法院公报》1998年第4期（总第56期）	辛某江受贿案	有罪
《最高人民法院公报》1998年第1期（总第53期）	高某林等五人贪污、受贿案	有罪
《最高人民法院公报》1997年第4期（总第52期）	铁某受贿案	有罪
《最高人民法院公报》1994年第3期（总第39期）	郭某文受贿、投机倒把案	有罪
《最高人民法院公报》1994年第2期（总第38期）	刘某山、范某武、刘某走私、行贿、受贿案	有罪
《最高人民法院公报》1994年第2期（总第38期）	李某时受贿、贪污案	有罪
《最高人民法院公报》1993年第4期（总第36期）	徐某和、范某朝受贿、贪污、挪用公款案	有罪
《最高人民法院公报》1991年第4期（总第28期）	高某祥受贿案	有罪
《最高人民法院公报》1991年第3期（总第27期）	管某诚受贿、贪污案	有罪
《最高人民法院公报》1990年第4期（总第24期）	张某荣受贿案	有罪
《最高人民法院公报》1990年第2期（总第22期）	胡某坤受贿案	有罪

续表

案号	案例	是否无罪判决
《最高人民法院公报》1989年第4期（总第20期）	张某云、陈某莲、张某军受贿案	有罪
《最高人民法院公报》1989年第3期（总第19期）	桂某庆投机倒把、受贿案	有罪
《最高人民法院公报》1988年第1号（总第13号）	吴某明、黄某梁、陈某育、吴某寿走私、受贿、贪污案	有罪
《最高人民法院公报》1986年第1号（总第5号）	李某城等五人投机倒把、受贿案	有罪
《最高人民法院公报》1991年第1期（总第25期）	徐某贪污、受贿案	有罪
《最高人民法院公报》2004年第9期（总第95期）	成都市人民检察院诉刘某东贪污、受贿案	有罪
《最高人民法院公报》1987年第2号（总第10号）	郭某、李某青、江某荣、戴某保、方某维、倪某策走私、行贿、受贿、徇私舞弊案	有罪

2.《最高人民检察院公报》中的案例

案号	案例	是否无罪判决
《最高人民检察院公报》2016年第1号（总第150号）	陈某槐滥用职权、受贿案	有罪
《最高人民检察院公报》2016年第2号（总第151号）	廖某华受贿、滥用职权案	有罪
《最高人民检察院公报》2015年第1号（总第144号）	李某球受贿案	有罪
《最高人民检察院公报》2014年第5号（总第142号）	王某毅受贿案	有罪
《最高人民检察院公报》2014年第4号（总第141号）	周某宏受贿、巨额财产来源不明案	有罪

续表

案号	案例	是否无罪判决
《最高人民检察院公报》2014年第1号（总第138号）	田某仁受贿案	有罪
《最高人民检察院公报》2013年第6号（总第137号）	刘某军受贿、滥用职权案	有罪
《最高人民检察院公报》2013年第3号（总第134号）	李某彬滥用职权、受贿、贪污案	有罪
《最高人民检察院公报》2013年第5号（总第136号）	申某玩忽职守、受贿案	有罪
《最高人民检察院公报》2013年第2号（总第133号）	刘某志受贿案	有罪
《最高人民检察院公报》2012年第5号（总第130号）	谢某龙受贿案	有罪
《最高人民检察院公报》2012年第5号（总第130号）	南某受贿案	有罪
《最高人民检察院公报》2013年第1号（总第132号）	宋某光受贿案	有罪
《最高人民检察院公报》2012年第4号（总第129号）	杨某民受贿案	有罪
《最高人民检察院公报》2012年第3号（总第128号）	张某盟受贿案	有罪
《最高人民检察院公报》2012年第4号（总第129号）	苏某生受贿案	有罪
《最高人民检察院公报》2012年第2号（总第127号）	冯某亮受贿、滥用职权案	有罪
《最高人民检察院公报》2012年第1号（总第126号）	张某江受贿案	有罪
《最高人民检察院公报》2012年第2号（总第127号）	许某衡受贿案	有罪

续表

案号	案例	是否无罪判决
《最高人民检察院公报》2011年第6号（总第125号）	李某堂受贿案	有罪
《最高人民检察院公报》2012年第1号（总第126号）	宋某受贿案	有罪
《最高人民检察院公报》2011年第5号（总第124号）	宇某录受贿案	有罪
《最高人民检察院公报》2011年第3号（总第122号）	陈某某受贿案	有罪
《最高人民检察院公报》2011年第1号（总第120号）	米某君受贿案	有罪
《最高人民检察院公报》2011年第6号（总第125号）	陶某斌等人受贿、敲诈勒索案	有罪
《最高人民检察院公报》2010年第5号（总第118号）	张某安、汪某受贿、报复陷害案	有罪
《最高人民检察院公报》2010年第6号（总第119号）	孙某武受贿案	有罪
《最高人民检察院公报》2010年第4号（总第117号）	黄某有受贿、贪污案	有罪
《最高人民检察院公报》2010年第3号（总第116号）	田某受贿案	有罪
《最高人民检察院公报》2009年第6号（总第113号）	孙某贪污、受贿案	有罪
《最高人民检察院公报》2009年第5号（总第112号）	李某英贪污受贿案	有罪
《最高人民检察院公报》2009年第3号（总第110号）	刘某华受贿案	有罪
《最高人民检察院公报》2008年第6期（总第107期）	庞某钰受贿、玩忽职守案	有罪

续表

案号	案例	是否无罪判决
《最高人民检察院公报》2009年第1号（总第108号）	王某龙受贿案	有罪
《最高人民检察院公报》2009年第1号（总第108号）	陈某宇受贿、滥用职权案	有罪
《最高人民检察院公报》2008年第6号（总第107号）	杜某成受贿案	有罪
《最高人民检察院公报》2008年第3期（总第104期）	段某和、陈某、陈某兵爆炸、受贿、巨额财产来源不明案	有罪
《最高人民检察院公报》2008年第3期（总第104期）	黄某、吴某平受贿案	有罪
《最高人民检察院公报》2007年第3号（总第98号）	王某杰受贿、巨额财产来源不明案	有罪
《最高人民检察院公报》2007年第5号（总第100号）	王某耀受贿、巨额财产来源不明案	有罪
《最高人民检察院公报》2007年第2号（总第97号）	朱某勇受贿案	有罪
《最高人民检察院公报》2007年第1号（总第96号）	张某照受贿案	有罪
《最高人民检察院公报》2007年第3号（总第98号）	巫某志受贿案	有罪
《最高人民检察院公报》2007年第2号（总第97号）	侯某杰受贿案	有罪
《最高人民检察院公报》2006年第2号（总第91号）	徐某健受贿案	有罪
《最高人民检察院公报》2006年第6号（总第95号）	钟某、宋某、杨某玲挪用资金，公司、企业人员受贿，职务侵占，非法出具金融票证案	有罪

续表

案号	案例	是否无罪判决
《最高人民检察院公报》2006年第3号（总第92号）	韩某芝受贿案	有罪
《最高人民检察院公报》2006年第3号（总第92号）	丁某发受贿、挪用公款案	有罪
《最高人民检察院公报》2005年第6号（总第89号）	刘某宝贪污、受贿、巨额财产来源不明，朱某、丁某生、张某宝贪污案	有罪
《最高人民检察院公报》2005年第4号（总第87号）	刘某田受贿案	有罪
《最高人民检察院公报》2005年第5号（总第88号）	贾某庆受贿、滥用职权案	有罪
《最高人民检察院公报》2005年第5号（总第88号）	吴某华受贿、玩忽职守案	有罪
《最高人民检察院公报》2004年第3号（总第80号）	王某忠受贿、巨额财产来源不明案	有罪
《最高人民检察院公报》2004年第5号（总第81号）	麦某楷受贿案	有罪
《最高人民检察院公报》2004年第1号（总第78号）	潘某田受贿案	有罪
《最高人民检察院公报》2003年第3号（总第74号）	郑某迪受贿案	有罪
《最高人民检察院公报》2003年第3号（总第74号）	石某彬受贿案	有罪
《最高人民检察院公报》2001年第6号（总第65号）	李某周受贿、玩忽职守案	有罪
《最高人民检察院公报》2001年第2号（总第61号）	杭州发达齿轮箱有限公司单位行贿、侵犯商业秘密；马某泽介绍贿赂；张某喜、姚某兴受贿抗诉案	有罪

续表

案号	案例	是否无罪判决
《最高人民检察院公报》2000年第6期	徐某松受贿案	有罪
《最高人民检察院公报》2000年第5号（总第58号）	张某昌贪污、受贿、挪用公款、巨额财产来源不明案	有罪
《最高人民检察院公报》2000年第3号（总第56号）	曹某康受贿案	有罪
《最高人民检察院公报》2000年第3号（总第56号）	邓某、陈某受贿、贪污、徇私枉法、滥用职权、巨额财产来源不明案	有罪
《最高人民检察院公报》1999年第5号（总第52号）	朱某文受贿、巨额财产来源不明案	有罪
《最高人民检察院公报》1999年第5期	叶某梁受贿案	有罪
《最高人民检察院公报》1998年第6号	马某妹贪污、受贿案	有罪
《最高人民检察院公报》1998年第3号（总第44号）	谢某霖受贿、巨额财产来源不明，闫某英包庇案	有罪
《最高人民检察院公报》1998年第2号（总第43号）	高某林、张某斌、张某田、李某清、樊某奎贪污、受贿案	有罪
《最高人民检察院公报》1998年第4号（总第45号）	靳某辉受贿案	有罪
《最高人民检察院公报》1997年第5号（总第41号）	铁某受贿案	有罪
《最高人民检察院公报》1998年第4号（总第45号）	王某秀、孔某丽、王某富贪污、挪用公款、受贿、玩忽职守案	有罪
《最高人民检察院公报》1998年第3号（总第44号）	曾某城受贿案	有罪
《最高人民检察院公报》1997年第5号（总第41号）	黄某诚受贿案	有罪

续表

案号	案例	是否无罪判决
《最高人民检察院公报》1998年第1号（总第42号）	冯某林受贿、行贿，马鞍山市房地产公司装潢修建公司行贿案	有罪
《最高人民检察院公报》1997年第2号（总第38号）	李某维受贿案	有罪
《最高人民检察院公报》1996年第3号（总第33号）	邓某受贿、贪污、投机倒把、挪用公款、行贿案	有罪
《最高人民检察院公报》1995年第5号（总第29号）	张某根受贿抗诉案	有罪
《最高人民检察院公报》1995年第5号（总第29号）	陈某荣、赵某素受贿；叶某燕伪证抗诉案	有罪
《最高人民检察院公报》1995年第5号（总第29号）	黄某球受贿案	有罪
《最高人民检察院公报》1995年第6号（总第30号）	薛某文贪污、受贿、流氓案	有罪
《最高人民检察院公报》1995年第1号（总第25号）	黄某光、劳某泉、梁某国、刘某万重大责任事故；吴某辉、刘某钊玩忽职守、受贿案	有罪
《最高人民检察院公报》1994年第4号（总第24号）	李某有受贿、诬告陷害案	有罪
《最高人民检察院公报》1994年第3号（总第23号）	胡某受贿案	有罪
《最高人民检察院公报》1994年第3号（总第23号）	郭某文受贿、投机倒把案	有罪
《最高人民检察院公报》1994年第2号（总第22号）	李某时受贿、贪污案	有罪
《最高人民检察院公报》1992年第1号（总第13号）	刘某兰特大受贿贪污案	有罪

续表

案号	案例	是否无罪判决
《最高人民检察院公报》2003年第1号（总第72号）	万某忠、唐某盛、莫某龙、韦某光滥用职权、受贿案	有罪
《最高人民检察院公报》1993年第2号（总第18号）	厉某兴受贿抗诉案	有罪
《最高人民检察院公报》2002年第2号（总第67号）	马某东、宁某杰、李某芳贪污、受贿、挪用公款、巨额财产来源不明案	有罪
《最高人民检察院公报》1992年第1号（总第13号）	高某祥特大受贿案	有罪
《最高人民检察院公报》2014年第2号（总第139号）	黄某受贿案	有罪
《最高人民检察院公报》2011年第4号（总第123号）	黄某受贿案	有罪
《最高人民检察院公报》2011年第3号（总第122号）	王某元受贿、巨额财产来源不明案	有罪
《最高人民检察院公报》2011年第1号（总第120号）	郑某东受贿案	有罪
《最高人民检察院公报》2010年第6号（总第119号）	王某受贿案	有罪
《最高人民检察院公报》2010年第5号（总第118号）	朱某刚受贿案	有罪
《最高人民检察院公报》2010年第2号（总第115号）	陈某勇受贿案	有罪
《最高人民检察院公报》2009年第4号（总第111号）	施某荣受贿案	有罪
《最高人民检察院公报》2008年第4号（总第105号）	何某旭受贿案	有罪

续表

案号	案例	是否无罪判决
《最高人民检察院公报》2008年第5期（总第106期）	李某华受贿案	有罪
《最高人民检察院公报》2008年第2期（总第103期）	温某杰受贿、贪污案	有罪
《最高人民检察院公报》2007年第6号（总第101号）	郑某萸受贿、玩忽职守案	有罪
《最高人民检察院公报》2007年第4号（总第99号）	曾某志受贿案	有罪
《最高人民检察院公报》2006年第5号（总第94号）	张某受贿案	有罪
《最高人民检察院公报》2005年第5号（总第88号）	樊某受贿、玩忽职守案	有罪
《最高人民检察院公报》2005年第3号（总第86号）	谢某军等人受贿、徇私舞弊减刑、暂予监外执行案	有罪
《最高人民检察院公报》2004年第6号（总第82号）	刘某仁受贿案	有罪
《最高人民检察院公报》2005年第1号（总第84号）	张某光受贿案	有罪
《最高人民检察院公报》2004年第4号（总第81号）	李某受贿、贪污案	有罪
《最高人民检察院公报》2004年第1号（总第78号）	李某书受贿、巨额财产来源不明案	有罪
《最高人民检察院公报》2003年第6号（总第77号）	李某廷受贿案	有罪
《最高人民检察院公报》2004年第2号（总第79号）	田某岐受贿案	有罪
《最高人民检察院公报》2003年第2号（总第73号）	朱某华受贿案	有罪

续表

案号	案例	是否无罪判决
《最高人民检察院公报》2002年第3号（总第68号）	查某明受贿案	有罪
《最高人民检察院公报》2000年第4号（总第57号）	胡某清受贿、行贿、巨额财产来源不明案	有罪
《最高人民检察院公报》2000年第2号（总第55号）	陈某受贿抗诉案	有罪
《最高人民检察院公报》2000年第4号（总第57号）	许某嘉商业受贿抗诉案	有罪
《最高人民检察院公报》2000年第3号（总第56号）	宋某章挪用资金，逯某森受贿案	有罪
《最高人民检察院公报》1999年第6号（总第53号）	邓某山受贿案	有罪
《最高人民检察院公报》1999年第2号（总第49号）	姜某武受贿案	有罪
《最高人民检察院公报》1999年第6号（总第53号）	杨某旺受贿、巨额财产来源不明，吉某英、杨某鹏、杨某妹包庇案	有罪
《最高人民检察院公报》1998年第2号（总第43号）	邝某飞、郭某明抢劫案，刘某国受贿案	有罪
《最高人民检察院公报》1997年第2号（总第38号）	韦某芳受贿案	有罪
《最高人民检察院公报》1997年第1号（总第37号）	陈某受贿案	有罪
《最高人民检察院公报》1997年第1号（总第37号）	周某方受贿、行贿案	有罪
《最高人民检察院公报》1996年第1号（总第31号）	王某业、史某青受贿、贪污、投机倒把、重婚、偷越国境案	有罪
《最高人民检察院公报》1995年第6号（总第30号）	邵某受贿案	有罪

续表

案号	案例	是否无罪判决
《最高人民检察院公报》1995年第1号（总第25号）	闫某宏贪污、挪用公款、投机倒把、受贿案	有罪
《最高人民检察院公报》1995年第3号（总第27号）	杨某雄、黄某尧、司徒某练、钟某、李某友、宋某华受贿案	有罪
《最高人民检察院公报》1993年第4号（总第20号）	徐某和、范某朝等人受贿、贪污、挪用公款、窝赃案	有罪
《最高人民检察院公报》1994年第1号（总第21号）	洪某林受贿、巨额财产来源不明案	有罪
《最高人民检察院公报》1999年第6号（总第53号）	曹某光受贿、徇私舞弊不征、少征税款案	有罪
《最高人民检察院公报》1993年第3号（总第19号）	蒋某凤受贿、贪污案	有罪

（三）《刑事审判参考》中的案例

案号	案例	是否无罪
第14号	翟某光受贿案——银行工作人员玩忽职守的行为如何定罪	有罪
第15号	刘某祥被控受贿案——索要正当合伙承包经营的分成不构成受贿罪	有罪
第30号	苟某良等贪污、受贿案——具有两种不同特定身份的人共同实施侵吞企业财产、收受他人财物的行为应如何定罪处罚	是
第32号	余某恒受贿案——被告人被采取强制措施后交代司法机关尚未掌握的同种犯罪应如何掌握具体处刑	是
第38号	张某元受贿案——对受贿犯罪分子应如何适用刑罚	有罪
第46号	林某元等受贿、玩忽职守案——玩忽职守罪适用法律时效应如何理解	有罪
第64号	陈某受贿案——事后收受财物能否构成受贿罪	是
第113号	王某峰受贿、伪造证据案——受国有公司委派担任非国有公司诉讼代理人过程中收受他人财物能否构成受贿罪	有罪

续表

案号	案例	是否无罪
第 195 号	左某等受贿、贪污、挪用公款案——单位领导研究决定收受回扣款、并为少数领导私分行为的定性	有罪
第 217 号	万某英受贿、挪用公款案——利用职务上的便利借用下级单位公款进行营利活动、能否构成挪用公款罪	是
第 218 号	姜某受贿案——逢年过节收受下级单位“慰问金”的行为如何定性	有罪
第 257 号	蒙某受贿案——税务机关工作人员利用职务之便索取他人“赞助费”不征应征税款的行为如何定性	有罪
第 313 号	杨某芳贪污、受贿案——私分国有资产与共同贪污的区分	有罪
第 320 号	杨某华企业人员受贿案——筹建中的企业工作人员利用职务便利为他人谋取利益非法收受、索取财物的能否以企业人员受贿罪定罪处罚	有罪
第 327 号	包某安受贿、滥用职权案——滥用职权行为与损失后果之间没有必然因果关系的是否构成滥用职权罪	有罪
第 334 号	阎某民、钱某芳贪污、受贿案——国家工作人员利用职务上的便利以单位的名义向有关单位索要“赞助款”并占为己有的行为是索贿还是贪污	有罪
第 335 号	曹某受贿案——对于依照《公司法》规定产生的公司负责人能否认定为受国有单位委派从事公务的人员	有罪
第 340 号	李某受贿案——利用与其他单位共同开发房地产的职务便利要求合作单位为其亲属提供低价住房的行为是否构成受贿罪	有罪
第 357 号	潘某博帮助犯罪分子逃避处罚、受贿案——帮助逃避行政处罚的行为能滞构成帮助犯罪分子逃避处罚罪	有罪
第 384 号	胡某群受贿、巨额财产来源不明案——国家工作人员利用职务便利索要高额投资回报的行为是否构成受贿罪	有罪
第 385 号	鞠某文挪用公款、受贿案——因挪用公款索取、收受贿赂或者行贿构成犯罪的，是择一重处还是两罪并罚	有罪

续表

案号	案例	是否无罪
第 399 号	钱某德受贿案——在国家机关设立的非常设性工作机构中从事公务的非正式在编人员是否属于国家工作人员	有罪
第 407 号	方某受贿案——国家工作人员以“劳务报酬”为名收受请托人财物的应认定为受贿	有罪
第 470 号	马某、沈某萍受贿案——以房产交易形式收受贿赂的犯罪數额认定问题	有罪
第 562 号	梁某琦受贿案——收受无具体金额的会员卡、未出资而委托他人购买股票获利是否认定为受贿	有罪
第 584 号	周某华受贿案——特定关系人在受贿案件中的认定问题	有罪
第 585 号	蒋某、唐某受贿案——如何认定国家工作人员与特定关系人的共同受贿行为	是
第 594 号	廖某伦贪污、受贿案——村民小组长在特定情形下属于“其他依照法律从事公务的人员”	有罪
第 595 号	张某群受贿案——村民组组长依法从事公务的认定	有罪
第 607 号	汪某斌受贿案——没有利用查禁犯罪职责获取的线索可以构成立功	有罪
第 608 号	李某、唐某成受贿案——国有媒体的记者能否构成受贿罪的主体	有罪
第 652 号	黄某林滥用职权、受贿案——滥用职权同时又受贿是否实行数罪并罚	有罪
第 693 号	黄某斌受贿案——国有企业改制期间，国家工作人员与企业解除劳动关系后，还能否被认定为国家工作人员，从而构成受贿罪	有罪
第 695 号	王某勤贪污、受贿案——余罪自首的证据要求与证据审查	是
第 707 号	沈某贵受贿案——阻止他人犯罪活动，他人因未达刑事责任年龄而未被追究刑事责任的，行为人的阻止行为仍构成立功	有罪
第 724 号	朱某林受贿案——如何认定以“合作投资房产”名义收受贿赂	有罪

续表

案号	案例	是否无罪
第 734 号	王某兴贪污、受贿、职务侵占案——对国有公司改制中利用职务便利隐匿并实际控制国有资产的行为，如何认定	有罪
第 754 号	陆某受贿案——国家工作人员通过其情人职务上的行为收取贿赂，为他人谋取不正当利益的行为，如何定性	有罪
第 756 号	肖某庆受贿、内幕交易案——因获取让壳信息而指使他人购买让壳公司股票。后借壳公司改变的，是否影响内幕信息的认定	有罪
第 787 号	袁某行贿案 ——配合检察机关调查他人受贿案件时，交代向他人行贿的事实，能否认定为被追诉前主动交代	有罪
第 805 号	姚某文贪污、受贿案 ——个人决定以单位名义将公款借给其他单位使用，虽然在事后收取对方财物，但难以证实借款当时具有谋取个人利益目的的，如何定罪处罚	有罪
第 806 号	吕某受贿案 ——社区卫生服务中心网管员为医药销售代表“拉单”收受财物的行为，如何定性	有罪
第 809 号	杜某军徇私舞弊不征税款、受贿案——徇私舞弊不征税款罪的认定及损失数额的计算	有罪
第 823 号	渚某剑受贿案——法院如何审查受贿案件辩方提出的非法证据排除申请	是
第 855 号	杨某理受贿、非国家工作人员受贿案——分别在国有独资公司委派到国有参股公司、国有参股公司改制为非国家出资企业任职期间收受贿赂的行为如何定性	是
第 884 号	周某苗等受贿案——非特定关系人凭借国家工作人员的关系“挂名”取酬并将财物分与国家工作人员的是否构成共同受贿	有罪
第 885 号	雷某富受贿案——以不雅视频相要挟，使他人陷入心理恐惧，向他人提出借款要求且还款期满后有能力归还而不归还的，是否属于敲诈勒索以及利用职务便利为他人谋取利益，授意他人向第三人出借款项，还款义务最终被免除的，是否属于受贿	有罪

续表

案号	案例	是否无罪
第 937 号	陈某旋受贿案——省农村信用合作社联合社委派到市、县、乡、镇农村信用合作社联合社、农村信用合作联合社的人员是否属于“以国家工作人员论”的范围	有罪
第 959 号	宋某非国家工作人员受贿案——如何认定国有控股企业中一般中层管理干部的国家工作人员身份	有罪
第 960 号	高某银非国家工作人员受贿案——村民委员会主任在村自行修建道路中收受他人贿赂的，如何定性	有罪
第 974 号	章某钧受贿案——如何认定国家出资企业中的国家工作人员	有罪
第 975 号	胡某富受贿案——如何区分国家工作人员以优惠价格购买商品房与以交易形式收受贿赂	有罪
第 1017 号	周某受贿案——案发前主动退还贿赂款的行为如何处理以及上一级人民法院同意在法定刑以下判处刑罚的应当制作何种文书	有罪
第 1018 号	卫某峰受贿案——如何认定公司改制后国家工作人员的身份	有罪
第 1019 号	凌某敏受贿案——以明显高于市场的价格向请托人出租房屋，所收取的租金与市场价格的差额是否应当认定为受贿数额	有罪
第 1020 号	刘某受贿案——因受贿案发后又主动交代用受贿款向他人行贿事实，使其他贿赂案件得以侦破的，是否构成立功	有罪
第 1040 号	尹某受贿案——如何审查被告人在侦查阶段不同期间所作供述的合法性	有罪
第 1055 号	王某洋非国家工作人员受贿、挪用资金案 ——如何认定国家出资企业中工作人员的主体身份	有罪
第 1071 号	陈某等贪污、受贿案 ——国家工作人员套取的公款中用于支付原单位业务回扣费用的部分，是否应当计入贪污数额	有罪
第 1089 号	杨某林滥用职权、受贿案——滥用职权造成恶劣社会影响的及供犯罪所用的本人财物如何认定，受贿既、未遂并存的如何处罚	有罪
第 1140 号	郑某文贪污、受贿、滥用职权案——如何处理以威胁方法收集的被告人供述及司法实践中对“重复供述”如何采信	是

续表

案号	案例	是否无罪
第 1143 号	罗某受贿案——如何认定特定关系人是否成立受贿罪共犯	有罪
第 1144 号	孙某明受贿案——如何区分合法的债权债务关系与非法收受他人财物的情形	有罪
第 1145 号	朱某平受贿案——国家工作人员对特定关系人收受他人财物事后知情且未退还，如何判定其是否具有受贿故意；国家工作人员收受请托人所送房产，后请托人又将该房产用于抵押贷款的，是受贿既遂还是未遂	有罪
第 1146 号	李某辉受贿案——刑法修正案（九）施行后，二审在减轻犯受贿罪被告人主刑的同时，能否加重财产刑	有罪
第 1147 号	吴某徕受贿案——以欺骗方式让行贿人主动交付财物的，应认定为索贿	有罪
第 1148 号	丁某康受贿案——社区卫生服务中心办公室信息管理员“拉统方”非法收受财物行为的定性	有罪
第 1149 号	毋某良受贿案——赃款、赃物用于公务支出，是否影响受贿罪的认定；为请托人谋取利益前多次收受请托人财物，数额较大的，如何认定受贿数额；索取、收受下属或者被管理人员的财物价值较大的，能否视为承诺谋取利益	有罪
第 1150 号	耿某有受贿案——二审期间因《刑法》修改及司法解释出台导致定罪量刑标准发生变化的，应如何适用法律	有罪
第 1151 号	沈某平受贿案——如何把握辩方提交的证据证明标准和作相关证据审查以及出于受贿的故意非法收受他人财物后又退还部分钱款的，如何认定受贿数额	有罪
第 1165 号	黄某东受贿、陈某军行贿案——非法限制被告人人身自由期间取得的供述能否作为定案的根据	是
第 1166 号	王某受贿案——对存在部分讯问录音录像的案件，如何结合讯问录音录像审查判断讯问笔录的证据能力，以及如何把握疲劳讯问的认定标准	有罪
第 1207 号	周某强、朱某华非国家工作人员受贿案——行政管理职权转委托情形受托方的滥用职权及收受财物行为如何认定	是

续表

案号	案例	是否无罪
第1233号	朱某亮非国家工作人员受贿案——如何认定“受委派从事公务”	是
第1235号	任某厚受贿、贪污、巨额财产来源不明违法所得没收申请案——关于违法所得没收程序具体操作规范和裁判要点解析	存疑，同贪污罪

三、无罪判例列表

案例名称	案号	审判法院	法院层级	审判程序
刘某甲犯受贿罪再审刑事判决书	（2014）涟刑再初字第1号	湖南省涟源市人民法院	基层法院	再审
卢某涛、林某棠等受贿罪二审刑事判决书	（2014）闽刑终字第279号	福建省高级人民法院	高级法院	二审
周某华受贿案一审刑事判决书	《刑事审判参考》第584号			一审
黄某斌受贿案一审刑事判决书	《刑事审判参考》第693号			一审
褚某剑受贿案二审刑事判决书	《刑事审判参考》第823号			二审
黄某东受贿、陈某军行贿案一审刑事判决书	《刑事审判参考》第1165号			一审
被告人周某健犯受贿罪重审刑事判决书	（2013）南法刑重字第1号	湖南省南县人民法院	基层法院	再审
苏某财犯受贿罪一审刑事判决书	（2016）青2802刑初29号	青海省德令哈市人民法院	基层法院	一审
郑某文贪污、受贿、滥用职权案二审刑事判决书	《刑事审判参考》第1140号			二审

续表

案例名称	案号	审判法院	法院层级	审判程序
王某、柳某亮非国家工作人员受贿二审刑事判决书	(2017)陕03刑终251号	陕西省宝鸡市中级人民法院	中级法院	二审
苟某良等贪污、受贿案二审刑事判决书	《刑事审判参考》第30号			二审
左某等受贿、贪污、挪用公款案二审刑事判决书	《刑事审判参考》第195号			二审
杨某理受贿、非国家工作人员受贿案一审刑事判决书	《刑事审判参考》第855号			一审
周某强、朱某华非国家工作人员受贿案二审刑事判决书	《刑事审判参考》第1207号			二审
朱某亮非国家工作人员受贿案二审刑事判决书	《刑事审判参考》第1233号			二审
慕某受贿二审刑事判决书	(2016)皖16刑终312号	安徽省亳州市中级人民法院(原安徽省亳州市人民法院)	中级法院	二审
段某受贿罪一审刑事判决书	(2016)鄂1022刑初138号	湖北省公安县人民法院	基层法院	一审
张某华受贿一审刑事判决书	(2015)古刑初字第187号	云南省丽江市古城区人民法院	基层法院	一审
宋某受贿罪一审刑事判决书	(2015)泰刑初字第193号	江苏省泰州市海陵区人民法院	基层法院	一审
肖某受贿罪一审刑事判决书	(2016)鄂1022刑初70号	湖北省公安县人民法院	基层法院	一审

续表

案例名称	案号	审判法院	法院层级	审判程序
祁某利受贿再审刑事判决书	冀刑再终字第16号	河北省高级人民法院	高级法院	一审
刘某祥被控受贿案二审刑事判决书	《刑事审判参考》第15号			
邸某权受贿罪二审刑事判决书	（2015）忻中刑终字第368号	山西省忻州地区（市）中级人民法院	中级法院	二审
鲁某受贿二审刑事判决书	（2015）唐刑终字第61号	河北省唐山市中级人民法	中级法院	二审
宋某周受贿二审刑事判决书	（2015）漯刑终字第00096号	河南省漯河市中级人民法院	中级法院	二审
周某清受贿再审刑事判决书	（2013）渝二中法刑再终字第00001号		中级法院	再审
周某洪受贿罪再审刑事判决书	（2013）鄂刑监一再终字第00029号	湖北省高级人民法院	高级法院	再审
林某元等受贿、玩忽职守案二审刑事判决书	《刑事审判参考》第46号			二审
祁某利受贿再审刑事判决书	（2011）冀刑再终字第16号	河北省高级人民法院	高级法院	再审
张某受贿罪一审刑事判决书	（2014）西刑初字第600号	广西壮族自治区南宁市西乡塘区人民法院	基层法院	一审
赵某轩、侯某仙受贿一审刑事判决书	（2015）北刑初字第58号	青海省西宁市城北区人民法院	基层法院	一审
白某刚犯受贿罪一案刑事再审判决书	（2017）辽03刑再2号	辽宁省鞍山市中级人民法院	中级法院	再审

续表

案例名称	案号	审判法院	法院层级	审判程序
刘某祥受贿案再审刑事判决书	(2014)涟刑再初字第1号	湖南省涟源市人民法院	基层法院	再审
蒲某受贿案刑事判决书	(2017)晋0923刑初85号	山西省代县人民法院	基层法院	一审
被告人王某飞犯受贿罪一审刑事判决书	(2014)金刑初字第00155号	陕西省宝鸡市金台区人民法院	基层法院	一审

第三章　挪用公款罪

第一节　无罪判例规则

一、证据无罪规则

规则 1：证言系传来证据，没有其他证据能够相互印证

【规则分析】本规则引用的案例中，法官使用了传来证据的概念。所谓传来证据，是指不是直接来源于案件事实或原始出处，而是从间接的、非第一来源获得的证据材料，其主要与原始证据相对应。该概念属于学理概念，法官将这一概念应用于判决之中有一定冒险性，特别是部分法官没能区分传来证据与传闻证据的区别，导致概念混淆，使用错误。传闻证据是指证人在本案法庭审理之外作出的用来证明其本身所主张的事实的各种陈述，这一概念主要应用于英美证据规则。实践中，不同法官分别使用了传闻证据与传来证据，而有时因未能将二者区分清楚，导致理解错误。

【无罪判例】伊某挪用公款罪一审刑事判决书（2014）古刑初字第00006 号

本院认为，锦州市古塔区人民检察院指控被告人伊某犯挪用公款罪，事实不清，证据不足，本院不予支持。

关于公诉机关对被告人伊某挪用公款犯罪的指控，经审查，李某与某某饭店进行联合经营，租金收益双方分成。2012 年 4 月，某某饭店、李某共同与租户签订租赁合同后分别收取了承租户的租金。后李某按被告人伊某的要求向其指定的李某某账户汇款 45 万元。虽然李某证言中称此款系交给某某饭店的租金分成，但仅有周某某的证言佐证，而周某某的证言属传来证据，没有其他证据能够与李某的证言相互印证。被告人伊某辩解称该 45 万元为借款，证人李某某证言中也有相关陈述。另外根据李某的证言及本院（2013）古民二初字第

00116 号民事判决确认的事实及判决结果，截至 2012 年 4 月李某交给某某饭店的租金已超过某某饭店应得的租金。而且李某此次将涉案 45 万元汇到李某某的个人账户并自称是交给某某饭店的租金，与他之前交纳租金的一贯方式即交到某某饭店并由某某饭店开具收据不符，李某事后又未索要收据。据此李某的证言，存在无法排除的矛盾和疑问且系孤证。公诉机关提供的现有证据不够充分，不能确定涉案的 45 万元为公款，证据间不能形成完整的证据链条，尚未达到法定的证明被告人犯罪的要求，从而无法证明其指控的犯罪事实。因此，公诉机关对被告人伊某犯罪的指控，不能成立。

规则 2：证据存在无法排除的矛盾和疑问且系孤证，尚未达到法定的证明要求

【规则分析】参见贪污罪无罪规则 8。

【无罪判例】伊某挪用公款罪一审刑事判决书（2014）古刑初字第 00006 号

具体内容参见挪用公款罪规则 1 无罪判例。

二、实体无罪规则

规则 3：涉案款项并非公款

【规则分析】该辩点可参见贪污罪无罪规则 14 对公款问题的分析。

【无罪判例 1】翟某伟挪用公款一审刑事判决书（2018）豫 1104 刑初 66 号

根据 2010 年 6 月 30 日和 2011 年 6 月 28 日闫庄村委会与姜某 1 签订的两份《房地产联合开发合同》约定，闫庄村委提供土地，姜某 1 提供 1000 万元资金，资金支出及银行支取，必须由双方共同管理经营。据此可以看出，该款项的所有权人为姜某 1。结合姜某 1 当庭证言，出资 1000 万元仅起到证明姜某 1 经济实力和投资信誉的作用，涉案的 30 万元资金来源于该笔款项中，不属于《刑法》第三百八十四条规定中的“公款”。根据漯河市中级人民法院作出的（2017）豫 11 民终 586 号生效民事判决认定，姜某 1 与闫庄村村委会于 2011 年 6 月 28 日签订的《房地产联合开发合同》无效，该合同被确认无效后，自始不发生效力，依据合同取得的财产依法应当返还，漯河市中级人民法院判决闫庄村村委会返还姜某11,000万元。据此亦可证明本案涉案的30万元的所有权人是姜某1。

【无罪判例2】伊某挪用公款罪一审刑事判决书（2014）古刑初字第00006号

具体内容参见挪用公款罪规则1无罪判例。

规则4：挪用公款数额未达到挪用公款犯罪的定罪起点数额

【规则分析】有关该无罪辩点的分析可以参见贪污罪和受贿罪，根据《最高人民法院、最高人民检察院关于办理贪污贿赂刑事案件适用法律若干问题的解释》第六条规定，“挪用公款归个人使用，进行营利活动或者超过三个月未还，数额在五万元以上的，应当认定为刑法第三百八十四条第一款规定的‘数额较大’；数额在五百万元以上的，应当认定为刑法第三百八十四条第一款规定的‘数额巨大’。具有下列情形之一的，应当认定为刑法第三百八十四条第一款规定的‘情节严重’：

（一）挪用公款数额在二百万元以上的；

（二）挪用救灾、抢险、防汛、优抚、扶贫、移民、救济特定款物，数额在一百万元以上不满二百万元的；

（三）挪用公款不退还，数额在一百万元以上不满二百万元的；

（四）其他严重的情节。”

【无罪判例】被告人祝某挪用公款罪一审判决书（2015）呼刑初字第51号

本院认为，公诉机关指控被告人祝某利用职务上的便利，挪用公款人民币22,000元归自己使用，用于商业活动营利，根据现有法律规定，被告人挪用公款数额未达到挪用公款犯罪的定罪起点数额，指控被告人祝某挪用公款的罪名不能成立。依照《刑法》第三百八十四条、《最高人民法院、最高人民检察院关于办理贪污贿赂刑事案件适用法律若干问题的解释》第六条、《刑事诉讼法》第一百九十五条第二项的规定，判决被告人祝某无罪。

规则5：行为是执行上级指令

【规则分析】本规则实际上是针对被告人的主观状态，即被告人有没有挪用公款罪的故意。被告人挪用公款的行为主要是为了执行上级命令，其既没有出谋划策，也没有挪用公款的故意，因此可以作为无罪辩护的重要辩点。例如，被告人吕某、王某伟挪用公款案一审刑事判决书中对这一问题就有较为详细的说明。

【无罪判例1】被告人吕某、王某伟挪用公款案一审刑事判决书（2014）兰铁刑再初字第1号

对被告人吕某的第三起挪用公款的指控不能成立。采购总站是具有独立核算的法人单位，其工作上受商贸总公司的直接领导，总站主要负责人系由商贸总公司任命，二者具有隶属、制约的上下级关系。郝某某作为上级单位商贸总公司的主要负责人，在王某伟的请求下，指示吕某通过采购总站将商贸总公司的公款3万元借于王某伟个人使用，进行经营活动，是明知其下级单位慑于其职权不敢违抗的挪用公款行为。虽然说借出的3万元钱在形式上是商贸总公司转给采购总站的借款，但实际上是王某伟从商贸总公司郝某某那里借得的公款，与吕某及采购总站无关。吕某的行为仅是执行上级领导指示，而指令采购总站财务部门为王某伟办理了出借公款手续。吕某自始至终并未就挪用此笔公款为郝某某出谋划策，也不具有帮助郝某某完成挪用公款的故意和行为，故不应承担3万元挪用公款的刑事责任。

【无罪判例2】张某挪用公款一审刑事判决书（2017）冀0132刑初38号

本院认为，被告人张某按照质监站站长吴某的指示收取石家庄市经济学院华某学院（以下简称华某学院）手续押金20万元，并负责保管该款。华某学院根据张某提供的账号，于2012年10月26日以质量检测合格证名义向王某的建设银行卡（卡号：43××31）转入20万元。2012年11月2日张某按照吴某的指示将12万元退还给了华某学院，剩余8万元按照吴某的指示由其继续保管。2012年11月5日，张某使用该银行卡以王某名义购买新帕萨特轿车一辆；2013年1月11日，该银行卡余额为74,191.26元。2014年4月4日张某自王某的建设银行卡（卡号：43××31）转入张某卡（卡号：13××02）十万元。2014年4月25日，张某使用王某的建设银行卡（卡号：43××31）以王某名义申购建设银行乾元日新鑫月异溢开放组合理财产品20万元，购买后该卡余额为696.36元。上述自2012年11月5日张某用存有该8万元的银行卡（卡号：43×××31）购买汽车，至2013年1月11日，该银行卡余额为74,191.26元。时间为两月十余天。2014年4月4日，张某经吴某同意后将该8万元自王某的建设银行卡（卡号：43×××31）转入张某卡（卡号：13×××02）。故2014年4月25日张某使用王某的建设银行卡（卡号：43×××31）以王某名义申购建设银行乾元日新鑫月异溢开放组合理财产品20万元的行为与该8万元无关。综上，被告人张某接受领导委托，管理该项8万元资金期间，不存在挪用或挪用后营利的行为。故其行为不构成挪用公款犯罪。指控被告人张某挪用公款犯罪事实不清，证据不足，指控罪名不能成立。

规则6：挪用公款行为系组织研究决定

【规则分析】挪用公款行为表现为个人未经决策程序批准擅自挪用公款，行为方式具有非法性，而经过决策程序研究决定的行为是单位行使其管理、经营公款的职权的一种方式，这种情形不符合挪用公款罪的构成要件。

【无罪判例】张某某、吴某某挪用公款二审刑事判决书（2016）辽04刑终316号

本院认为，原审判决认定上诉人（原审被告人）张某某、吴某某犯挪用公款罪证据不足，罪名不能成立，证人丁某某、上诉人张某某、吴某某及已故同案田某的供述都能够证实在丁某某向碾盘乡政府提出借款请求后，时任乡党委书记、乡长、副书记的张某某、吴某某、田某三人共同研究了此项事宜，集体作出决定将公款借给丁某某，且由乡长吴某某负责通过乡财政所与丁某某办理借款和还款的相关手续，此节有证人乡财政所所长曲某某的证言予以佐证，上述证据能够证实碾盘乡政府借给丁某某200万元是经单位领导集体研究决定，是一种组织行为。挪用公款表现为个人未经决策程序批准擅自挪用公款，行为方式具有非法性，而经过决策程序研究决定的行为是单位行使其管理、经营公款的职权的一种方式，这种情形不符合挪用公款罪的构成要件，即使集体研究决定的事项超越了决策权限，其性质和个人擅自挪用公款的行为的违法性程度也不可同日而语，不属于刑法上的违法，故对二上诉人及辩护人所提的该项上诉理由和辩护意见，本院予以采纳。

规则7：款项并非个人挪用或为了谋取个人利益，而是为了集体利益等其他利益

【规则分析】判断挪用公款给单位使用的情况下是否属于归个人使用，主要考虑以下因素：(1) 个人决定还是集体决定；(2) 以个人名义还是以单位名义；(3) 是否为谋取个人利益。①

关于归个人使用的问题，学术上存在一定争议。挪用公款罪中的“归个人使用”，我国的司法实践、刑法理论乃至立法机关传统上把其中的“个人”解释为公款利用人，把“使用”解释为三种类型的公款利用行为。同时，为了满足司法实践扩大该罪处罚范围的现实需要，先后出台的司法解释、立法解释不断扩张“归个人使用”的适用范围：将公款利用人扩张到企业、单位等非“个人”主体，将“挪而未用”“挪而不用”等行为也作为犯罪来处理。但是，按照传统的解释逻辑，这样的做法始终有违反罪刑法定原则的嫌疑。如果把“归个人使用”中的“个人”解释为公款挪用人（作为“个人”的国家工作人员），把“使用”解释为不按公款的规定用途而改变公款支配关系的行为（公款“挪用”行为），就可以一方面满足扩大处罚范围的现实需要，另一方面排除相关司法解释、立法解释规定违反罪刑法定原则的嫌疑。②

【无罪判例1】卜某甲、沈某甲等挪用公款罪一审刑事判决书（2012）杭拱刑初字第687号

故本案的争议焦点是涉案土地征用是否属于企业代征，涉案款项划归企业使用是否属于个人挪用。

1. 有关涉案土地征用是否属于企业代征的问题。

经查，2000年市政府关于改制企业补办两证的政策出台后，康桥镇政府提出抢占土地资源、求得更快发展的要求。2002年至2006年，谢村的数家改制企业根据政府相关文件规定陆续申领取得国有土地使用权证，并仍向经合社缴纳土地使用费，2007年谢村经合社向企业返还办证费用，企业承诺土

---

① 参见陈兴良：《口授刑法学》（第2版），中国人民大学出版社2017年版，第443页。

② 参见李强：《挪用公款罪中“归个人使用”的解释逻辑》，载《法学》2015年第4期。

地使用权归属经合社。前述国有土地征用形式上是企业自征土地，事实上属企业代（村）征土地。涉案三里洋公司、鑫旺公司的征地虽不属政府文件所指改制企业补办两证的政策范围，但在该政策背景下，征地既符合发展物流经济、抢占土地资源的政府号召，也符合谢村村集体的利益需求，进而自然成为村集体和企业的共同目标，因此土地是企业自征还是企业代征，不能仅以土地使用权证登记的用地单位作为判断根据，而应结合其他事实和证据综合认定：

（1）审计报告、协议、承诺书、国有土地使用权证等书证及多名证人证言证实，包括涉案104 亩、64 亩两宗土地在内的谢村17 宗土地，均以企业名义领取国有土地使用权证，且申领时间基本属于同期。土地使用权申办费用均由企业先行支付，后除鑫旺公司64 亩土地外，征地费用均由谢村退还企业。

（2）证人丁某、吴某、蒋某等人的证言以及村民代表大会决议等证据证实，镇工作组在谢村指导工作时，已核实并确定谢村所有征地权属归村集体的原则，在此原则下再由村民代表大会根据具体情况决定土地归属。2007 年、2008 年，谢村村民代表大会先后对涉案两宗土地作出了不同的归属决定，并结算征地费用。可见，无论是镇政府、村集体还是企业或被告人个人，当时均确认涉案两宗土地与谢村的其他征地一样，属于企业代征性质。

（3）在三里洋装卸公司取得国有土地使用权证后，2006 年9 月谢村向三里洋装卸公司收取了104 亩中部分土地的使用费，同年10 月谢村收到三里洋装卸公司归还的征地补偿款及利息，2007 年6 月谢村退还三里洋装卸公司104 亩征地费用。以上三笔资金收付分别指向企业代征、企业自征、企业代征，一方面显现了企业与村集体对征地的立场变化，另一方面也反映出案发当时土地使用权实际归属的不确定性。

鑫旺公司的64 亩征地虽没有出现与104 亩征地类似的资金收付情况，且从财务账目看，谢村并没有将该64 亩土地征地费用返还鑫旺公司，但该64 亩土地的征用与104 亩并无二致。理由：①两宗土地提交征地申请、签订补偿协议、被控挪用事实均发生于2005 年，土地征用方式、权属处理原则、归属确认程序亦相同；②村民代表大会讨论决定该64 亩土地使用权归属鑫旺公司，与鑫旺公司商定并收取征地补偿费1700 余万元。可见，在村民代表大会讨论之时，村集体是土地的实际权利人，对土地归属有决定权，这一点涉案被告人及企业均认同；③在村集体决定该64亩土地归属鑫旺公司后，谢村将征地费用返还鑫旺公司显然已无必要；④涉案的土地征用在先，归属决议在后，土地权利归属不同并不导致土地征用行为性质的改变。

可见，在企业代征土地普遍存在的2005年，被告人以三里洋装卸公司、鑫旺公司作为用地单位申办土地权证，所涉土地的最终归属是不明确的，因此，根据在案证据，无法得出涉案宗地征用是企业自征用地的唯一、排他性结论。

2. 涉案款项划归企业使用是否属于个人挪用的问题。

案发当时，三里洋装卸公司和鑫旺公司是否可享有涉案宗地权属并不明确，在案证据亦无法证实被告人有独占土地权属的意图，因此涉案款项虽从谢村经合社转至三里洋装卸公司和鑫旺公司，但并不能就此得出被告人有挪用公款的故意。

涉案征地掺杂着企业利益和村集体利益，谋求征地行为的成功和征地成本的最小化，是企业和村集体的共同目标。在此前提下，包括各被告人在内的村党支部成员召开党支部会议，决定将涉案款项划归企业使用，并不违背村集体利益，且事实上村集体利益也未遭受损失。因此，认定涉案款项划归企业使用属个人挪用缺乏依据。

综上，公诉机关指控被告人卜某甲、沈某甲、王某甲、卜某乙在征地过程中，利用职务便利，挪用公款归个人使用，证据不足。故公诉机关的指控本院不予支持。被告人及其辩护人有关各被告人无罪的辩护意见，本院予以采纳。据此，依照《刑事诉讼法》第一百九十五条第三项的规定，判决被告人卜某甲、沈某甲、王某甲、卜某乙无罪。

【无罪判例2】陈某金挪用公款二审刑事判决书（2014）榕刑终字第308号

关于上诉人陈某金的行为是否构成挪用公款罪的问题。

经查，作为社务会成员的上诉人陈某金、同案人郭某宁等人经商议，在社务会上隐瞒了将公款借贷给个人使用的真正目的，通过社务会议研究、签订投资（联营）协议的方式，将营运中心的300万元款项挪归个人使用，最后由使用者个人负责将本息归还营运中心。营运中心按照协议（年利润14.5%～19%

不等）获得明显高于银行存款的利息。涉案300万元款项均是由营运中心以自己的名义签订协议，并从营运中心账户转出，最后归个人使用。涉案款项的实际使用人，包括薛某进、薛某、林某锦、张某恭、郭某宁和上诉人陈某金，均认为是向营运中心借款。营运中心的财务人员亦是根据相关投资（联营）协议办理转款手续。该300万元均是以单位名义挪用给个人使用。

上诉人陈某金在侦查阶段多次供述其之所以要将营运中心的款项出借，一是想帮朋友、同事解决资金周转问题，二是自己个人想投资、利息比外面社会上低，三是给单位增加点利息收入，解决职工的一些医保社保问题。对于原判认定的挪用给本人（包括上诉人陈某金和同案人郭某宁）使用的第一起50万元，以及第二起的30万元，上诉人陈某金及同案人郭某宁主观上既想谋取私利，又想为单位创收；既有私利动机，又有公利动机，应根据案情从主观上的最初动机和客观上公利与私利获得的实际情况来考察。如果以减少单位利益为代价而获得个人利益的，可认定为“为私利”。如果个人利益的获得与单位利益大小没有直接联系，只要单位实际获得的利益较显著的，还是可以认定为“为公利”。作为营运中心主管单位法定代表人的上诉人陈某金，其主观上有为单位谋利的动机，客观上，本案现有证据不能证实上诉人陈某金及同案人郭某宁谋取到了实际的个人利益，第一起50万元工程未做成，第二起中的30万元因工程未结束只归还投资本金，但营运中心却因此增加了利息收入，实际获得了显著的利益，可以认定是为了单位的利益；而对于原判认定的挪用给他人使用的220万元，因现有证据不能证实上诉人陈某金及同案人郭某宁与使用人事先约定了谋取个人利益或者实际已获取了个人利益，不宜认定其有私利动机，单纯帮朋友、同事解决资金周转问题，按规定也不能认定其为私利。只能根据单位实际获得了较大的利息收入，认定为公利动机，即为了单位利益。

因此，无论是挪用给本人使用的80万元，还是挪用给他人使用的220万元，均可以认定系“为了单位利益”。上诉人陈某金及同案人郭某宁的行为，属于单位负责人为了单位的利益，决定将公款给个人使用的情况。根据《全国法院审理经济犯罪案件工作座谈会纪要》第四点关于挪用公款罪（一）单位决定将公款给个人使用行为的认定中规定“经单位领导集体研究决定将公款给个人使用，或者单位负责人为了单位的利益，决定将公款给个人使用的，不以挪用公款罪定罪处罚。上述行为致使单位遭受重大损失，构成其他犯罪的，依照刑法的有关规定对责任人员定罪处罚”，上诉人陈某金的行为不构成犯罪。诉、辩称上诉人陈某金属无罪的意见成立，本院予以采纳。

本院认为，上诉人陈某金及同案人郭某宁的行为，属于单位负责人为了单位的利益，决定将公款给个人使用的情况，根据《全国法院审理经济犯罪案件工作座谈会纪要》的规定，上诉人陈某金的行为不构成挪用公款罪。

【无罪判例 3】郭某宁挪用公款刑事二审判决书（2014）榕刑终字第307 号

本案是无罪判例 2 的关联判例，判决理由相同，在此不再赘述。

【无罪判例 4】刘某明、许某南挪用公款一审刑事判决书（2017）冀 0802 刑初 344 号

本院认为，关于挪用公款 51 万元用于注册成某公司的事实，从被告人刘某明、陈某军、王某华、陈某平、许某南的供述、证人丁某 1 出具的证明、承申公司的会议记录等证据，足以认定成某公司是为了单位利益，经单位领导集体研究决定将公款给个人使用，被告人刘某明、陈某军、王某华、陈某平、许某南在此事上未谋取任何个人利益，故被告人刘某明、陈某军、王某华、陈某平、许某南的行为均不应以挪用公款罪定罪处罚。关于指控被告人刘某明、许某南于 2011 年 8 月 12 日挪用公款 25 万元购买理财产品，同年 9 月 19 日将理财产品连本带息赎回后存入其保管的承申公司公款账户内，被告人刘某明、许某南挪用此笔款项未谋取任何个人利益，取得利益仍存入公款账户内，是单位负责人为了单位的利益，决定将公款给个人使用的，其行为不应以挪用公款罪定罪处罚。

【无罪判例 5】马某甲挪用公款罪二审刑事判决书（2014）合刑终字第00356 号

本院针对原判认定上诉人马某甲犯挪用公款罪的事实、证据，以及上诉人马某甲上诉理由和辩护人发表的书面辩护意见，结合控辩双方在一审当庭举证和质证的证据及法庭辩论中提出的意见，认为上诉人马某甲挪用公款 50 万元成立自然人为股东的卓越公司，现有证据不能完全排除其行为是为了单位利益的可能性。具体理由如下：

现有证据查明生产力中心是直属省科技厅的自收自支国有事业单位，资金独立核算、自负盈亏，同时马某甲及生产力中心其他在编或聘用职工的工资福利均由该中心承担。在此情形下，作为生产力中心的法定代表人马某甲辩解称为谋求自身生存和发展，在其经营、管理过程中成立新的公司，并对该公司进行经营、管理，有其正当性。

上诉人马某甲辩解其成立卓越公司的目的是生产力中心承接新项目，与辩方提供的关于成立卓越公司原因的相关书证材料相印证，同时该公司成立的时间与辩方提供的相关证据材料相吻合。故上诉人马某甲辩解成立卓越公司的目的有其合理性。

辩方提供的证据证明卓越公司成立后，开展了清洁生产能力建设项目，且为生产力中心培养了 7 名专业性人才，因成绩突出，生产力中心获得了表彰。该事实经庭审查证属实。故上诉人马某甲及其辩护人认为马某甲以生产力中心负责人成立卓越公司是为单位谋取利益有其现实性。

辩方提供的相关证据能证实卓越公司开展的清洁生产能力建设项目时间和经营活动有一定的公开性，且该公司的经营、管理与以上诉人马某甲为法定代表人的生联公司、兴企研究会在人员管理、公司运作模式等方面相一致。

综上，原判虽基于上诉人马某甲在卷供述，相关书证及证人证言等证据认定上诉人马某甲在未向生产力中心的上级主管单位省科技厅及相关领导报告的情况下，利用职务上的便利，擅自挪用公款注册成立以自然人为股东的公司，构成挪用公款的事实，但现有证据查明卓越公司自成立至案发，时间长达 2 年多，且该公司账上资金和所获利润未被再挪用，也未被包括马某甲在内的股东据为己有。原公诉机关提供的现有证据不能完全排除上诉人马某甲的行为是为了单位利益的可能性。

本院认为，原审法院认定上诉人马某甲使用本单位资金成立自然人为股东公司的事实成立，但现有证据不能完全排除上诉人马某甲的行为是为了单位利益的可能性。原审法院对所认定的上诉人马某甲行为构成挪用公款罪的事实未能达到证据充分，且未达到完全排除一切合理怀疑的程度。因此，原判认定上诉人马某甲犯挪用公款罪的事实不清，证据不足，原公诉机关指控上诉人马某甲所犯罪名不能成立。

【无罪判例6】武某犯挪用公款罪再审刑事判决书（2016）冀0628刑再1号

本院认为，原审被告人武某身为原河北省高阳劳动教养所副所长，个人决定以单位名义出借公款，借款方五良织物厂与劳教所有长期劳务合作关系，所借款项用于织物厂的经营和资金周转，且在短时间内全部归还，武某没有从中谋取个人利益，其行为不具有挪用公款罪公款私用的本质特征，不符合全国人大常委会2002年关于挪用公款罪立法解释的规定，不构成挪用公款罪。

【无罪判例7】夏某存挪用公款一审刑事判决书（2015）蓟刑初字第0369号

被告人夏某存是否谋取个人利益。

首先，现有证据不能证实被告人夏某存参股华某1公司。其一，其辩护人提供的证人张某、武某、刘某证言证实，被告人夏某存只是名义股东，并非实际参股人，相应权益仍然由华腾热力公司享有；其二，被告人夏某存在与华腾热力公司签订股份转让协议后，未向华腾热力公司支付对价；其三，河东区房管局发现夏某存动用公款为华某1公司担保的事情后，督促华腾热力公司催要450万元的质押担保款及投资；其四，华奥公司为清偿质押担保借出的450万元及华腾热力的投资款240万元钱款用其位于蓟县[①]迎宾路南侧雍景嘉园69号商业用房直接抵顶给华腾热力公司，并未以夏某存作为清偿对象。

其次，被告人夏某存事实上也未获得其他利益。其一，夏某存虽曾供述称刘某曾允诺其退休后可以到华某1工作，但后又推翻其供述，且无其他证据佐证；其二，证人刘某当庭证实未给予夏某存上述允诺，并证实华某1公司没有给付夏某存任何报酬；其三，夏某存退休后也并未到华某1公司工作。

故在案证据足以证实被告人夏某存未谋取个人利益。

综上，本院认为，被告人夏某存作为国家工作人员，虽利用职务上的便利，

① 2016年蓟县改为蓟州区，后文不再另述。

个人决定以单位名义将单位公款借给其他单位使用，但并未谋取个人利益，故蓟县人民检察院指控的罪名不成立，本院不予支持。

【无罪判例 8】杨某某挪用公款一审刑事判决书（2017）冀 0108 刑初 149 号

本院认为，公诉机关指控被告人杨某某利用职务便利，挪用公款用于个人进行营利活动，经查由于赵县职教中心账目混乱，一直无对公账户，被告人杨某某作为该校的出纳以其妻张某的名义办理了两张银行卡，尾号分别为 5325 和 6224，从两张银行卡的银行流水显示有用于学校公务活动、消费（水电费等）和 ATM 取现，大部分为银行转账，可查资金流向及用途，但也有少量 ATM 取现。目前公诉机关认定被告人杨某某挪用公款归个人使用的证据仅有被告人在检察机关的供述（庭审中被告人又不予认可该供述），此外无其他证据印证，那么按照有利于被告人的原则以及仅有被告人供述而无其他证据证实不得对被告人定罪的原则，不应认定被告人杨某某挪用公款归个人使用进行营利活动的事实，况且庭审中被告人杨某某亦提供了相关的票据来证明其用理财产品的收益报销了学校不合理的费用，以此作为补强证据证实没有归个人使用。虽然公诉机关认为被告人提供的票据不能证实是用理财产品的收益报销，但也不能排除杨某某已用该收益报销单位不合理支出，故证明该收益被杨某某个人使用的证据不足。综上现有证据达不到证明杨某某挪用公款归个人使用进行营利活动的事实清楚，证据确实、充分的证明标准。因此指控杨某某犯挪用公款罪证据不足，指控的罪名不能成立。

【无罪判例 9】苏某鲁挪用公款案二审刑事判决书《刑事审判参考》第 13 号

上诉人苏某鲁用公款 13 万元人民币进行期货交易，并造成 124, 055 元的亏损一节属实，但苏某鲁提出公司搞期货交易的建议，曾得到该公司部分负责人的认可；上海第二律师事务所退还的 10 万元诉讼代理费，是苏某鲁以单位资金困难要求对方退回的；期货交易部门提供的苏某鲁登记的手续是以法人单位办理开户的；且在交易期间，未见苏某鲁在该账户提取现金供个人使用。据此，原判认定苏某鲁擅自动用公款 13 万元进行期货交易，是挪用公款进行个人营利活动，缺乏事实依据，不予认定。原判认定苏某鲁犯贪污罪和挪用公款罪的证据不足，检察机关指控的犯罪不能成立。

【无罪判例 10】河南省新郑市人民检察院诉歹某学挪用公款案《最高人民法院公报》2005 年第 5 期（总第 103 期）

挪用公款罪的主要特征是挪用公款归个人使用。歹某学在担任国有公司经理职务期间，因所在单位经营的需要，经集体研究决定，将公款划拨到名为个体实为集体的其他企业使用，虽情况属实，但其本人并没有从中谋取私人的利益，其行为不符合《刑法》规定的挪用公款罪的构成要件，不构成挪用公款罪。歹某学及其辩护人辩解理由成立，予以采纳。郑州市人民检察院认为应以工商营业执照为依据，认定金华机械厂属私营企业的意见，经调查核实不符合该厂的实际情况，故不予采纳。

【无罪判例 11】张某同挪用公款案二审刑事判决书《刑事审判参考》第 502 号

甘肃省酒泉市中级人民法院经审理认为，原判认定上诉人张某同利用村委会职务的便利，个人决定向酒泉三正世纪学校借款 210 万元的事实清楚，但原判将该款认定为“以个人名义将公款挪给他人使用”不当，导致对上诉人定罪及适用法律有误。对于上诉人张某同所提的上诉理由，经查，上诉人张某同在未经村委会讨论的情况下出借公款，但并不是以个人名义进行的；后在与三正世纪学校履行 600 万元贷款合同时，已实际包含了 210 万元，且张某同没有谋取个人利益，故上诉人张某同的上诉理由应予采纳。

规则 8：挪用公款行为属于违反财经纪律的套取现金行为，不构成挪用公款罪

【规则分析】本辩点可参见贪污罪 19 关于该内容的分析。

【无罪判例】肖某华贪污、挪用公款案二审刑事判决书《刑事审判参考》第 64 号

抚顺市中级人民法院认为：被告人肖某华身为司法局副局长，利用兼任所属公司法人代表、经理的职务之便，侵吞公款 14 万余元，其行为构成贪污罪，应依法惩处。公诉机关关于被告人肖某华收受薄某臣所送4万元构成贪污罪的指控，经查送钱一节存在，但送钱的前因等方面事实不清，证据矛盾，认定其行为构成贪污罪的证据不足；关于被告人肖某华借给孙某明8万元构成挪用公款罪的指控，经查被告人肖某华的行为属于违反财经纪律的套取现金行为，不构成挪用公款罪。因此对检察机关的这两项指控不予支持，辩护人的辩护意见，部分予以采纳。

规则9：不符合挪用公款罪的犯罪主体要件

【规则分析】挪用公款罪的主体与贪污罪一致，可参考贪污罪的相关分析。但挪用公款罪的主体不包括受国家机关、国有公司、企业、事业单位、人民团体委托管理、经营国有财产的人员。

【无罪判例1】翟某伟挪用公款一审刑事判决书（2018）豫1104刑初66号

在本案中，被告人翟某伟在担任漯河市源汇区闫庄村支部书记兼村主任期间，代表闫庄村与姜某1联合开发闫庄村房地产项目，没有政府部门的授权委托，不属于村基层组织人员协助人民政府从事土地经营、管理、征收、补偿的行为。翟某伟亦不属于《刑法》第九十三条规定的“其他依照法律从事公务的人员”，不符合挪用公款罪的犯罪主体要件。

【无罪判例2】李某光贪污、挪用公款案二审刑事判决书《刑事审判参考》第1016号

广西壮族自治区高级人民法院经审理认为，上诉人李某光所在中铁三局四公司系国有资本控股公司中铁三局的全资子公司，属于国家出资企业，李某光系该公司合同制员工，只有技术职称，没有行政级别，其担任南广铁路NGZQ－4项目部一分部财务主任是经过公司人力资源部提名，主管总会计师同意报公司总经理聘任的，未经公司党委或者党政联席会讨论、批准或者任命，故其不具有国家工作人员身份。上诉人李某光身为国家出资企业中的工作人员，利用职务上的便利，以虚开发票在单位报账的方式，将本单位资金1,247,040元非法占为己有，数额巨大，其行为构成职务侵占罪；同时其利用职务上的便利，挪用本单位资金86万元归个人使用，进行营利活动，数额巨大，其行为构成挪用资金罪，依法应当惩处。一审判决定性不准，应予纠正。

规则10：无法认定共同犯罪

【规则分析】挪用公款罪的主体是国家工作人员，这与受贿罪是相似的，其共犯特征也具有一定相似性。需要注意的是，在挪用公款给他人使用的情况下，公款的使用人并不是在任何情况下都构成共犯，因为使用行为不是挪用行为，不能简单地画等号，只有使用人参与谋划时，才可以认定为共同犯罪。①

【无罪判例1】被告人吕某、王某伟挪用公款案一审刑事判决书（2014）兰铁刑再初字第1号

被告人王某伟构成挪用公款共犯的事实不清。刑法上的所谓共同犯罪，是指在犯罪中，各行为人的行为都指向同一犯罪，并相互配合、相互联系，形成一个有机的犯罪活动整体，每个人的行为都是犯罪行为有机体的一部分，在发生危害结果的情况下，每个人的行为都与危害结果之间具有因果关系。具体到挪用公款罪，在挪用公款给他人使用的情况下，如果挪用人与使用人分别为两人，则挪用人之挪用的实行行为与使用人的唆使行为或帮助行为都是犯罪行为有机体的组成部分，与侵害公款之危害结果之间都有因果关系。如果使用人没有实施唆使、帮助挪用人挪动公款，或者没有与挪用人一起实施挪动公款的行为，则不能仅仅因为其使用了公款就认定他与挪用人构成共同犯罪。最高人民法院相关司法解释，对挪用公款共同犯罪的认定，也只是限定为“使用人与挪用人共谋，指使或参与策划取得挪用款的以挪用公款的共犯定罪处罚”，即使用人在进行挪用之前与挪用人共同预谋，双方都在事先明知该款挪出后归使用人使用的情形下，才可以构成挪用公款罪的共犯。因此，认定挪用公款罪共犯的必要条件，一是“共谋”，是指共同犯罪的故意，包括明示或者暗示的共同意思联络、犯意沟通。二是“指使或者参与策划取得挪用款”，也就是客观上存在主观意志支配下的共同挪用公款行为。如果没有共同的犯罪故意和行为，则谈不上挪用公款共同犯罪的成立。

---

① 参见陈兴良：《口授刑法学》（第2版），中国人民大学出版社2017年版，第454~455页。

【无罪判例 2】吴某某犯挪用公款罪一审刑事判决书（2014）峨眉刑初字第 168 号

综上理由，本院认为成立挪用公款罪的共犯，必须具备挪用公款的共同故意和共同行为。《刑法》第二十五条第一款规定，共同犯罪是指二人以上共同故意犯罪。《最高人民法院关于审理挪用公款案件具体应用法律若干问题的解释》第八条明确规定："挪用公款给他人使用，使用人与挪用人共谋，指使或者参与策划取得挪用款的，以挪用公款罪的共犯定罪处罚。"吴某某作为公款挪用人和使用人之外的第三人，是否构成挪用公款罪的共犯，取决于其行为是否符合共同犯罪的理论。综合全案事实看，吴某某对张某擅自挪用公款是不明知的，从中也未获取利益。在公款整个挪用过程中，吴某某并不明知张某挪用公款给他人使用，对挪用的结果没有持追求的态度，只是受张某的安排实施了办理银行业务行为，与张某和使用人没有形成合意，故不能成为挪用公款的共犯。对辩护人提出吴某某不构成挪用公款罪的意见予以采纳。公诉机关指控吴某某犯挪用公款罪的证据不足，不能认定吴某某有罪，指控的罪名不成立。

【无罪判例 3】谢某甲挪用公款一审刑事判决书（2014）阆刑初字第 120 号

公诉机关指控被告人赵某某与谢某甲共谋，指使谢某甲以取得挪用款，构成挪用公款罪的共犯。《最高人民法院关于审理挪用公款案件具体应用法律若干问题的解释》第八条，"挪用公款给他人使用，使用人与挪用人共谋，指使或者参与策划取得挪用款的，以挪用公款罪的共犯定罪处罚"。本案中，被告人赵某某明知是公款而借用，其主观上有借用公款的故意，但在客观行为上，公诉机关指控被告人赵某某实施了指使谢某甲取得挪用款的证据仅有赵某某自己陈述的就借钱的事催促了谢某甲几次，无其他证据佐证，因此公诉机关指控被告人赵某某指使行为的证据不足，不能认定赵某某为挪用公款罪的共犯。故公诉机关指控被告人赵某某犯挪用公款罪的罪名不能成立。

第二节　统计分析与辩护攻略

一、统计分析

挪用公款罪的25个无罪判例中，大部分无罪原因都属于实体无罪（21个），证据无罪的案例仅仅只有2个。而在实体无罪的判例之中，大多数案件又属于挪用公款行为并不是个人挪用而是为了集体利益，这类无罪判例共有11个。而其他无罪判例则相对较为平均，除无法认定共同犯罪的无罪判例达到了3个，其他各项均未超过2个（详见图3－1）。

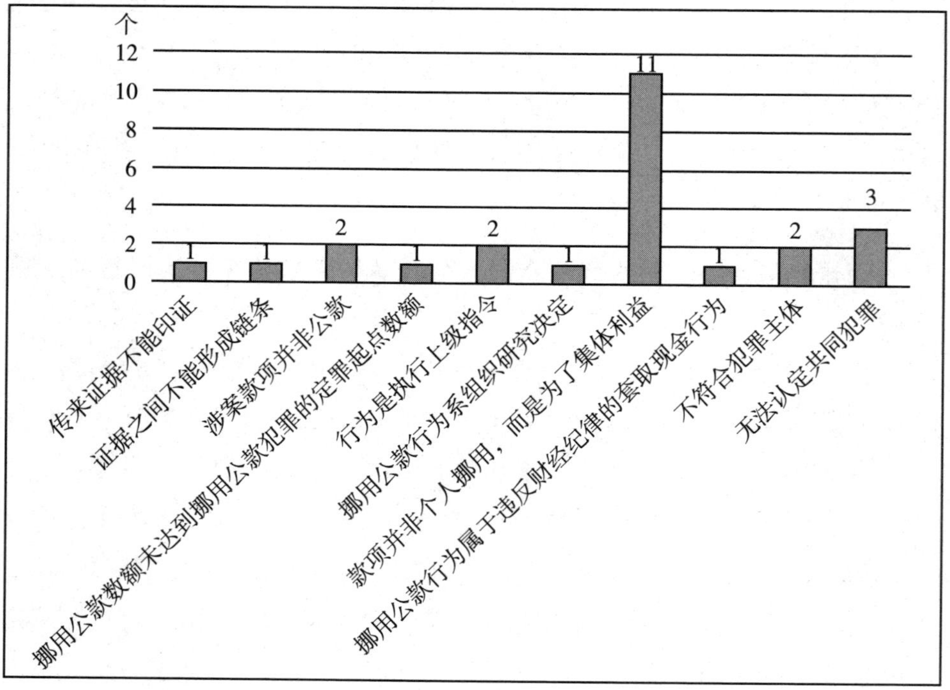

图3－1　挪用公款罪无罪判例

二、无罪辩护攻略

挪用公款罪是指国家工作人员，利用职务上的便利，挪用公款归个人使用，进行非法活动的，或者挪用公款数额较大、进行营利活动的，或者挪用公款数额较大、超过3个月未还的行为。

辩护人在进行挪用公款罪的辩护时，除了在证据特性问题上进行讨论外（相关讨论可参见贪污罪），基于挪用公款罪而本身的特性也同样具有讨论价值。

具体而言，在挪用公款类案件中，辩护人同样可以以自问式的方式考察被告人的行为是否构成挪用公款罪：

1. 是否挪用了公款？该问题的核心在于挪用公款的擅自性。第一，凡是执行上级或者单位的决定、决策或者执行会议纪要、相关意见等内容范围内的行为，都不能视为刑法意义上的“擅自”情形，不构成挪用公款罪。第二，凡是领导同意、批准或者知情，包括通报了单位、组织或者与有关人员有过沟通的动款行为，不论该款项是用于领导同意、批准或者知情的“用途范围内”还是超出此用途范围的，均不能视为刑法意义上的“擅自”，不能构成该罪。第三，行为人个人擅自实施的动款行为，有证据证明事后得到领导的默许、追认或者点头同意的，宜视行为人的动款行为为职务行为而非其个人行为，不能构成该罪。第四，行为人的动款行为属于其业务法定职责职权范围内的流程、活动，或者是履行单位所签合同、协议规定的条款内容，或者是单位的常规与习惯性做法的，都不宜认定为该罪。①

2. 挪用公款是否基于职务便利？职务之便不同于工作之便，前者主要关注的是利用了自身职务所带来的权力，而后者则与权力无关，仅仅是一种对工作环境的熟悉。

第一，国有单位主管审批同意出借公款给本单位的个人，借款人出具借据，经会计审核后，由出纳借出款项的情形，借款人一般有可能违反单位财务制度，但不可能构成挪用公款罪。第二，挪用公款的行为对象必须是公款。法律意义上的“公款”为国家机关、国有公司、企业、事业单位、人民团体所控制的资金。第三，侵犯公款使用权是构罪的必备要件。该罪的本质特征在于使单位公款失控、处于风险之中。第四，被挪用资金的性质须明确、清晰。所挪用公款应严格限定为公共财物或者国有财产。实践中，如果被挪用资金来源及组成情

① 参见陈波、魏文荣、陈启叶：《认定挪用公款罪必须把握的要件》，载《人民检察》2017年第20期。

况不明，尤其是否属于公款事实不清，主要证据之间存在严重矛盾，不能排除合理怀疑，均不应该被认定为国有财产或者公共财产即“公款”，而成为认定构成挪用公款罪的依据。①

3. 挪用公款是为了谁的利益？挪用公款的一个重要要求就是为了个人私利，这一点实际上也是辩护重点。在进行分析时，有一些内容同样需要注意：

（1）挪用公款为银行工作人员完成存款任务，应属于挪用公款谋取个人私利的情形。挪用公款为银行工作人员完成存款任务的行为，使银行工作人员赚取奖金或者少扣工资，变相等同于使其多赚收入，自然属于用于营利活动的情形。

（2）集体研究决定动用公款主观上是为单位利益办事而客观上也为参与集体研究决定的人员带来了一定好处的情形，一般不宜认定为挪用公款罪。

（3）个人利益与单位利益的区别与确定。挪用人主观上既有私利动机又有公利动机，客观上单位获得了显著利益，则可以认定为“为公利”。挪用人主观上既想谋取私利又想为单位创收，私利和公利动机都有，应从最初的主观动机和客观上公利与私利获得的实际情况来考察。如果以减少单位利益为代价而获得个人利益的，可认定为“为私利”。如果个人利益的获得与单位利益大小没有直接联系，只要单位实际获得利益较为显著的，也可以认定为“为公利”。②

以上内容反映了实践中挪用公款罪的主要认定方式。然而，何为挪用之“用”，是长久困扰我国刑法学界的一个难题：虽然最高人民法院先后于1998年、2001年出台了关于挪用公款的两个司法解释，全国人大常委会于2003年出台了关于挪用公款罪的立法解释，司法实践中关于“归个人使用”的认定依然存在争议与疑惑，并由此导致对于挪用型犯罪追诉期限的确定、挪用型共同犯罪的认定、罪数的认定、多次挪用单位资金时资金数额的计算以及由此衍生出来的“挪而未用”“挪而不用”的定性等诸多问题产生截然相反

① 参见陈波、魏文荣、陈启叶：《认定挪用公款罪必须把握的要件》，载《人民检察》2017年第20期。

② 参见陈波、魏文荣、陈启叶：《认定挪用公款罪必须把握的要件》，载《人民检察》2017年第20期。

的观点。[①]

任何存在争议的点，实际上都为辩护人提供了思考和探讨的空间。针对挪用公款罪的问题，辩护人核心的关注点应该放在挪用公款行为目的上。简言之，当辩护人能够论证挪用公款行为并非为了给个人谋利时，本案可以较为容易实现有效辩护。

第三节 相关法律法规及判例索引

一、法律法规列表

（一）法律

文件	条数
《刑法》（2017 年修正）	第一百八十五条第二款
	第二百七十二条第二款
	第三百八十四条
《全国人民代表大会常务委员会关于〈中华人民共和国刑法〉第九十三条第二款的解释》	全文
《全国人民代表大会常务委员会法制工作委员会刑法室〈关于挪用资金罪有关问题的答复〉》	全文

（二）司法解释

文件	条数
《最高人民检察院关于贪污养老、医疗等社会保险基金能否适用〈最高人民法院、最高人民检察院关于办理贪污贿赂刑事案件适用法律若干问题的解释〉第一条第二款第一项规定的批复》	全文

① 参见王飞跃：《论挪用之“用”》，载《法学论坛》2018 年第 5 期。

续表

文件	条数
《最高人民法院、最高人民检察院关于办理贪污贿赂刑事案件适用法律若干问题的解释》	第五条
	第十一条第二款
《最高人民法院、最高人民检察院关于办理国家出资企业中职务犯罪案件具体应用法律若干问题的意见》	三、关于国家出资企业工作人员使用改制公司、企业的资金担保个人贷款，用于购买改制公司、企业股份的行为的处理
《最高人民法院研究室关于挪用退休职工社会养老金行为如何适用法律问题的复函》	全文
《最高人民法院研究室关于对行为人通过伪造国家机关公文、证件担任国家工作人员职务并利用职务上的便利侵占本单位财物、收受贿赂、挪用本单位资金等行为如何适用法律问题的答复》	全文
《最高人民法院关于印发〈全国法院审理经济犯罪案件工作座谈会纪要〉的通知》	四、关于挪用公款罪
《最高人民法院关于挪用公款犯罪如何计算追诉期限问题的批复》	全文
《最高人民法院、最高人民检察院关于办理妨害预防、控制突发传染病疫情等灾害的刑事案件具体应用法律若干问题的解释》	第十四条
《最高人民检察院关于挪用失业保险基金和下岗职工基本生活保障资金的行为适用法律问题的批复》	全文
《最高人民法院关于印发〈全国法院审理金融犯罪案件工作座谈会纪要〉的通知》	1. 非金融机构非法从事金融活动案件的处理
	3. 用账外客户资金非法拆借、发放贷款行为的认定和处罚
《最高人民检察院关于贯彻执行全国人民代表大会常务委员会关于〈中华人民共和国刑法〉第九十三条第二款的解释的通知》	第二条
	第三条

续表

文件	条数
《最高人民检察院关于国家工作人员挪用非特定公物能否定罪的请示的批复》	全文
《最高人民法院关于对受委托管理、经营国有财产人员挪用国有资金行为如何定罪问题的批复》	全文
《最高人民检察院关于人民检察院直接受理立案侦查案件立案标准的规定（试行）》	一、贪污贿赂犯罪案件
	四、附则
《最高人民检察院关于在全国检察机关实行“检务公开”的决定（十条）》	三、贪污贿赂、渎职犯罪案件立案标准
《最高人民法院关于审理挪用公款案件具体应用法律若干问题的解释》	第二条
	第八条
《最高人民检察院关于挪用国库券如何定性问题的批复》	全文

（三）行政法规

文件	条数
《住房公积金管理条例》	第四十一条
《退耕还林条例》	第五十七条
《社会抚养费征收管理办法》	第十四条

（四）监察法规

文件	条数
《国家监察委员会管辖规定（试行）》	一、贪污贿赂犯罪

（五）其他规范性文件

部门规章

文件	条数
《公安部经济犯罪侦查局关于对挪用资金罪中“归个人使用”有关问题的批复》	全文

续表

文件	条数
《监察部关于对贵州省监察厅〈关于监察机关在执行行政纪律处分中有关问题的请示〉的答复》	第二条
《监察部关于〈国家行政机关工作人员贪污贿赂行政处分暂行规定实施细则〉施行时间等问题的请示的答复》	全文
《关于有贪污贿赂行为的国家行政机关工作人员必须在限期内主动交代问题的通知》	第三条
《监察部关于有贪污贿赂行为的国家行政机关工作人员必须在限期内主动交代问题的通告》	第三条

二、指导性案例列表

（一）“两高”公报中的案例

1.《最高人民法院公报》中的案例

案号	案例	是否无罪判决
《最高人民法院公报》2004 年第 1 期（总第 87 期）	重庆市人民检察院诉陈某贪污、挪用公款案	有罪
《最高人民法院公报》2005 年第 5 期（总第 103 期）	河南省新郑市人民检察院诉歹某学挪用公款案	是
《最高人民法院公报》1993 年第 4 期（总第 36 期）	徐某和、范某朝受贿、贪污、挪用公款案	有罪

2.《最高人民检察院公报》中的案例

案号	案例	是否无罪判决
《最高人民检察院公报》2006 年第 3 号（总第 92 号）	丁某发受贿、挪用公款案	有罪
《最高人民检察院公报》2003 年第 4 号（总第 75 号）	胡某、徐某设贪污、挪用公款案	有罪

续表

案号	案例	是否无罪判决
《最高人民检察院公报》2002年第5号（总第70号）	周某某行贿、挪用公款、脱逃、盗窃案	有罪
《最高人民检察院公报》2000年第5号（总第58号）	张某昌贪污、受贿、挪用公款、巨额财产来源不明案	有罪
《最高人民检察院公报》1998年第4号（总第45号）	王某秀、孔某丽、王某富贪污、挪用公款、受贿、玩忽职守案	有罪
《最高人民检察院公报》1996年第4号（总第34号）	闻某、杨某贪污、盗窃、挪用公款案	有罪
《最高人民检察院公报》1996年第3号（总第33号）	邓某受贿、贪污、投机倒把、挪用公款、行贿案	有罪
《最高人民检察院公报》1993年第3号（总第19号）	丁某挪用公款案	有罪
《最高人民检察院公报》2002年第2号（总第67号）	马某东、宁某杰、李某芳贪污、受贿、挪用公款、巨额财产来源不明案	有罪
《最高人民检察院公报》2003年第4号（总第75号）	林某文、林某景、林某亮等组织、领导、参加黑社会性质组织，故意杀人、故意伤害、绑架、爆炸、抢劫、寻衅滋事、赌博、偷税、挪用公款、行贿案	有罪
《最高人民检察院公报》2005年第2号（总第85号）	卞某贪污、挪用公款，吴某挪用公款、玩忽职守案	有罪
《最高人民检察院公报》1995年第1号（总第25号）	闫某宏贪污、挪用公款、投机倒把、受贿案	有罪
《最高人民检察院公报》1993年第4号（总第20号）	徐某和、范某朝等人受贿、贪污、挪用公款、窝赃案	有罪

(二)《刑事审判参考》中的案例

案号	案例	是否无罪
第 13 号	苏某鲁挪用公款案——二审宣告无罪的案件如何适用法律	是
第 31 号	韩某昌徇私舞弊、挪用公款案——滥用职权释放犯罪嫌疑人并将公款出借搞“资产解冻”活动造成重大损失的行为应如何定罪	有罪
第 55 号	陈某龙挪用公款案——以假贷款合同掩盖挪用公款的行为如何定罪	有罪
第 64 号	肖某华贪污、挪用公款案——定额承包者占有或者支配本人上缴定额利润后营利部分是否构成贪污罪	有罪
第 75 号	王某言挪用公款案——以使用变价款为目的挪用公物的行为是否构成挪用公款罪	有罪
第 79 号	李某贪污、挪用公款案——对贪污、挪用犯罪行为直接造成的财产损失能否提起附带民事诉讼	有罪
第 194 号	梁某挪用公款、张某挪用公款、盗窃案——如何通过客观行为判断行为人主观上的非法占有目的	有罪
第 195 号	左某等受贿、贪污、挪用公款案——单位领导研究决定收受回扣款、并为少数领导私分行为的定性	有罪
第 217 号	万某英受贿、挪用公款案——利用职务上的便利借用下级单位公款进行营利活动、能否构成挪用公款罪	有罪
第 236 号	彭某军贪污、挪用公款案——如何认定以挪用公款手段实施的贪污犯罪	有罪
第 326 号	歹某学挪用公款案——工商营业执照上标明的企业性质与企业的实际性质不一致时如何确定企业性质	是
第 333 号	丁某宇挪用资金案——村民委员会成员利用职务上的便利，个人借用村集体资金或者将村集体资金借给他人使用的，能否以挪用公款罪追究刑事责任	有罪
第 356 号	冯某华、张某祥挪用公款案——多次挪用公款的如何计算犯罪数额	有罪

续表

案号	案例	是否无罪
第 383 号	郭某鳌、张某琴、赵某贪污、挪用公款案——证券营业部工作人员利用职务便利私分单位违规自营炒股盈利款的行为如何定性	有罪
第 385 号	鞠某文挪用公款、受贿案——因挪用公款索取、收受贿赂或者行贿构成犯罪的，是择一重处还是两罪并罚	有罪
第 406 号	刘某挪用公款案——国有公司长期聘用的管理人员是国有公司中从事公务的人员还是受国有公司委托管理、经营国有财产的人员	有罪
第 422 号	王某贪污、挪用公款案——已办理退休手续依然从事公务的国家工作人员仍构成挪用公款罪主体	有罪
第 446 号	顾某忠挪用公款、贪污案——由国有公司负责人口头提名、非国有公司聘任的管理人员能否以国家工作人员论	有罪
第 502 号	张某同挪用公款案——个人决定以单位名义将公款借给其他单位使用，没有谋取个人利益的不构成挪用公款罪	是
第 510 号	马某华挪用公款案——国有企业改制过程中，原国企中国家工作人员的主体身份如何认定	有罪
第 574 号	杨某珍挪用公款案——利用职务便利将关系单位未到期的银行承兑汇票背书转让用于清偿本单位的债务，同时将本单位等额的银行转账支票出票给关系单位的行为，不构成挪用公款罪	撤回起诉
第 709 号	吴某、李某光挪用公款案——职务犯罪中自首及协助抓捕型重大立功的认定	有罪
第 755 号	刘某、姚某挪用公款案——如何认定职务犯罪案件中的自首及把握“办案机关掌握的线索”范围	有罪
第 1016 号	李某光贪污、挪用公款案——如何审查认定国家出资企业中国家工作人员的身份	是
第 1088 号	赵某贪污、挪用公款案——对采取虚列支出手段实施平账行为的认定及上诉不加刑原则在数罪并罚中的理解与适用	有罪
第 1142 号	王某龙挪用公款、贪污案——如何认定“小金库”性质公司及公务性支出能否从贪污数额中扣除	有罪

三、无罪判例列表

判例名称	案号	审判法院	法院层级	审判程序
伊某挪用公款罪一审刑事判决书	（2014）古刑初字第00006号	辽宁省锦州市古塔区人民法院	基层法院	一审
李某光贪污、挪用公款案二审刑事判决书	《刑事审判参考》第1016号			二审
翟某伟挪用公款一审刑事判决书	（2018）豫1104刑初66号	河南省漯河市召陵区人民法院	基层法院	一审
祝某挪用公款罪一审判决书	（2015）呼刑初字第51号	黑龙江省呼玛县人民法院	基层法院	一审
张某挪用公款一审刑事判决书	（2017）冀0132刑初38号	河北省元氏县人民法院	基层法院	一审
张某某、吴某某挪用公款二审刑事判决书	（2016）辽04刑终316号	辽宁省抚顺市中级人民法院	中级法院	二审
卜某甲、沈某甲等挪用公款罪一审刑事判决书	（2012）杭拱刑初字第687号	浙江省杭州市拱墅区人民法院	基层法院	一审
陈某金挪用公款二审刑事判决书	（2014）榕刑终字第308号	福建省福州市中级人民法院	中级法院	二审
郭某宁挪用公款刑事二审判决书	（2014）榕刑终字第307号	福建省福州市中级人民法院	中级法院	二审
刘某明、许某南挪用公款一审刑事判决书	（2017）冀0802刑初344号	河北省承德市双桥区人民法院	基层法院	一审
马某甲挪用公款罪二审刑事判决书	（2014）合刑终字第00356号	安徽省合肥市中级人民法院	中级法院	二审
武某犯挪用公款罪再审刑事判决书	（2016）冀0628刑再1号	河北省高阳县人民法院	基层法院	再审
夏某存挪用公款一审刑事判决书	（2015）蓟刑初字第0369号	天津市蓟州区人民法院（原天津市蓟县人民法院）	基层法院	一审

续表

判例名称	案号	审判法院	法院层级	审判程序
杨某某挪用公款一审刑事判决书	（2017）冀0108刑初149号	河北省石家庄市裕华区人民法院	基层法院	一审
苏某鲁挪用公款案二审刑事判决书	《刑事审判参考》第13号			二审
河南省新郑市人民检察院诉歹某学挪用公款案	《最高人民法院公报》2005年第5期（总第103期）	河南省郑州市中级人民法院	中级法院	二审
张某同挪用公款案二审刑事判决书	《刑事审判参考》第502号			二审
肖某华贪污、挪用公款案二审刑事判决书	《刑事审判参考》第64号			二审
被告人吕某、王某伟挪用公款案一审刑事判决书	（2014）兰铁刑再初字第1号	兰州铁路运输法院		一审
吴某某犯挪用公款罪一审刑事判决书	（2014）峨眉刑初字第168号	四川省峨眉山市人民法院	基层法院	一审
谢某甲挪用公款一审刑事判决书	（2014）阆刑初字第120号	四川省阆中市人民法院	基层法院	一审

第四章　单位行贿罪

第一节　无罪判例规则

一、证据无罪规则

规则 1：不符合法定证据种类

【规则分析】我国法定证据种类包括：(1) 物证；(2) 书证；(3) 证人证言；(4) 被害人陈述；(5) 犯罪嫌疑人、被告人供述和辩解；(6) 鉴定意见；(7) 勘验、检查、辨认、侦查实验等笔录；(8) 视听资料、电子数据。不属于以上种类的证据则不能作为证据使用。

当然，这样的规定实际上具有一定的法定证据主义色彩。理论上，任何满足可采性要求的证据都应该可以作为证据使用，依据“证据之镜”原理，若将本就数量有限的证据因不符合法定种类而排除，无疑将导致我们与事实的距离变得更加遥远。

【无罪判例】武汉市华宝织染有限责任公司、罗品某单位行贿二审刑事判决书（2017）鄂 01 刑终 1407 号

彭某刚交代其收受上述单位行贿 12 万元的两份询问笔录系刑事犯罪立案前，在纪委“两规”期间所作，上述笔录不符合刑事诉讼证据种类，不能作为诉讼证据使用。

规则 2：仅以被告人在侦查阶段的供述以及传闻证据，不足以认定事实

【规则分析】本辩点可参考贪污罪关于该问题的分析。但须特别强调的是，在武汉市华宝某有限责任公司、罗品某等单位行贿罪、诈骗罪等二审刑事判决书中，法院专门评估了传闻证据的证明力，这说明辩护人可以利用传闻证据规则，对未出庭的证人证言的证明力和可信性提出质疑。

传闻（Hearsay），日常语义是指“辗转流传的事情”，或者，“风闻，谣传，道听途说”。作为法律用语，“传闻证据是在法庭之外作出却在法庭之内作为证据使用的口头的或者书面的陈述，用于证明该证据本身所涉及事件的真实性”。美国《联邦证据规则》第801条（c）项规定：“传闻是指除陈述者在审理或听证作证时所作陈述外的陈述，行为人提供它旨在用作证据来证明所主张事实的真实性。”它包含三层意思：第一，传闻证据是一种陈述，其形式可以是口头的或是书面的。第二，传闻证据是在法庭上提出法庭外的人作出的意思表示，也就是说，原陈述人并没有出庭。第三，提出传闻证据的目的是证明其内容为真。所以，要判断一项证据是否为传闻证据，比较简单的办法就是看其提出该证据的目的是证明某人曾经说过这样的话，还是证明他所说的话是真实的？①

【无罪判例】武汉市华宝织染有限责任公司、罗品某单位行贿二审刑事判决书（2017）鄂01刑终1407号

罗某松在侦查阶段曾供述其听罗品某、罗立某说向彭某刚行贿12万元，该供述属于传闻证据，对此，其在审判阶段又予以否认；而罗品某从未供述过向彭某刚行贿12万元的相关事实；罗立某在侦查阶段供述向彭某刚行贿12万元，在审判阶段又予以否认。

规则3：证据来源不合法

【规则分析】本辩点可参考贪污罪规则30中关于非法证据问题的分析。

【无罪判例】高某强、安某彪单位行贿再审刑事判决书（2017）冀0982刑再4号

但原判决认定犯罪金额不准确，且据以定罪量刑的证据（交款统计表）来源不合法，该证据不是侦查机关直接向证人取得，车队长和部分车主证实登记表所记载的金额不准确，部分车主的签名或指纹不是本人所为。原审认定高某强、安某彪、李某辉的行为构成单位行贿罪的犯罪事实不清，证据不足，公诉机关指控的犯罪不能成立。

---

① 参见张保生主编：《证据法学》（第3版），中国政法大学出版社2018年版，第277页。

二、实体无罪规则

规则4：行贿行为既不是由公司领导决定，也不是由公司提供资金或为该公司获取非法商业利益，而是为谋取个人利益，以个人名义进行的

【规则分析】该规则实际上是区分单位行贿罪与个人行贿罪的关键，即如果是以个人名义进行，为了个人谋取利益的行为不宜认定单位行贿罪。二者的区别可详见表4－1：

表4－1　单位行贿罪与个人行贿罪的区别

罪名	个人行贿罪	单位行贿罪
主体	自然人（行贿财物＋获取利益）	公司、企业、事业单位、机关、团体
归向	归个人所有	归单位所有
起刑点	十万元以上	二十万元以上

【无罪判例1】被告人邓某甲犯行贿罪一案一审刑事判决书（2016）川1321刑初166号

被告人邓某甲违反公司营销管理规定，以个人药品销售提成的劳务报酬向邓某乙、杨某某、范某进行商业行贿行为，既不是由公司领导决定，也不是由公司提供资金而为该公司获取非法商业利益，据此，公诉机关指控被告单位南部县药业有限责任公司犯单位行贿罪的事实及罪名不能成立，本院不予支持。

【无罪判例2】佛山市禅城区新基抛光砖总汇、伍某初单位行贿一审刑事判决书

佛山市禅城区新基抛光砖总汇是个体工商户，由被告人伍某初个人经营，指控的行贿行为也是由被告人伍某初个人决定和以个人名义具体实施的，收益归被告人伍某初个人所有，其行为不符合单位犯罪的特征，且被告单位亦不符合单位犯罪的主体资格，故公诉机关指控被告单位佛山市禅城区新基抛光砖总汇构成单位行贿罪不成立，指控被告人伍某初构成单位行贿罪定性不当，应予纠正。

【无罪判例 3】江苏某监理公司、季某单位行贿一审刑事判决书（2015）庆西刑初字第 644 号

被告单位江苏某监理公司辩解，其未指使被告人季某以单位名义行贿，是季某个人联系的中标项目，行贿款也是季某的，其单位只收取管理费，指控其犯单位行贿罪不成立。其辩护人辩护认为，被告单位江苏某监理公司不构成单位行贿罪，理由如下：没有行贿犯罪的主观故意，无证据证明有过明确的指示或者默许、放任被告人季某行贿；没有行贿的客观行为，未给任何人提供、输送过金钱、财物或其他利益；也未从行贿中获得非法利益；应当以个人行贿罪定罪量刑，与单位无关。

……

被告单位江苏某监理公司辩解及其辩护人辩护认为江苏某监理公司不构成单位行贿罪，及被告人季某的辩护人辩护认为江苏某监理公司认为季某系个人犯罪的抗辩理由不能成立的意见正确，应予采纳。

【无罪判例 4】被告人赵某行贿罪一审刑事判决书（2014）霍刑初字第 81 号

被告人赵某甲对杨某乙行贿的目的是让杨某乙从中协调，以使法院对自己和公司会计韩某某犯有虚开用于抵扣税款发票罪从轻处罚，谋取的是个人的不正当利益，与被告单位某公司无关，故应以行贿罪追究被告人赵某甲的刑事责任，被告单位某公司不构成犯罪，对公诉机关关于被告单位某公司及被告人赵某甲构成单位行贿罪的指控，本院不予支持。

【无罪判例 5】天津市某某、马某单位行贿一审刑事判决书（2016）津 0111 刑初 93 号

经查，天津市某某的经营范围为再生物资回收，与被告人马某因被索贿而获取的工程承揽并无业务关联。另外，从本案查明的事实来看，从工程的承揽到工程款的领取及对王某 1 的行贿均是被告人马某的个人行为，本案证据显示不出被告人马某系为天津市某某行事。另外，本案亦无相关证据证实被告人马某因工程承揽所获利益及行贿所用支出归于或出自天津市某某的资金。

【无罪判例6】重庆外贸报关行行贿罪一审刑事判决书（2016）渝0105刑初862号

本院认为，被告人关某峰为谋取不正当利益，给予国家工作人员210万元人民币，其行为已构成行贿罪，依法应予处罚，被告单位外贸报关行无罪。理由如下：一是关某峰的行贿行为并非由外贸报关行的决策机构按照单位的决策程序决定，未经过决策机构同意甚至未进行告知，不能体现单位意志；二是关某峰三次向戴某行贿的款项中，有两次款项来源于其个人账户；三是关某峰将行贿后剩余的人民币90余万元并未按照规定记入外贸报关行的财务账，而是将其中一部分违规用于单位职工旅游、发放部分职工奖金等，并未用于报关行的业务经营，关某峰行贿所取得的违法所得并非归外贸报关行所有；四是关某峰将剩余的30余万元存入以其名义开设的银行账户，应视为谋取个人利益。综上，关某峰以自己名义实施行贿行为，为个人谋取非法利益，违法所得归个人所有，其行为应当认定为行贿罪，公诉机关指控外贸报关行构成单位行贿罪不能成立。

规则5：行贿数额未达到构罪标准

【规则分析】对于该规则的分析可参考贪污罪规则12。

《最高人民法院、最高人民检察院关于办理贪污贿赂刑事案件适用法律若干问题的解释》

第七条：为谋取不正当利益，向国家工作人员行贿，数额在三万元以上的，应当依照刑法第三百九十条的规定以行贿罪追究刑事责任。

行贿数额在一万元以上不满三万元，具有下列情形之一的，应当依照刑法第三百九十条的规定以行贿罪追究刑事责任：

（一）向三人以上行贿的；

（二）将违法所得用于行贿的；

（三）通过行贿谋取职务提拔、调整的；

（四）向负有食品、药品、安全生产、环境保护等监督管理职责的国家工作人员行贿，实施非法活动的；

（五）向司法工作人员行贿，影响司法公正的；

（六）造成经济损失数额在五十万元以上不满一百万元的。

第八条：犯行贿罪，具有下列情形之一的，应当认定为刑法第三百九十条第一款规定的“情节严重”：

（一）行贿数额在一百万元以上不满五百万元的；

（二）行贿数额在五十万元以上不满一百万元，并具有本解释第七条第二款第一项至第五项规定的情形之一的；

（三）其他严重的情节。

为谋取不正当利益，向国家工作人员行贿，造成经济损失数额在一百万元以上不满五百万元的，应当认定为刑法第三百九十条第一款规定的“使国家利益遭受重大损失”。

第九条：犯行贿罪，具有下列情形之一的，应当认定为刑法第三百九十条第一款规定的“情节特别严重”：

（一）行贿数额在五百万元以上的；

（二）行贿数额在二百五十万元以上不满五百万元，并具有本解释第七条第二款第一项至第五项规定的情形之一的；

（三）其他特别严重的情节。

为谋取不正当利益，向国家工作人员行贿，造成经济损失数额在五百万元以上的，应当认定为刑法第三百九十条第一款规定的“使国家利益遭受特别重大损失”。

第十条：刑法第三百八十八条之一规定的利用影响力受贿罪的定罪量刑适用标准，参照本解释关于受贿罪的规定执行。

《刑法》第三百九十条之一规定的对有影响力的人行贿罪的定罪量刑适用标准，参照本解释关于行贿罪的规定执行。

单位对有影响力的人行贿数额在二十万元以上的，应当依照刑法第三百九十条之一的规定以对有影响力的人行贿罪追究刑事责任。

单位行贿罪立案标准：

单位行贿涉嫌下列情节之一的，应予定罪：

（1）单位行贿数额在二十万元以上的；

（2）单位为谋取不正当利益而行贿，数额在十万元以上不满二十万元，但具有下列情形之一的：①为谋取非法利益而行贿的；②向三人以上行贿的；③向党政领导、司法工作人员、行政执法人员行贿的；④致使国家或者社会利益遭受重大损失的。

【无罪判例1】武汉市华宝织染有限责任公司、罗品某单位行贿二审刑事判决书（2017）鄂01刑终1407号

上诉人华宝公司、罗品某、罗立某、罗某松还向何某行贿人民币1.2万元的行为，该行贿数额未达到构罪标准，不构成犯罪。

【无罪判例2】惠州市金属回收公司、文某单位行贿二审刑事判决书

对于上诉人谭某雄及其辩护人辩称，其行为未达到单位行贿罪立案标准不构成犯罪的意见。经查，林某顺和谭某雄虽同为公司员工，接受单位领导工作安排实施行贿行为，但基本行贿事实均在各自任职期间内，2009年4月谭某雄离开报废办后虽仍有继续行贿刘某1事实，但尚无证据能够确认同期林某顺经手行贿时与其有意思联络，因此不能认定两人是共同犯罪，两人应对各自直接经手的行贿金额承担法律责任。尽管公诉机关指控谭某雄直接行贿金额达120,500元，但经一审审理后，根据“疑点利于被告人”的原则，最终仅确认行贿77,500元。如果仅就此部分事实作法律判断，尚未达到追究其所在单位刑事责任的数额标准，也就失去了追究谭某雄个人刑事责任的法律基础。据此应当以证据不足为由，宣告上诉人谭某雄无罪，上诉人谭某雄及其辩护人提出的无罪意见，于法有据，予以采纳。

规则6：不能认为谋取不正当利益

【规则分析】对于“不正当利益”的理解，刑法理论界历来争议颇大，学者们提出过“非法利益说”“手段不正当说”“受贿人是否违背职务说”“不应当得到的利益说”等不同理论。为了解决争议，实现统一执法，最高人民法院、最高人民检察院曾经针对行贿犯罪中的“谋取不正当利益”作过三次解释。最高司法机关对同一问题进行不厌其烦的反复解释，可见该问题的重要性和复杂性。第一次是1999年3月4日下发的《最高人民法院、最高人民检察院关于在办理受贿犯罪大要案的同时要严肃查处严重行贿犯罪分子的通知》，指出“‘谋取不正当利益’是指谋取违反法律、法规、国家政策和国务院各部门规章规定的利益，以及要求国家工作人员或者有关单位提供违反法律、法规、国家政策和国务院各部门规章规定的帮助或者方便条件”。第二次是2008年11月20日发布的《最高人民法院、最高人民检察院关于办理商业贿赂刑事案件适用法律若干问题的意见》第九条。该条规定，“在行贿犯罪中，‘谋取不正当利益’，是指行贿人谋取违反法律、法规、规章或者政策规定的利益，或者要求对方违反法律、法规、规章、政策、行业规范的规定提供帮助或者方便条件。在招标投标、政府采购等商业活动中，违背公平原则，给予相关人员财物以谋取竞争优势的，属于‘谋取不正当利益’”。第三次是2012年12月发布的《最高人民法院、最高人民检察院关于办理行贿刑事案件具体应用法律若干问题的解释》第十二条。该条规定，“行贿犯罪中的‘谋取不正当利益’，是指行贿人谋取的利益违反法律、法规、规章、政策规定，或者要求国家工作人员违反法律、法规、规章、政策和行业规范的规定，为自己提供帮助或者方便条件。违背公平、公正原则，在经济、组织人事管理等活动中，谋取竞争优势的，应当认定为‘谋取不正当利益’”。①

由以上规定可推知，目前法律规定的“不正当利益”主要包括：（1）违法行为；（2）违背政策行为；（3）违背行业规范行为；（4）违背公平公正原则。

实践中，能够解释为“正当利益”的行为十分罕见，按照苗有水法官的观点，“只有国家工作人员履职不作为而怠于兑现相对人的确定利益时，才可能出现相对人基于谋取正当利益的心理而贿送财物的情形。而这种情形下，人们宁可选择向纪检部门举报，甚至提起行政诉讼，也不愿意行贿”。②

【无罪判例1】深圳市某公司单位行贿罪二审刑事判决书（2015）深中法刑二终字第766号

针对上诉人田某及辩护人所提本案是否涉及谋取不正当利益以及田某是否被勒索而给付他人财物的意见，结合事实和法律，本院予以裁断如下：

是否谋取不正当利益是认定单位行贿罪的主要因素，本案中，因为时过境

① 苗有水：《解读刑法上的“谋取不正当利益”》，载《人民法院报》2018年4月11日，第6版。
② 苗有水：《解读刑法上的“谋取不正当利益”》，载《人民法院报》2018年4月11日，第6版。

迁当事人供述不全，对于某公司租赁厂房的全过程已无法查清，某公司究竟是和姜某彬谈妥了租房事宜（包括厂房地点、给予好处费）后再向高新办申请入园？还是直接向高新办申请入园后由高新办指定所租赁的厂房？虽然田某和卢某军的侦查阶段供述称因为高新区厂房紧张、不给钱就租不到，但田某在庭审时推翻了以往供述。因此，本院只能依照书证证明内容的先后顺序认定案件事实。根据相关书证，高新办于2007年7月25日就批复同意某公司入园并确定备案地址为南区R3B2、R3BF2，某公司在将近一个月后的8月21日才和高新区公司签订了租房合同。根据以上证据并结合姜某彬的以往供述，可知姜某彬并未在某公司入园事宜上提供帮助，某公司入园是由自身实力和政府批复决定的。且政府部门同意某公司入园在前，某公司与南山科技园签订租房合同在后，亦可判定姜某彬并未为某公司谋取任何不正当利益，也不能认为某公司就此谋取到竞争优势。考虑到姜某彬向多家入园企业索贿的事实，本院更有理由相信姜某彬系利用自身在高新区管理公司从事租赁管理的职务便利向入园企业索要钱财，而入园企业为了更顺利地入园，同意给付姜某彬钱款。综上，不能认为姜某彬为包括某公司在内的入园企业谋取了不正当利益。

【无罪判例2】张某中诈骗、单位行贿、挪用资金再审刑事判决书（2018）最高法刑再3号

在案证据证实，梁某并没有同意物美集团提出的受让价格，且提议按高于该价格挂牌转让；物美集团与粤财公司最终的股权交易价格，是在粤财公司挂牌转让未果的情况下，经多次谈判而确定的，且高于物美集团提出的受让价格。因此，梁某在股权转让过程中没有为物美集团提供帮助，物美集团也没有因此获取任何不正当利益。

规则7：不能证明实施了行贿行为

【规则分析】单位行贿罪的行贿行为主要是指直接负责的主管人员或直接责任人员根据本单位的意志以单位名义实施的行贿行为，主要包括：(1) 经过单位研究决定的行为；(2) 经单位主管人员批准的行为；(3) 单位主管人员使用法定代表人的身份进行的行为。

【无罪判例】武汉市华宝织染有限责任公司、罗品某单位行贿二审刑事判决书（2017）鄂01刑终1407号

证人罗某、吴某的证言均不能证明华宝公司向彭某刚行贿12万元的事实。

规则8：可以认定行为尚不属于情节严重，依法不构成单位行贿罪

【规则分析】单位行贿罪需要达到“情节严重”的标准，该标准主要从以下几个方面衡量：

1. 金额较大。根据《最高人民检察院关于人民检察院直接受理立案侦查案件立案标准的规定（试行）》中的有关规定，单位行贿数额在20万元以上的，应予立案。

2. 其他情节。根据《最高人民检察院关于人民检察院直接受理立案侦查案件立案标准的规定（试行）》中的有关规定，单位为谋取不正当利益而行贿，数额在10万元以上不满20万元，但具有下列情形之一的：（1）为谋取非法利益而行贿的；（2）向3人以上行贿的；（3）向党政领导、司法工作人员、行政执法人员行贿的；（4）致使国家或者社会利益遭受重大损失的。

但需要注意的是，即使案件满足这一要求，法院依然会根据案件的具体情况具体分析，而不是直接认定“情节严重”。

【无罪判例】张某中诈骗、单位行贿、挪用资金再审刑事判决书（2018）最高法刑再3号

物美集团支付给赵某30万元好处费的行为，依法不构成单位行贿罪。

在案的转账支票、赵某报销会议费及装修材料费的发票等书证，证人赵某、张某1、陈某1、孙某、黄某2、田某2、潘某、刘某3、刘某4等人的证言及原审被告人张某中在侦查阶段的供述等证据相互印证，足以证实物美集团支付给赵某的30万元系好处费而非劳务报酬。张某中的辩护人再审期间向法庭提交新证据，用以证明赵某自2003年4月至2008年作为泰康公司监事、董事为物美集团的关联公司和康友联公司、华美公司提供了劳务。经查，物美集团给付赵某30万元的时间与赵某担任泰康公司监事、董事提供劳务的时间并不相符，二者之间缺乏关联性。

根据《刑法》第三百九十三条规定，单位为谋取不正当利益而行贿，或者违反国家规定，给予国家工作人员以回扣、手续费，情节严重的，构成单位行贿罪。物美集团给予赵某30万元好处费，属于违反国家规定，在经济活动中账外给予国家工作人员手续费的情形。但根据国旅总社转让所持泰康公司股权情况、会议纪要、股权转让分析报告、股权转让协议等书证，证人赵某、李某7等人的证言以及原审被告人张某中的供述等证据，本起事实具有以下情节：（1）国旅总社为缓解资金紧张意欲转让所持泰康公司股份，经泰康公司董事长陈某1沟通联系，物美集团决定收购并与国旅总社多次谈判后就股权转让达成一致，其间没有第三方参与股权收购，不存在排斥其他买家、取得竞争优势的情形，双方的交易没有违背公平原则。（2）在没有第三方参与、双方自愿达成收购意向的情况下，物美集团承诺给予好处费并非为谋取不正当利益。（3）国旅总社将其所持泰康公司股份转让给物美集团以及具体的转让价格等，均系国旅总社党政领导班子联席会议多次讨论研究决定，双方最终成交价格也在国旅总社预先确定的价格范围内，物美集团没有获得不正当利益，国旅总社的利益亦未受到损害。（4）赵某作为国旅总社总经理办公室主任，其在股权交易过程中仅起到沟通联络作用，没有为物美集团谋取不正当利益。综合考虑上述情况，可以认定物美集团的行为尚不属于情节严重，依法不构成单位行贿罪。

规则9：给好处费系他人提出，被告人只是被动接受要求

【规则分析】本规则实质上是要证明被告人没有谋取不正当利益，结合具体案例，被动接受主要是指被告人没有谋取不正当利益的主观故意，因此不构成单位行贿罪。

【无罪判例】张某中诈骗、单位行贿、挪用资金再审刑事判决书（2018）最高法刑再3号

在粤财公司意欲转让股份的情况下，陈某1向梁某提出由物美集团收购，并让张某中给梁某500万元好处费，后又向张某中提出该要求。因此，股权转让前，给梁某好处费系陈某1提出，张某中只是被动接受了陈某1的要求。

规则10：不能认定企业因国家工作人员的索要而给付钱财的行为为行贿犯罪

【规则分析】《刑法》第三百八十九条第三款规定：“因被勒索给予国家工

作人员以财物，没有获得不正当利益的，不是行贿。”本规则主要针对该规定展开。

【无罪判例】深圳市某公司单位行贿罪二审刑事判决书（2015）深中法刑二终字第766号

虽然行为人被索贿和被勒索给予财物不能等同认定，但具体到本案，根据姜某彬本人对其思想、行为的供述以及其他证言，姜某彬对某公司等入园企业虽然没有勒索的语言或行为表示，但其在入园企业已经具备入园资格的前提下倚仗其在高新区公司经办租房管理等职务便利向入园企业索要钱财，入园企业为了顺利入园不得已而给付姜某彬以财物，姜某彬的行为实质是一种勒索行为。可以认定某公司系被勒索而给付姜某彬财物。司法打击的重点应当是姜某彬这种吃拿卡要的不法行为，不能认定入园企业在具备正当入园资格的前提下因国家工作人员的索要而给付钱财的行为为行贿犯罪。

规则11：没有为谋取不正当利益而行贿的主观故意

【规则分析】单位行贿罪的主观故意是为了谋取不正当利益而行贿，尽管有人认为，单位行贿罪的主观方面还应该包括“单位违反国家规定，给予国家工作人员以回扣、手续费”，但这种观点已经超过《刑法》的规定，依照罪刑法定的原则，仍应该将主观方面局限于为谋取不正当利益而行贿。

需要特别指出的是，《最高人民法院、最高人民检察院关于在办理受贿犯罪大要案的同时要严肃查处严重行贿犯罪分子的通知》对于“谋取不正当利益”的界定是：“谋取违反法律、法规、国家政策和国务院各部门规章规定的利益，以及要求国家工作人员或者有关单位提供违反法律、法规、国家政策和国务院各部门规章规定的帮助或者方便条件。”这一司法解释已经超过了《刑法》中单纯的谋取不正当利益，一定程度上包括了谋取正当利益。这在某种程度上是司法解释对法律的突破，不符合立法的基本精神。

【无罪判例】张某中诈骗、单位行贿、挪用资金再审刑事判决书（2018）最高法刑再3号

在案证据证实，签订股权转让协议后，物美集团并没有向梁某支付500万元好处费，梁某也未提及此事。直至数月后，在梁某并不知情的情况下，李某

3 通过陈某1 向张某中索要该500 万元，张某中才安排张某1 将款汇至李某3 公司的账户。梁某事后得知，明确表示与其无关，并拒绝接受该笔款项。该款一直被李某3 的公司占有。因此，股权转让后，物美集团支付500 万元系被李某3 索要，并没有为谋取不正当利益而行贿的主观故意。

规则12：被指控对象是个人独资企业，不具备企业法人资格，故不构成单位犯罪主体

【规则分析】本辩点主要是针对单位犯罪主体的要求。个人独资企业没有独立的法人资格，所以不能成为单位犯罪的主体。单位犯罪的主体是单位，这里的单位包括公司、企业、事业单位、机关、团体。在我国《刑法》中，之所以没有采用法人犯罪一词而代之以单位犯罪，主要原因在于法人犯罪这一概念范围较窄，使用“单位犯罪”一词可以概括更多的虽非法人但亦属一定组织体所实施的犯罪。

【无罪判例】酉阳土家族苗族自治县中天医院，覃某单位行贿罪一审刑事判决书（2015）酉法刑初字第00036 号

公诉机关指控被告人覃某的犯罪事实成立，但指控被告单位酉阳县中天医院、被告人覃某犯单位行贿罪的理由，经查，被告单位酉阳县中天医院为个人独资企业，不具备企业法人资格，故不构成单位犯罪主体，该行为应定为个人犯罪，以行贿罪定罪处罚。

规则13：行为人在公司成立之前的行贿行为，作为公司经营活动的部分追认为公司的行为，不符合法律规定

【规则分析】本辩点需要与《公司法》的有关内容相结合。根据《公司登记管理条例》第三条的规定，“公司经公司登记机关依法登记，领取《企业法人营业执照》，方取得企业法人资格。自本条例施行之日起设立公司，未经公司登记机关登记的，不得以公司名义从事经营活动”。同时，《企业法人登记管理条例》也有类似规定：“申请企业法人登记，经企业法人登记主管机关审核，准予登记注册的，领取《企业法人营业执照》，取得法人资格，其合法权益受国家法律保护。依法需要办理企业法人登记的，未经企业法人登记主管机关核准登记注册，不得从事经营活动。”

由此可推知，公司成立之前，经营活动是不被允许的，也无法对此进行追认，后来成立的公司自然不能作为成立前行为的主体。

【无罪判例】荆州亿丰建设工程有限公司、苏某单位行贿罪一审刑事判决书（2015）鄂江陵刑初字第00127号

关于起诉书所述荆州亿丰建设工程有限公司在筹备阶段从事经营活动的认定问题。经查，其一，公诉方举证出具的荆州亿丰建设工程有限公司工商登记材料中，反映该公司存档最早的文件材料为2013年1月1日的委托书，其筹备时间应当以该书面材料为筹备起始日期；其二，根据《公司法》的相关规定，公司在成立之前，不得从事经营活动，即经营活动在公司成立之前是被禁止的，故苏某在荆州亿丰建设工程有限公司成立之前的行贿行为，作为公司经营活动的部分追认为荆州亿丰建设工程有限公司的行为，不符合法律规定。

规则14：记账形式因违反相关法律的规定，不能纳入公司的开支记账

【规则分析】根据《会计法》的规定，“会计凭证包括原始凭证和记帐凭证。办理本法第十条所列的经济业务事项，必须填制或者取得原始凭证并及时送交会计机构。会计机构、会计人员必须按照国家统一的会计制度的规定对原始凭证进行审核，对不真实、不合法的原始凭证有权不予接受，并向单位负责人报告；对记载不准确、不完整的原始凭证予以退回，并要求按照国家统一的会计制度的规定更正、补充。原始凭证记载的各项内容均不得涂改；原始凭证有错误的，应当由出具单位重开或者更正，更正处应当加盖出具单位印章。原始凭证金额有错误的，应当由出具单位重开，不得在原始凭证上更正。记帐凭证应当根据经过审核的原始凭证及有关资料编制”。

因此，如果采用“白条记账”等方式，则有可能因违反规定而导致其无法纳入公司开支，该行为也不是单位犯罪的行为。

【无罪判例】荆州亿丰建设工程有限公司、苏某单位行贿罪一审刑事判决书（2015）鄂江陵刑初字第00127号

关于被告单位荆州亿丰建设工程有限公司将280,000元记入公司账目的认定问题。经查，苏某以白条注明为承接荆州某某项目投入各项业务费用280,000元，将280,000元作为公司成本入账。该白条虽有苏某作为经办人签字，但其记账形式因违反相关法律的规定，不能纳入公司的开支记账。

规则15：行贿事实发生时股东已全部发生变化，且因行贿所取得的非法利益均已被原股东个人所拥有，行为构成行贿罪

【规则分析】行贿罪是指为谋取不正当利益，给予国家工作人员以财物的行为。单位行贿罪与行贿罪两罪极其相似，两罪在犯罪主观方面都是出于直接故意，且都具有谋取不正当利益的犯罪目的；在犯罪客观方面都表现为，给予国家工作人员以财物或者在经济往来中，违反国家规定，给予国家工作人员以各种名义的回扣、手续费的行为等。二者所不同的是犯罪主体，单位行贿罪的主体是公司、企业、事业单位、机关、团体等单位，行贿罪的主体只能是自然人。

司法实践中，主要是注意把那些名为单位，实为个人谋取不正当利益而行贿的个人行贿罪与单位行贿罪区分开来。一般而言，二者的区分主要从三个方面来考察：（1）行贿所采用的名义人；（2）行贿决定的作出者；（3）获利人。

【无罪判例】被告人陈某辉行贿一案一审刑事判决书（2016）湘0821刑初13号

本院认为，被告人陈某辉作为被告单位湖南恒凯公司的股东和直接负责的主管人员，为被告单位湖南恒凯公司谋取不正当利益而向国家工作人员行贿，湖南恒凯公司于2007年3月27日依法注册成立，历经多次变更，最后的股东变更为湖南福天兴业投资集团有限公司、王某、罗某2等股东，原行贿事实发生时的股东已全部发生变化，且因行贿所取得的非法利益均已被原股东个人所拥有，故本案应以行贿罪论，被告人陈某辉的行为构成行贿罪，被告单位湖南恒凯公司不构成单位行贿罪。

规则16：无法认定共同犯罪

【规则分析】参见贪污罪无罪规则28的分析。

【无罪判例】惠州市金属回收公司、文某单位行贿二审刑事判决书

具体参见单位行贿罪规则5无罪判例2。

三、程序无罪规则

规则17：因除转账凭证外，无其他证据证实系检察机关扣押财物行为，不能认定为扣押的涉案款物

【规则分析】该规则涉及检察院扣押程序问题。根据《人民检察院刑事诉讼规则》第二百一十条规定，“在侦查活动中发现的可以证明犯罪嫌疑人有罪、无罪或者犯罪情节轻重的各种财物和文件，应当查封或者扣押；与案件无关的，不得查封或者扣押。查封或者扣押应当经检察长批准。……”

当检察机关不能证实其依据法定程序进行扣押时，则应当推定其程序不合法，这符合法律对于权力限制的基本理念。

【无罪判例】荆州亿丰建设工程有限公司、苏某单位行贿罪一审刑事判决书（2015）鄂江陵刑初字第00127号

关于被告单位荆州亿丰建设工程有限公司向江陵县财政局非税收入汇缴结算户账号27×××50汇入2,000,000元的认定问题。经查，公诉方举证出具的湖北省农村信用社国内单位结算业务申请书，提出江陵县人民检察院系暂扣荆州亿丰建设工程有限公司退缴违法所得2,000,000元，并当庭称待法院判决后，结合判决结果出具正式票据。公诉人举证的该结算业务凭证，仅能证实荆州亿丰建设工程有限公司向江陵县财政局非税收入汇缴结算户账号27×××50转账2,000,000元。根据《人民检察院刑事诉讼规则（试行）》第二百三十五条[①]的规定，人民检察院查封、扣押财物和文件，应当经检察长批准，由两名以上检察人员执行。因除转账凭证外，无其他证据证实系检察机关扣押财物行为，不能认定为扣押的涉案款物。

---

① 已失效，已被2019年《人民检察院刑事诉讼规则》第二百一十条替代。

第二节　统计分析与辩护攻略

一、统计分析

在单位行贿罪的13个无罪判例中，证据无罪的判例共有3个，而实体无罪的判例共有12个，程序无罪的判例共有1个。其中，最核心的无罪判例规则主要集中于行贿行为并非单位行为，而主要是个人行为，这样的无罪判例共有6个，其余情况均不超过2个。（详见图4－1）

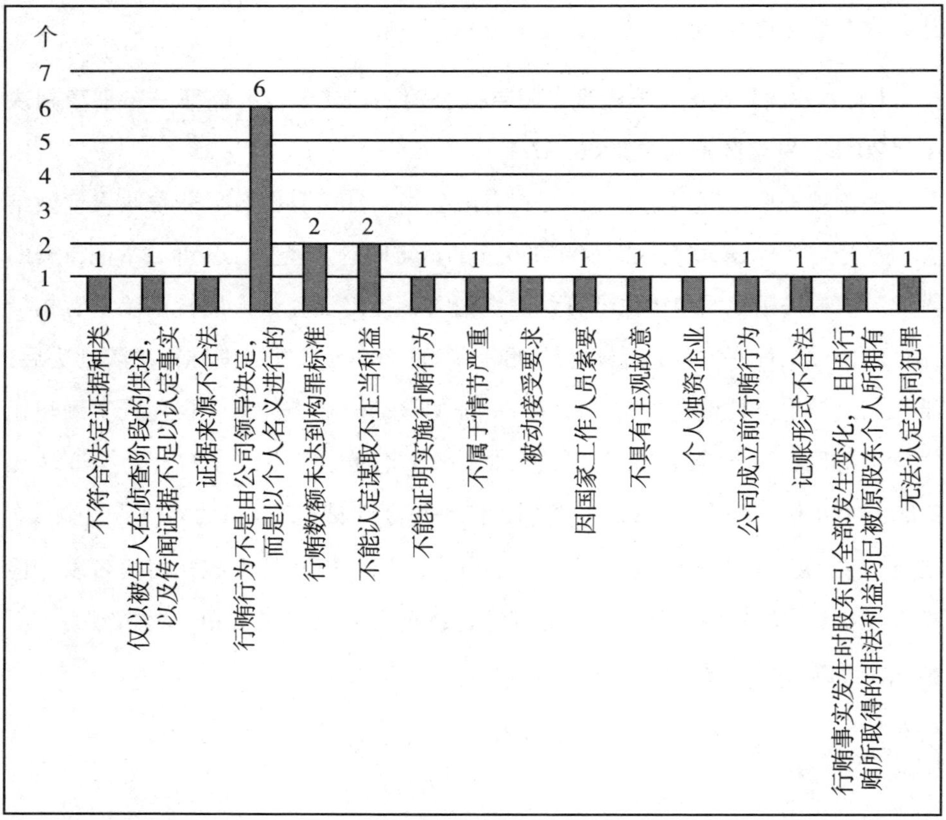

图4－1　单位行贿罪无罪判例

二、无罪辩护攻略

单位行贿罪是指单位为谋取不正当利益而行贿，或者违反国家规定，给予国家工作人员以回扣、手续费，情节严重的行为。①

本罪在证据无罪和大部分实体无罪的分析中均可以参照之前的贪污罪进行分析，其比较具有特殊性的内容在于主体，这里进行特别说明。

1. 单位行贿罪的“单位”不同于单位受贿罪，并不仅仅局限于国有公司、企业、事业单位、机关、团体，还包括集体所有制企业、中外合作企业、有限公司、外资公司、私营公司等。

2. 单位内部机构同样可能触犯该罪。即单位内设的科、室、部等下属小单位。此单位之所以可以成为主体，一方面在于其本身符合《刑法》规定同时具有现实基础；另一方面在于其可以防止因主体缺失而导致的遗漏，同时也不会出现“连坐”现象，因为单位行贿罪并不一定是整个单位行贿。

对辩护人而言，对于单位行贿罪主要关注的核心在于行贿者究竟是谁的问题。当行贿者代表自己时，那么就不存在单位犯罪的问题。当行贿者代表单位时，那么需要进一步讨论是否符合其他构成要件。

第三节 相关法律法规及判例索引

一、法律法规列表

（一）法律

文件	条数
《刑法》（2017 年修正）	第三百九十三条

① 参见高铭暄、马克昌主编：《刑法学》（第 8 版），北京大学出版社 2017 年版，第 644 页。

（二）司法解释

文件	条数
《最高人民检察院关于行贿罪立案标准的规定》	三、单位行贿案
《最高人民法院、最高人民检察院关于在办理受贿犯罪大要案的同时要严肃查处严重行贿犯罪分子的通知》	第二条
《最高人民检察院关于在全国检察机关实行“检务公开”的决定（十条）》	三、贪污贿赂、渎职犯罪案件立案标准

（三）监察法规

文件	条数
《国家监察委员会管辖规定（试行）》	一、贪污贿赂犯罪

二、指导性案例列表

“两高”公报中的案例

《最高人民检察院公报》中的案例

案号	案例	是否无罪判决
《最高人民检察院公报》2001年第2号（总第61号）	杭州发达齿轮箱有限公司单位行贿、侵犯商业秘密；马某泽介绍贿赂；张某喜、姚某兴受贿抗诉案	有罪
《最高人民检察院公报》2004年第4号（总第81号）	杨某虚假出资、非法占用农用地、合同诈骗、单位行贿、对单位行贿、伪造金融票证案	有罪

三、无罪判例列表

判例名称	案号	审判法院	法院层级	审判程序
荆州亿丰建设工程有限公司、苏某单位行贿罪一审刑事判决书	(2015)鄂江陵刑初字第00127号	湖北省江陵县人民法院	基层法院	一审
武汉市华宝织染有限责任公司、罗品某单位行贿二审刑事判决书	(2017)鄂01刑终1407号	湖北省武汉市中级人民法院	中级法院	二审
高某强、安某彪单位行贿再审刑事判决书	(2017)冀0982刑再4号	河北省任丘市人民法院	基层法院	再审
酉阳土家族苗族自治县中天医院,覃某单位行贿罪一审刑事判决书	(2015)酉法刑初字第00036号	重庆市酉阳土家族苗族自治县人民法院	基层法院	一审
被告人陈某辉行贿一案一审刑事判决书	(2016)湘0821刑初13号	湖南省慈利县人民法院	基层法院	一审
被告人邓某甲犯行贿罪一案一审刑事判决书	(2016)川1321刑初166号	四川省南部县人民法院	基层法院	一审
佛山市禅城区新基抛光砖总汇、伍某初单位行贿一审刑事判决书	(2018)粤0604刑初88号	禅城区人民法院	基层法院	一审
江苏某监理公司、季某单位行贿一审刑事判决书	(2015)庆西刑初字第644号	甘肃省庆阳市西峰区(市)人民法院	基层法院	一审
被告人赵某行贿罪一审刑事判决书	(2014)霍刑初字第81号	内蒙古自治区霍林郭勒市人民法院	基层法院	一审
天津市某某、马某单位行贿一审刑事判决书	(2016)津0111刑初93号	天津市西青区人民法院	基层法院	一审
张某中诈骗、单位行贿、挪用资金再审刑事判决书	(2018)最高法刑再3号	最高人民法院	最高人民法院	再审

续表

判例名称	案号	审判法院	法院层级	审判程序
重庆外贸报关行行贿罪一审刑事判决书	（2016）渝 0105 刑初 862 号	重庆市江北区人民法院	基层法院	一审
深圳市某公司单位行贿罪二审刑事判决书	(2015）深中法刑二终字第 766 号	广东省深圳市中级人民法院	中级法院	二审

第五章　单位受贿罪

第一节　无罪判例规则

一、证据无罪规则

规则1：证据上存在矛盾，不能排除合理怀疑，得出唯一结论

【规则分析】该规则可参考贪污罪规则9的有关规定。

【无罪判例】四川省阆中市公安局经济犯罪侦查大队、唐某松受贿案二审刑事判决书（2014）内刑终字第34号

阆中市公安局经侦大队拉取的相关“赞助款”是大队行为还是执行公安局行为在证据上存在矛盾，不能排除合理怀疑，得出唯一结论，指控阆中市公安局经侦大队拉取“赞助款”系自身行为的证据不足。

二、实体无罪规则

规则2：款项用途合法

【规则分析】本辩点可参考贪污罪规则18中关于该问题的分析。

【无罪判例】蒙自市水务局单位受贿一审刑事判决书（2016）云2503刑初333号

告单位蒙自市水务局及其下属单位与红河州水利勘察设计院在经济往来中的“项目协作费”的支付情况和用途，都是明来明往、公对公、账对账，“项目协作费”没有进入个人的腰包，也没有进入单位的小金库，而是用在了相关水利工程的协助上，相关协作单位均已实际提供资料及劳务，协作的事实真实，客观存在。即便将被告单位蒙自市水务局及其下属单位与红河州水利勘察设计院在经济往来中的“项目协作费”的支付认定为“回扣”性质，但由于被告单位蒙自市水务局及其下属单位并没有“在账外暗中”收受红河州水利勘察设计院支付的“项目协作费”，依法不能以单位受贿罪论处。本案“项目协作费”的性质不符合“在账外暗中收受各种名义的回扣”的单位受贿罪构成要件。

规则3：证据不足以证明与相关行贿人、行贿单位有业务往来

【规则分析】单位受贿罪客观方面表现：一是在行为方式上表现为积极的作为，利用职权为他人谋利益，索取或者非法收受他人财物。二是在经济往来中，在账外暗中收受各种名义的回手续费。三是在主观方面，该行为是经单位决策机构的授权或者同意，由其直接负责的主管人员和其他直接责任人员表现出来的，而不是单位中某个人的意志。而这些表现的前提就是相关人员与行贿人之间存在往来。

【无罪判例】吴某单位受贿罪一审刑事判决书（2015）鄂江陵刑初字第00126号

被告单位荆州市国土资源交易管理办公室虽作为该机构的另一单位存在，但现有证据不足以证明该管理办公室与相关行贿人、行贿单位有业务往来，故江陵县人民检察院指控被告单位荆州市国土资源交易管理办公室犯单位行贿罪的证据不足，指控的该项罪名不能成立。

规则4：行为属于行政法规规制的范畴，尚不被刑事法律所调整

【规则分析】本辩点的关键在于行政法与刑法调解问题的不同。对于违法行为，应有准确的依据作为支撑。例如，邯郸市住宅建设工程公司、潘某某单位受贿的违法支撑是行政法规。因此，应该按照行政行为对其进行处罚。刑法的处罚应该以合法性为基础，对于非刑事行为的刑事化处罚无疑是公权力的僭越。

【无罪判例1】邯郸市住宅建设工程公司、潘某某单位受贿一审刑事判决书（2017）冀0435刑初37号

经查，《建筑法》第二十六条第二款规定：“禁止建筑施工企业超越本企业资质等级许可的业务范围或者以任何形式用其他建筑施工企业的名义承揽工程。禁止建筑施工企业以任何形式允许其他单位或者个人使用本企业的资质证书、营业执照，以本企业名义承揽工程。”第六十六条规定：“建筑施工企业转让、出借资质证书或者以其他方式允许他人以本企业的名义承揽工程的，责令改正，没收违法所得，并处罚款，可以责令停业整顿，降低资质等级；情节严重的，吊销资质证书。……”从上述法律规定可以看出，国家严格禁止建筑施工企业允许其他单位和个人使用本企业的资质证书，以本企业名义承揽工程。但是，法律仅为这种违法行为配置了相应的行政处罚措施，属于行政法规规制的范畴，尚不被刑事法律所调整。因此，被告人陈某某及被告单位辩护人提出的辩解、辩护意见，于法有据，本院予以采纳。

综上，本院认为，被告人潘某某、魏某某、陈某某共同研究决定允许他人使用被告单位邯郸市住宅建设工程公司的资质证书，以其公司名义承揽工程，其公司以此收取管理费1,036,500元，事实清楚，证据确实、充分，但该行为属于行政法规规制的范畴，尚不被刑事法律所调整，故公诉机关指控邯郸市住宅建设工程公司及潘某某、魏某某、陈某某构成单位受贿罪的法律依据不足，本院不予支持。

【无罪判例2】牛某广、涉县国土资源局河南店国土资源所单位受贿一审刑事判决书（2016）冀0426刑初247号

辩护人辩称，指控牛某广涉嫌单位受贿罪主体不合格。本案定性不准，应当定为行政违法。牛某广及其所在国土所没有收费许可，向村民收取费用属于“三乱”行为，主要追究方式应该是党纪、政纪处理。牛某广也受到了处分，检察机关指控没有依据。起诉书指控的数额不准确。综上，被告人牛某广不构成单位受贿罪。

……

辩护人辩称，本案不符合单位受贿罪的犯罪构成要件，被告单位及被告人不构成单位受贿罪的辩护意见予以采信，其他辩护意见与事实不符，不予采信。

规则5：收取费用的行为系机构的经营行为

【规则分析】本辩点可参考贪污罪规则20中关于该问题的分析。

【无罪判例】秦皇岛港引航站、李某鹏单位受贿一审刑事判决书（2016）冀0304刑初38号

关于公诉机关指控被告单位、三被告人涉嫌单位受贿罪。船舶进出港需要引航，船舶（代理）公司向引航机构申请引航。《船舶引航管理规定》第二十七条第一款、第二十八条明确规定："引航机构应当满足船舶提出的正当引航要求，及时为船舶提供引航服务，不得无故拒绝或者拖延。""引航机构应当根据船舶状况和通航条件，制定合理的拖轮使用方法。被引航船舶应当根据引航机构提供的拖轮使用方法的要求安排拖轮或者委托引航机构安排拖轮，并承担相应的费用。"依据上述规定，（1）引航机构同意船舶（代理）公司的申请后，双方确立引航合同关系，合同双方系平等主体民事法律关系。（2）引航机构制定包括拖轮使用的方案在内的合理引航方案，引航方案经船方同意后，引航机构依引航方案提供具体引航行为，依照《港口收费规则》的规定船舶（代理）公司收取引航费。因此引航机构引航船舶并依据《港口收费规则》收取费用的行为系引航机构的经营行为。本案中，船舶（代理）公司为节约成本，申请引航机构在引航过程中少使用或不使用拖轮，而由秦皇岛引航机构的引航员依靠自己的技术能力，在引领船舶时为船方尽量减少使用拖轮的数量或不使用拖轮，以为船舶（代理）公司节省成本，但因而也增加了引航员的工作难度和风险。秦皇岛港务局引航公司因此多收取的引航费，虽没有收费依据，但其行为不符合《刑法》第三百八十七条第一款规定的单位受贿罪的特征，不构成犯罪。

三、程序无罪规则

规则6：立案程序不合法

【规则分析】刑事诉讼中的立案是指公安司法机关对于报案、控告、举报、自首以及自诉人起诉等材料，按照各自的管辖范围进行审查后，认为有犯罪事实发生并需要追究刑事责任时，决定将其作为刑事案件进行侦查或者审判的一种诉讼活动。从立案材料的接受、再到审查处理、再到立案监督都必须有严格的程序。其特点包括：

1. 立案是公安及司法机关的权力，任何个人均无立案权；

2. 立案是刑事诉讼中一个独立且必经的过程，是刑事诉讼活动开始的标志。[①]

① 陈光中主编：《刑事诉讼法》（第6版），北京大学出版社2016年版，第273页。

【无罪判例】四川省阆中市公安局经济犯罪侦查大队、唐某松受贿案二审刑事判决书（2014）内刑终字第34号

侦查机关所收集的证据不能作为阆中市公安局经侦大队定罪量刑的依据。根据《刑事诉讼法》的规定，立案是侦查、公诉、审判的开始，是刑事案件的必经程序。侦查机关在侦办本案中仅对唐某松进行了立案，未对阆中市公安局经侦大队立案，在此情形下检察机关直接向法院起诉指控阆中市公安局经侦大队犯单位受贿罪，违背了《刑事诉讼法》的办案流程，其所收集的针对阆中市公安局经侦大队涉嫌犯罪的证据因不符合办案程序，不能作为定罪量刑的依据。

第二节　统计分析与辩护攻略

一、统计分析

在单位受贿罪无罪判例中可归纳的要点包括六项，具体详见图5－10。

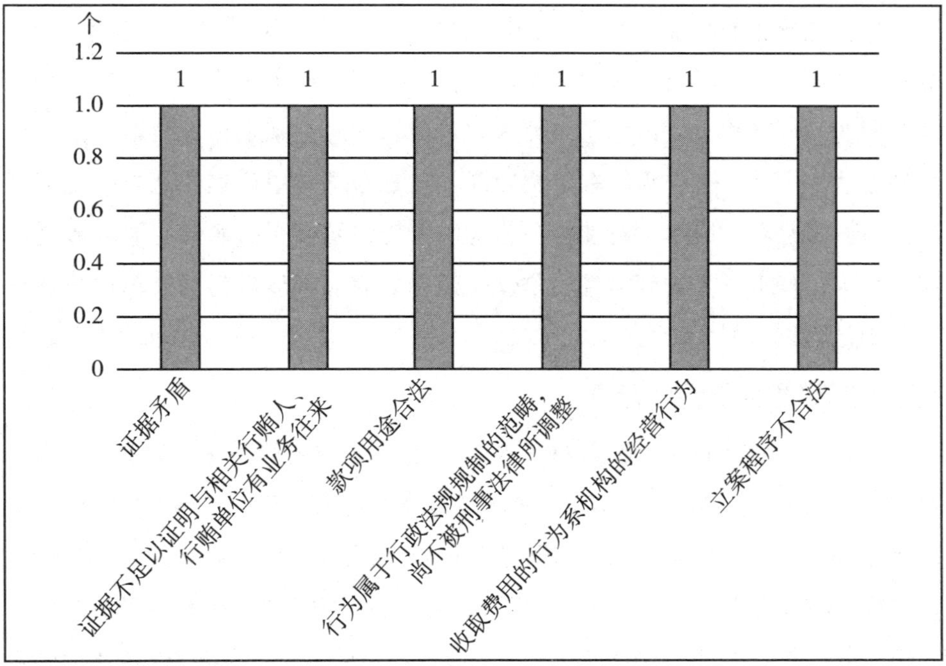

图5－1　单位受贿罪无罪判例

二、无罪辩护攻略

本罪的辩护攻略可参见贪污罪、受贿罪有关内容。本罪的相对特殊性同样在于主体问题，该讨论可参考单位行贿罪有关内容。

（一）本罪的犯罪主体

本罪的犯罪主体是特殊主体，不能由自然人构成，只能由国有单位才能构成。具体包括国家机关、国有公司、企业、事业单位、人民团体。不具备国有性质的单位，如涉外企业、集体企业、私营企业都不具备单位受贿罪的主体资格。此外，根据2006年最高人民检察院研究室下发的《关于国有单位的内设机构能否构成单位受贿罪主体问题的答复》，国有单位的内设机构如果利用其职务之便，非法收受当事人财物，归内设机构所有或者支配的，并为行贿人谋取利益的，情节严重的以单位受贿罪论处。国有单位的内设机构也可以成为单位受贿罪的犯罪主体。

（二）本罪的犯罪客体

单位受贿罪的犯罪客体应为国有单位公务行为的廉洁性。从表象上看，国有单位要想行使其公共权力，就必须借助内部的国家工作人员代表其行使职务行为，好像权力主体成了自然人。然而，此时国家工作人员不再是对外的独立法人主体，其作为国有单位内部人员是在国有单位集体意志支配下开展工作的，是在代表单位行使职务行为。所以，结合受贿罪的犯罪客体是国家工作人员职务行为的廉洁性，单位受贿罪的犯罪客体应为国有单位公务行为的廉洁性。

（三）本罪的犯罪客观方面

首先，单位受贿的行为是以单位名义做出的。单位受贿罪中的受贿行为也是由单位负责人员做出的，但与自然人受贿罪还是有区别的，即单位受贿罪中的受贿行为是单位整体意志的体现，受贿行为必须由单位的决策层决定。例如，国家机关的常委会、国有公司的董事会、人民团体的委员会等；或者由单位的全体人员认同。例如，单位的职工大会通过。如果未经单位同意的受贿行为，应视为个人受贿。

其次，单位必须有为他人谋取利益的行为。单位受贿后必须有为他人谋取利益的行为，谋取利益既包括正当的利益，也包括不正当利益。

再次，必须有以单位名义收受贿赂的行为。包括以单位名义向他人索取财物，即主动向他人索要，包括明示或者暗示的方式；被动收受他人财物，是指行贿人为了自身利益，积极主动向单位行贿，单位则是被动收受贿赂。当然，这里贿赂的内容不仅仅是指物质性利益，也包括一些非物质性利益。此外，以单位名义在账外暗中收受回扣、手续费的行为也属于以单位名义收受贿赂的行为。

最后，受贿财物归单位所有。以单位名义实施的受贿行为，并为他人谋取利益，所得贿赂财物归单位，才成立单位受贿罪。因为虽然自然人是以单位的名义收受了贿赂，但自然人没有受贿的主观故意，仅仅是单位的受贿工具而已，最终单位取得了贿赂财物。若单位中的工作人员以单位名义收受贿赂，为他人谋取利益，并最终将贿赂财物据为己有，那么就不属于单位犯罪，而应由行为人独立承担刑事责任。

（四）本罪的主观方面

本罪的主观方面为直接故意，也就是说国有单位的决策机构具有索取或收受他人贿赂的意愿，并具有为他人谋取利益的目的。①

第三节 相关法律法规及判例索引

一、法律法规列表

（一）法律

文件	条数
《刑法》（2017 年修正）	第三百八十七条

① 参见韩成军：《单位受贿罪若干疑难问题研究》，载《郑州大学学报》（哲学社会科学版）2012 年第 3 期。

（二）司法解释

文件	条数
《最高人民检察院研究室关于国有单位的内设机构能否构成单位受贿罪主体问题的答复》	全文
《最高人民检察院关于人民检察院直接受理立案侦查案件立案标准的规定（试行）》	一、贪污贿赂犯罪案件
《最高人民检察院关于在全国检察机关实行“检务公开”的决定（十条）》	三、贪污贿赂、渎职犯罪案件立案标准

（三）监察法规

文件	条数
《国家监察委员会管辖规定（试行）》	一、贪污贿赂犯罪

二、无罪判例列表

判例名称	案号	审判法院	法院层级	审判程序
四川省阆中市公安局经济犯罪侦查大队、唐某松受贿案二审刑事判决书	（2014）内刑终字第34号	四川省内江市中级人民法院	中级法院	二审
吴某单位受贿罪一审刑事判决书	（2015）鄂江陵刑初字第00126号	湖北省江陵县人民法院	基层法院	一审
蒙自市水务局单位受贿一审刑事判决书	（2016）云2503刑初333号	云南省蒙自市人民法院	基层法院	一审
邯郸市住宅建设工程公司、潘某某单位受贿一审刑事判决书	（2017）冀0435刑初37号	河北省曲周县人民法院	基层法院	一审

续表

判例名称	案号	审判法院	法院层级	审判程序
牛某广、涉县国土资源局河南店国土资源所单位受贿一审刑事判决书(2016)	冀 0426 刑初 247 号	河北省涉县人民法院	基层法院	一审
秦皇岛港引航站、李某鹏单位受贿一审刑事判决书	(2016)冀 0304 刑初 38 号	河北省秦皇岛市北戴河区人民法院	基层法院	一审

第六章　行贿罪

第一节　无罪判例规则

一、证据无罪规则

规则1：事实不清，证据不足

【规则分析】本辩点可参考贪污罪无罪规则1的有关分析。

【无罪判例】周某行贿罪一审刑事判决书（2013）西刑初字第656号

被告人周某的辩护人倪茂华当庭提出如下辩护意见：（1）被告人周某在本案中没有从国家工作人员处谋取不正当利益主观目的，也无从国家工作人员处谋取不正当利益的客观行为；（2）被告人周某系受他人之托而向国家工作人员打听项目资金的下达情况，并未给自己谋利；（3）被告人周某无前科劣迹，其行为没有造成危害后果，且能如实供述涉案事实；综上，请求对被告人周某宣告无罪。

本院认为，被告人周某虽然实施了为了他人请托事项而向国家工作人员行贿的行为，但现有证据尚不足以证明“被告人周某从受贿人处谋取的利益违反法律、法规、规章、政策规定”，亦不足以证明“被告人周某实施了要求国家工作人员违反法律、法规、规章、政策、行业规范的规定，为自己提供帮助或者便利条件的行为”。北京市西城区人民检察院指控被告人周某犯行贿罪的证据不足，指控的犯罪不能成立。被告人周某的辩解及其辩护人提出的三点辩护意见，本院予以采信和采纳。

规则2：仅有犯罪嫌疑人供述，没有其他证据印证

【规则分析】本辩点可参考贪污罪无罪规则7有关分析。

【无罪判例】程某某无罪二审刑事判决书（2014）黔南刑二终字第94号

本院认为，原判认定上诉人程某某为获得审计报告向潘某江行贿8万元，仅有程某某供述，没有其他证据印证。

规则3：被告人陈述和证言在庭审前后均存在矛盾，综合全案证据，认定被告人构成行贿罪的证明标准不能达到确实充分的要求

【规则分析】本辩点可参考贪污罪无罪规则8的有关分析。

【无罪判例】赵某菊行贿一审刑事判决书（2015）站刑初字第00036号

本院认为，本案的关键证据是被告人赵某菊的供述与证人陈某1的证言，但二人的供述和证言在庭审前后均存在矛盾，综合全案证据，认定被告人赵某菊构成行贿罪的证明标准不能达到确实充分的要求，不能排除合理怀疑，因此，公诉机关指控被告人赵某菊构成行贿罪的证据不足。

二、实体无罪规则

规则4：行贿的数额未达到《刑法》规定的追诉标准

【规则分析】根据《最高人民检察院关于人民检察院直接受理立案侦查案件立案标准的规定（试行）》的规定，“涉嫌下列情形之一的，应予立案：

1. 行贿数额在1万元以上的；

2. 行贿数额不满1万元，但具有下列情形之一的：

（1）为谋取非法利益而行贿的；

（2）向3人以上行贿的；

（3）向党政领导、司法工作人员、行政执法人员行贿的；

（4）致使国家或者社会利益遭受重大损失的。

因被勒索给予国家工作人员以财物，已获得不正当利益的，以行贿罪追究刑事责任”。

【无罪判例1】鲍某行贿罪二审刑事判决书（2015）扬刑二终字第00116号

综上，原判决认定事实清楚，证据确实充分，但因在本院审理期间《刑法》及相关司法解释对认定构成行贿犯罪的数额进行了调整，上诉人行贿的数额未达到刑法所规定的追诉标准，故依法对其宣告无罪。

【无罪判例2】严某某挪用资金罪一审刑事判决书（2015）鄂公安刑初字第00061号

公诉机关以被告人严某某为谋取不正当的利益，给予国家工作人员以财物，构成受贿罪的指控。经查：被告人严某某向李某某行贿5000元尚未达到立案标准。

规则5：行贿对象不具有国家工作人员身份

【规则分析】关于国家工作人员的身份可参考贪污罪无罪规则26的有关分析。

【无罪判例】严某某挪用资金罪一审刑事判决书（2015）鄂公安刑初字第00061号

公诉机关以被告人严某某为谋取不正当的利益，给予国家工作人员以财物，构成行贿罪的指控。经查：（1）被告人严某某向李某某行贿5000元尚未达到立案标准。（2）郝某某是非国家工作人员，受宜昌宏业监理公司安排担任该工程总监理工程师之职，独立履行监理责任，监理之责非委托管理之责，监理对象是在建工程，在工程未验收交付前，不具备国有资产特征，更何况建设工程在工程款未清结前施工方有优先留置处分权。监理公司是中介组织，郝某某显然不是受国有公司的委派。（3）宜昌宏业监理公司与宜昌市重点办系合同关系。因此不能把不同的主体受贿额简单相加，认定被告人构成行贿罪。

规则6：不能证明谋取了不正当利益

【规则分析】关于不正当利益可参考单位行贿罪无罪规则6的有关分析。

【无罪判例】程某某无罪二审刑事判决书（2014）黔南刑二终字第94号

为获取审计报告，上诉人程某某送给审计人员吴某某5万元，系被索贿，但在案证据不能证明程某某是谋取了不正当利益，其行为不符合行贿罪的构成要件，原判认定上诉人程某某犯行贿罪的事实不清，证据不足。

第二节 统计分析与辩护攻略

一、统计分析

在行贿罪无罪判例统计中，无罪案例类型可总结为六项，具体详见图6－1。

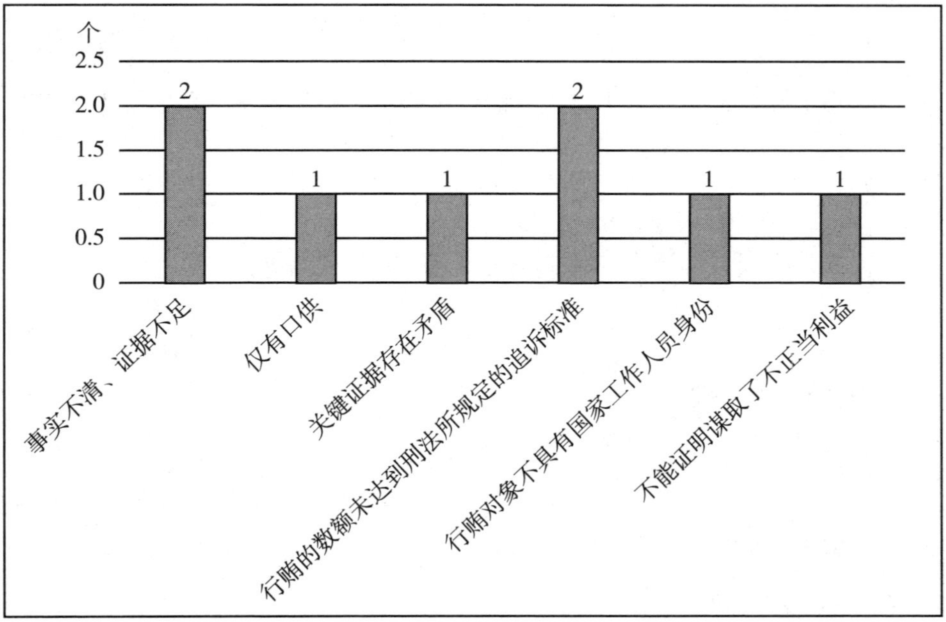

图6－1 行贿罪无罪判例

二、无罪辩护攻略

行贿罪是指为谋取不正当利益，给予国家工作人员、集体经济组织工作人员或者其他从事公务的人员以财物的行为，属于渎职罪。本罪主要特征：（1）行为人主观上出于故意，目的是利用国家工作人员、集体经济组织工作人员或者其他从事公务的人员职务上的便利为自己谋取私利。（2）客观上实施了以金钱、贵重物品、满足各种私欲等贿赂收买国家工作人员或其他从事公务的人员的行为。

关于行贿罪的辩护策略，可以参考前文关于贪污罪和受贿罪的探讨，本处只讨论行贿罪中“谋取不正当利益”的认识。关于该问题，有学者提出了为了实现行贿罪的法益保护目的，保证行贿罪构成要件结构的完整性，应当将解释方向由行为人一端转换到国家工作人员一端，将国家工作人员是否违背职务作为判断行为人所谋取的利益是否正当的标准。由此，在立法文字上缺失的“违背职务与给予财物之间的对价关系”，就在解释论上被建构起来，被补充进行贿罪的构成要件。国家工作人员违背职务，包括违反规则与违背原则两种形式。①

考虑目前理论以及实践中“重受贿轻行贿”逐步转向“行贿与受贿并重惩治”的变化，② 实际上，未来辩护人的辩护难度是进一步加大的，这就要求辩护人加大对行贿罪的重视。

第三节　相关法律法规及判例索引

一、法律法规列表

（一）法律

文件	条数
《刑法》（2017 年修正）	第三百八十九条
	第三百九十条

（二）司法解释

文件	条数
《最高人民法院、最高人民检察院关于办理贪污贿赂刑事案件适用法律若干问题的解释》	第七条
	第八条
	第九条
《最高人民检察院关于行贿罪立案标准的规定》	一、行贿案

① 车浩：《行贿罪之“谋取不正当利益”的法理内涵》，载《法学研究》2017 年第 2 期。
② 张勇：《“行贿与受贿并重惩治”刑事政策的根据及模式》，载《法学》2017 年第 12 期。

续表

文件	条数
《最高人民检察院关于人民检察院直接受理立案侦查案件立案标准的规定（试行）》	一、贪污贿赂犯罪案件
《最高人民法院、最高人民检察院关于在办理受贿犯罪大要案的同时要严肃查处严重行贿犯罪分子的通知》	第二条
《最高人民检察院关于在全国检察机关实行“检务公开”的决定（十条）》	三、贪污贿赂、渎职犯罪案件立案标准

（三）行政法规

文件	条数
《国务院关于特大安全事故行政责任追究的规定》	第十一条

（四）监察法规

文件	条数
《国家监察委员会管辖规定（试行）》	一、贪污贿赂犯罪

（五）其他规范性文件

文件	条数
《公安部关于切实做好刑事案件速裁程序试点工作的通知》	第二条

二、指导性案例列表

（一）指导性案例

发布机构	案号	案例	是否无罪判决
最高人民检察院	检例第 15 号	胡某贵等人生产、销售有毒、有害食品，行贿	有罪

（二）“两高”公报中的案例

1.《最高人民法院公报》中的案例

案号	案例	是否无罪判决
《最高人民法院公报》1998年第2期（总第54期）	江都市[①]春风皮鞋厂、朱某全行贿案	有罪
《最高人民法院公报》1994年第2期（总第38期）	刘某山、范某武、刘某走私、行贿、受贿案	有罪
《最高人民法院公报》1994年第2期（总第38期）	沈某福贪污、行贿案	有罪
《最高人民法院公报》1993年第4期（总第36期）	禹某敏等八人非法管制、非法拘禁、窝藏、妨害公务、行贿案	有罪
《最高人民法院公报》1987年第2号（总第10号）	郭某、李某青、江某荣、戴某保、方某维、倪某策走私、行贿、受贿、徇私舞弊案	有罪

2.《最高人民检察院公报》中的案例

案号	案例	是否无罪判决
《最高人民检察院公报》2002年第5号（总第70号）	周某某行贿、挪用公款、脱逃、盗窃案	有罪
《最高人民检察院公报》2001年第4号（总第63号）	被告人麻某、姜某林等八人金融票据诈骗、贷款诈骗、行贿案	有罪
《最高人民检察院公报》2000年第3号（总第56号）	林某青走私普通货物、行贿案	有罪
《最高人民检察院公报》1998年第3号（总第44号）	南通集成水产品有限公司、顾某兵行贿案	有罪
《最高人民检察院公报》1998年第1号（总第42号）	冯某林受贿、行贿，马鞍山市房地产公司装潢修建公司行贿案	有罪
《最高人民检察院公报》1996年第3号（总第33号）	邓某受贿、贪污、投机倒把、挪用公款、行贿案	有罪

① 2011年江都市改为扬州市江都区。

续表

案号	案例	是否无罪判决
《最高人民检察院公报》1994年第3号（总第23号）	山东乳山商业局走私、行贿案	有罪
《最高人民检察院公报》1994年第2号（总第22号）	禹某敏等八人非法管制、非法拘禁、窝藏、妨害公务、行贿案	有罪
《最高人民检察院公报》1992年第1号（总第13号）	李某华特大贪污行贿案	有罪
《最高人民检察院公报》2003年第4号（总第75号）	林某文、林某景、林某亮等组织、领导、参加黑社会性质组织，故意杀人、故意伤害、绑架、爆炸、抢劫、寻衅滋事、赌博、偷税、挪用公款、行贿案	有罪
《最高人民检察院公报》2000年第4号（总第57号）	胡某清受贿、行贿、巨额财产来源不明案	有罪
《最高人民检察院公报》1997年第1号（总第37号）	周某方受贿、行贿案	有罪

（三）《刑事审判参考》中的案例

案号	案例	是否无罪
第787号	袁某行贿案——配合检察机关调查他人受贿案件时，交代向他人行贿的事实，能否认定为被追诉前主动交代	有罪
第1165号	黄某东受贿、陈某军行贿案——非法限制被告人人身自由期间取得的供述能否作为定案的根据	有罪

三、无罪判例列表

判例名称	案号	审判法院	法院层级	审判程序
程某某无罪二审刑事判决书	（2014）黔南刑二终字第94号	贵州省黔南布依族苗族自治州中级人民法院	中级法院	二审

续表

判例名称	案号	审判法院	法院层级	审判程序
周某行贿罪一审刑事判决书	（2013）西刑初字第656号	浙江省杭州市西湖区人民法院	基层法院	一审
赵某菊行贿一审刑事判决书	（2015）站刑初字第00036号	河南省焦作市中站区人民法院	基层法院	一审
鲍某行贿罪二审刑事判决书	（2015）扬刑二终字第00116号	江苏省扬州市中级人民法院	中级法院	二审

第七章　对单位行贿罪

第一节　无罪判例规则

实体无罪规则

规则：非对单位行贿的犯罪行为实施主体

【规则分析】行贿的对象必须是国家机关、国有公司、企业、事业单位、人民团体，向非国家机关、国有公司、企业、事业单位、人民团体给予财物的，不能构成对单位行贿罪。

【无罪判例】淮南矿务局机动车辆检测维修中心及被告人倪某犯对单位行贿罪（2016）皖0404刑初276号

淮南某某机动车辆检测中心虽是某某矿山机械维修检测有限公司的中方投资人和清算后的债权债务的继受主体，但与某某矿山机械维修检测有限公司是不同的公司法人，不是本案对单位行贿的犯罪行为实施主体，故淮南某某机动车辆检测中心无罪。

第二节　无罪辩护攻略

对单位行贿罪，是指为谋取不正当利益，给予国家机关、国有公司、企业、事业单位、人民团体以财物，或者在经济往来中，违反国家规定，给予上述单位各种名义的回扣、手续费的行为。犯本罪的，处三年以下有期徒刑或拘役。在认定这类案件性质时，要注意对单位行贿罪与行贿罪的界限，核心关键在于行贿的对象有所不同，前者为国家机关、国有公司、企业、事业单位、人民团体，后者为国家工作人员。

本罪在辩护时可以考虑如下两点内容：

1. 是否谋取不正当利益？关于这一问题，已在行贿罪中进行了讨论。

2. 给予财物行为是否主动？如果是被动给予财物，如敲诈勒索等，同样可以进行无罪辩护。

第三节　相关法律法规及判例索引

一、法律法规列表

（一）法律

文件	条数
《刑法》（2017 年修正）	第三百九十一条

（二）司法解释

文件	条数
《最高人民检察院关于行贿罪立案标准的规定》	二、对单位行贿案
《最高人民检察院关于人民检察院直接受理立案侦查案件立案标准的规定（试行）》	一、贪污贿赂犯罪案件
《最高人民检察院关于在全国检察机关实行“检务公开”的决定（十条）》	三、贪污贿赂、渎职犯罪案件立案标准

（三）监察法规

文件	条数
《国家监察委员会管辖规定（试行）》	一、贪污贿赂犯罪

二、无罪判例列表

判例名称	案号	审判法院	法院层级	审判程序
淮南矿务局机动车辆检测维修中心及被告人倪某犯对单位行贿罪	（2016）皖 0404 刑初 276 号	安徽省淮南市谢家集区人民法院	基层法院	一审

第八章　介绍贿赂罪

第一节　无罪判例规则

一、实体无罪

规则 1：主观上不具有介绍贿赂的故意，客观上没有实施介绍贿赂的行为

【规则分析】本罪在客观方面表现为向国家工作人员介绍贿赂，情节严重的行为。“介绍贿赂”是指在行贿人与受贿人之间沟通关系、撮合条件，使贿赂行为得以实现的行为。介绍贿赂行为，只有情节严重的才构成犯罪，根据《最高人民检察院关于人民检察院直接受理立案侦查案件立案标准的规定》的规定，“1. 介绍个人向国家工作人员行贿，数额在 2 万元以上的；介绍单位向国家工作人员行贿，数额在 20 万元以上的；

2. 介绍贿赂数额不满上述标准，但具有下列情形之一的：

（1）为使行贿人获取非法利益而介绍贿赂的；

（2）3 次以上或者为 3 人以上介绍贿赂的；

（3）向党政领导、司法工作人员、行政执法人员介绍贿赂的；

（4）致使国家或者社会利益遭受重大损失的”。

本罪在主观方面表现为故意。一般都具有从中谋取私利的目的，对于出自亲友关系，或者其他非物质利益的考虑，自愿介绍贿赂的，一般不影响本罪的成立。其中情节较轻，危害后果不严重的，也可以不按犯罪论处。①

【无罪判例】从某介绍贿赂罪再审刑事判决书（2017）吉 0122 刑再 1 号

本院认为，原审被告人丛某介绍张某、关某与马某认识，是受关某所托，为张某办理社会保险，且张某、关某于 2013 年 1 月 17 日到马某办公室交给马

---

① 参见高铭暄、马克昌主编：《刑法学》（第 8 版），北京大学出版社 2017 年版，第 644 页。

某的3.6万元系让马某交保险费，有收条内容佐证，无其他证据证明系贿赂款，故无法认定是贿赂款；另现有证据不能证明原审被告人丛某向马某明示让张某前去行贿，或授意张某向马某行贿。整个过程表明其主要目的是缴费办理社保。因此，原审被告人丛某主观上不具有介绍贿赂的故意，客观上没有实施介绍贿赂的行为，不符合介绍贿赂罪的构成要件。原审公诉机关指控丛某犯介绍贿赂罪，证据不足，原审判决认定事实和适用法律错误，应予撤销。

二、程序无罪

规则2：已过追诉时效

【规则分析】犯罪经过下列期限不再追诉：

1. 法定最高刑为不满5年有期徒刑的，经过5年；

2. 法定最高刑为5年以上不满10年有期徒刑的，经过10年；

3. 法定最高刑为10年以上有期徒刑的，经过15年；

4. 法定最高刑为无期徒刑、死刑的，经过20年。如果20年以后认为必须追诉的，须报请最高人民检察院核准。

在人民检察院、公安机关、国家安全机关立案侦查或者在人民法院受理案件以后，逃避侦查或者审判的，不受追诉期限的限制。

被害人在追诉期限内提出控告，人民法院、人民检察院、公安机关应当立案而不予立案的，不受追诉期限的限制。

《刑法》第八十九条规定：追诉期限从犯罪之日起计算；犯罪行为有连续或者继续状态的，从犯罪行为终了之日起计算。在追诉期限以内又犯罪的，前罪追诉的期限从犯后罪之日起计算。

【无罪判例】孙某勤介绍贿赂案二审刑事判决书《最高人民法院公报》2002年第6期（总第80期）

周某具有国家工作人员身份，上诉人孙某勤向周某介绍贿赂，其行为触犯了1979年《刑法》第一百八十五条第三款的规定，构成介绍贿赂罪，应当处3年以下有期徒刑或者拘役。其在介绍贿赂过程中分得的5万元，是违法所得。

无论根据1979年《刑法》第七十六条的规定，还是根据修订后《刑法》

第四章第八节的规定，法定最高刑为不满5年有期徒刑的犯罪，经过5年都不再追诉。1979年《刑法》第七十七条还规定："在人民法院、人民检察院、公安机关采取强制措施以后，逃避侦察或者审判的，不受追诉期限的限制。"第七十八条规定："追诉期限从犯罪之日起计算；犯罪行为有连续或者继续状态的，从犯罪行为终了之日起计算。在追诉期限以内又犯罪的，前罪追诉的期限从犯后罪之日起计算。"上诉人孙某勤于1994年6月犯介绍贿赂罪，至2001年6月21日被拘留。期间，孙某勤没有被采取过任何强制措施，也没有重新犯罪。根据1979年《刑法》，介绍贿赂罪的5年追诉期限已过，依法不能再追究其刑事责任。但是其违法所得，应当依法追缴。

第二节　无罪辩护攻略

介绍贿赂罪是指向国家工作人员介绍贿赂，情节严重的行为。介绍贿赂罪在主观方面属于故意，即明知是在为受贿人或者行贿人牵线效劳，促成贿赂交易。在客观方面表现为行为人在行贿人和受贿人之间进行联系、沟通关系、引荐、撮合，促使行贿与受贿得以实现的行为。构成介绍贿赂罪还必须具备情节严重的条件。

介绍贿赂罪的犯罪主体为一般主体，凡年满十六周岁、具有刑事责任能力，实施了介绍贿赂行为的人，包括国家工作人员都可构成。它通常为三种人，一是与行贿人有密切关系的人，如行贿人的亲属，朋友、同学、同事等；二是与受贿人有密切关系的人，如领导的秘书、司机等下属工作人员；三是与行贿人、受贿人都熟悉的人，如介绍同学向自己的直接上级领导行贿。①

在介绍贿赂罪中，有效的辩护点主要是在客观方面：

（1）介绍贿赂罪时"行贿"与"受贿"的中介，因此，其特定对象也与二者相一致。这也就意味着，当行为人向不具有国家工作人员身份的自然人或单位介绍贿赂时，不构成此罪；

（2）介绍贿赂的行为必须伴有"行贿"及"受贿"行为，不具有独立性。

（3）介绍贿赂与"行贿""受贿"行为存在因果关系。

---

① 参见余成强：《介绍贿赂罪的几点思考》，载《西南大学学报》（社会科学版）2011年S1期。

第三节 相关法律法规及判例索引

一、法律法规列表

（一）法律

文件	条数
《刑法》（2017 年修正）	第三百九十二条

（二）司法解释

文件	条数
《最高人民检察院关于人民检察院直接受理立案侦查案件立案标准的规定（试行）》	一、贪污贿赂犯罪案件
《最高人民检察院关于在全国检察机关实行“检务公开”的决定（十条）》	（七）介绍贿赂罪

（三）监察法规

文件	条数
《国家监察委员会管辖规定（试行）》	一、贪污贿赂犯罪

二、指导性案例列表

“两高”公报中的案例

1.《最高人民法院公报》中的案例

案号	案例	是否无罪判决
《最高人民法院公报》2002 年第 6 期（总第 80 期）	孙某勤介绍贿赂案	是

2.《最高人民检察院公报》中的案例

案号	案例	是否无罪判决
《最高人民检察院公报》2001年第2号（总第61号）	马某泽介绍贿赂	有罪

三、无罪判例列表

判例名称	案号	审判法院	法院层级	审判程序
丛某介绍贿赂罪再审刑事判决书	（2017）吉0122刑再1号	吉林省农安县人民法院	基层法院	再审
孙某勤介绍贿赂案二审刑事判决书	《最高人民法院公报》2002年第6期（总第80期）	江苏省镇江市中级人民法院	中级法院	二审

第九章　私分国有资产罪

第一节　无罪判例规则

实体无罪规则

规则1：认定当事人为私分国有资产罪中的其他直接责任人员证据不足

【规则分析】其他直接职责人员，是指除直接负责的主管人员外，在整个犯罪过程中发挥较大作用的人。包括：（1）提议或策划人员，或者在这一过程中发挥了较大作用的人员；（2）具体组织实施者。

【无罪判例】李某林、朱某红私分国有资产二审刑事判决书（2017）鄂71刑终11号

本院认为，技术开发公司违反国家规定，以单位名义将国有资产集体私分给个人，数额巨大，构成私分国有资产罪。根据法律的规定，该罪只处罚直接负责的主管人员和其他直接责任人员。李某林和朱某红系受原单位指派到技术开发公司兼职，按照领导的要求完成会计和出纳工作，对于所有私分款项既没有决定权，也没有直接参与策划研究，没有证据证明二人在单位私分国有资产过程中起到较大的作用，故认定二人为私分国有资产罪中的其他直接责任人员证据不足，但二人违法所得的赃款应予以追缴发还受害单位。

规则2：收费不属于或不完全属于国有资产

【规则分析】本罪的犯罪对象是国有资产，根据《最高人民检察院关于人民检察院直接受理立案侦查案件立案标准的规定》的规定，国有资产是指国家依法取得和认定的，或者国家以各种形式对企业投资和投资收益、国家向行政事业单位拨款等形成的资产。而除此之外均不能认为是本罪的犯罪对象。

【无罪判例1】陈某某等贪污罪二审刑事裁定书（2017）内05刑终83号

本院认为，原审认定原审被告人陈某某、李某某、姜某某犯贪污罪的事实清楚，证据确实充分。上诉人陈某某、李某某、姜某某身为国家工作人员，以非法占有为目的，利用职务之便利，在发放单位津贴过程中，以虚假编造他人名义套取本单位资金共计37.5万元，每人分得12.5万元，其行为构成贪污罪，属于共同犯罪。陈某某使用由姜某某在财会已核销的20.6万元票据复印件，重复报销的行为符合贪污罪的构成要件。抗诉机关提出犯陈某某私分国有资产罪事实清楚，证据确实充分；通辽市水文局用经营性收费形成的资产属于国有资产，通辽市水文局培训中心在国有土地上全额事业单位用经营性收入建造的房屋属于国有资产，陈某某以单位名义将房屋办理职工集体产权证的方式私分国有资产，其行为为私分国有资产罪。经查，（1）2004年财政部、国家发改委财综（2004）84号文件规定将水文机构的水文专业有偿服务费转为经营服务性收费。（2）2008年内蒙古自治区审计厅驻赤峰审计处对通辽市水文局进行审计，根据财综（2004）84号文件，作出内审赤报（2008）1号审计报告和内审赤决（2008）1号审计决定书责令补缴营业税，建议按照《内蒙古自治区水文总局服务性项目管理办法》的规定，有偿服务项目前期费用、所需资金由项目组长负责管理。（3）国家国有资产管理局《国有资产产权界定和产权纠纷处理暂行办法》第二十四条规定国有资产产权界定工作，按照资产的现行分级工作分工管理，由各级国有资产管理部门会同有关部门进行。涉案财物是否属于国有资产，没有国有资产管理部门的产权界定专项审计，公诉机关指控通辽市水文局培训中心及其建设款属于国有资产的理由不足。根据财政部、国家发改委财综（2004）84号文件、《内蒙古水文总局服务性项目管理办法》的规定，通辽市水文局水文专业服务性收费不完全属于国有资产，将所涉案财物笼统的指控为国有资产的证据不足，故抗诉理由不成立，不予支持。

【无罪判例2】李某贪污罪一审刑事判决书（2015）新刑初字第563号

对于公诉机关指控被告人李某犯私分国有资产罪的指控，合议庭认为，方圆标志认证集团有限公司的资产构成为混合所有制，方圆标志认证集团有限公司新疆分公司系其分支机构，公诉机关出示的证据无法明确区分其资产构成中国有资产部分与非国有资产部分。公诉机关指控被告人李某犯私分国有资产罪的证据不足，本院不予支持。对被告人李某及其辩护人提出的此项辩解及辩护意见，本院予以采纳。

【无罪判例3】汪某久挪用公款、私公国有资产案一审刑事判决书（2001）荆刑初字第047号[1]

公诉机关指控被告人汪某久以单位名义私设小金库，并将小金库资金682,038.63元和证券部炒股盈利150,053元以奖金、福利的形式发放给职工的行为构成私分国有资产罪。本院认为：（1）荆门证券部超出收费范围向客户收取的开户费、磁卡费、凭证费、大户管理费、专户管理费等各种费用，属违规收费，不属于国有资产。公诉机关对“小金库”中的“其他收入”也未提供其属国有资产的证明材料。（2）被告人汪某久按照中国长城信托投资公司的授权管理职工的工资、福利和保险，有权决定员工的工资分配方式和工资标准。（3）荆门证券部根据职工的劳动业绩和本单位的经济效益给职工发放奖金、加班补助和福利，不属于《公司法》所指的“无偿私分”，并未违反国家规定。荆门证券部的上述行为不属于私分国有资产。

公诉机关还指控荆门证券部出资259,790元为职工购买平安水利保险附加住院医疗保险的行为构成私分国有资产罪。本院认为：（1）荆门证券部以单位出资为职工购买了平安水利保险附加住院医疗保险。该保险项目的主险按合同要求为5年分期支付保险费，到期后按时返利。至案发时，该保险合同约定的保险费尚未完全缴付完毕，荆门证券部一次性缴款应返利息已从应缴保险费总数中扣除。保险单也由荆门证券部集中保管。公诉机关未能提供证据证明平安永利保险的返利已归荆门证券部职工个人所有。（2）荆门证券部为职工购买保险符合《劳动法》的有关规定，并不违反其他法律和行政法规的规定。因此，荆门证券部的上述行为不属私分国有资产。

【无罪判例4】熊某良滥用职权罪刑事判决书（2016）云2523刑初1号

被告人熊某良未经有权机关批准，无权使用专项资金用于发放职工福利，其违反规定将套取的专项资金人民币113,100元以过节费等方式发放给职工，现有证据仅能证实该款项是从套取的3,388,000.80元中发放的，无法证实该款项是否包含在滥用职权罪的588,300元中。按照主客观相统一的原则，被告人熊某良用专项资金发放职工福利的行为不应以私分国有资产罪来定罪处罚。因此，公诉机关指控被告人熊某良发放职工过节费的行为构成私分国有资产罪的事实不清，证据不足，指控罪名不成立，本院不予确认。

---

[1] 本案无法在裁判文书网上检索到，可通过北大法宝进行检索。

规则3：发放款物不违反相关规定

【规则分析】 本罪要求违反国家规定，这是本罪的前提条件，因此，当行为有相关依据时，便不构成该罪。

【无罪判例】李某军贪污罪一审刑事判决书（2015）赤刑二初字第8号

关于公诉机关指控穆家营子镇政府、段某、姚某军、李某某私分国有资产罪，现有证据证实，2011～2012年穆家营子镇政府给镇政府领导和职工发放福利、奖金、加班费均依据赤峰市松山区政府年度考核奖励文件、征地拆迁补偿协议中的工作经费的规定，发放款物并不违反相关规定，指控犯私分国有资产罪不能成立。

第二节　统计分析与辩护攻略

一、统计分析

在私分国有资产罪无罪判例中，无罪案例类型可总结为三项，具体详见图9－1。

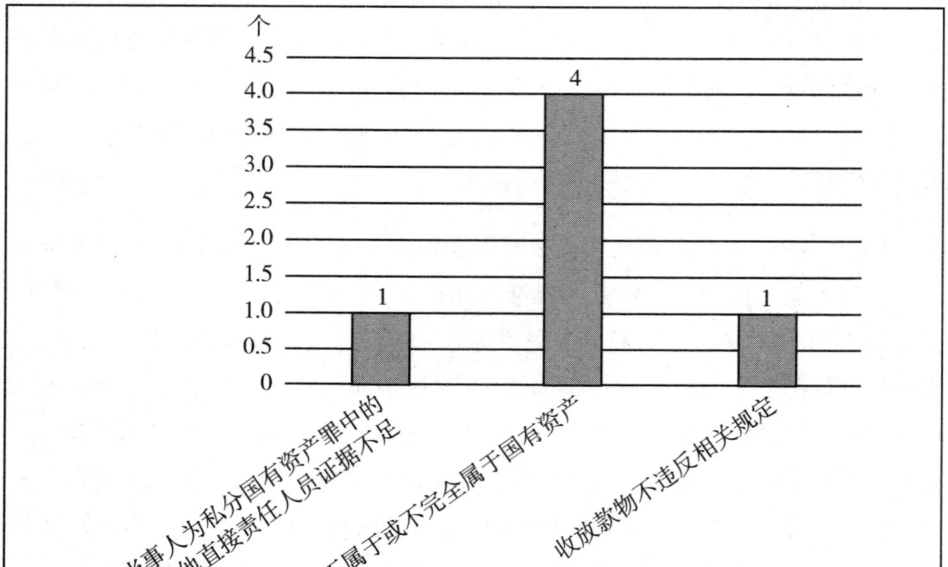

图9－1　私分国有资产罪无罪判例

二、无罪辩护攻略

私分国有资产罪是指国家机关、国有公司、企业、事业单位、人民团体，违反国家规定，以单位名义将国有资产集体私分给个人，数额较大的行为。

1. 本罪是单位犯罪，在单位犯罪中，对于受单位领导指派或奉命参与实施一定犯罪行为的人员，一般不宜作为直接责任人员对待。① 关于该问题的讨论可参见单位行贿罪。

2. 本罪直接负责的主管人员和其他直接责任人员导致国有资产以私分的形式被转移、减少的行为是实行行为。另外，可否为了加大对国有资产的保护力度而提前保护，将决定私分作为拟制的实行行为加以处罚？这一说法有些欠妥，因为私分国有资产罪是结果犯，而不是危险犯、举动犯，也与风险社会、风险刑法无关；若“提前保护”，显然违反了罪刑法定原则，也欠缺必要性。②

3. 本罪辩护的核心在于对国有资产的理解即认定，具体包括两个方面：(1) 涉案的财产是不是国有资产？对这一问题的回答直接关系到本罪的罪与非罪，大部分无罪案例都是通过该问题实现的，即辩护人可以对财产的性质进行深入挖掘，最终证明不是国有资产或可能不是国有资产；(2) 被告人的行为是否违反规定。即使无法推翻对于国有资产的认定，辩护人同样可以尝试搜索各种证据论证其发放财物的行为合法。当然这本不是被告人的义务，只是如果能够有证据支撑则很可能获得无罪。

综上，就辩护而言，本罪主要的入手点是犯罪的主体以及犯罪的实行时间。

---

① 参见张明楷：《刑法学》（第3版），法律出版社2007年版，第131页。

② 参见廖新兰、罗倩、王登辉：《私分国有资产罪的主体及实行行为界定》，载《人民检察》2013年第8期。

第三节 相关法律法规及判例索引

一、法律法规列表

（一）法律

文件	条数
《刑法》（2017 年修正）	第三百九十六条第一款

（二）司法解释

文件	条数
《最高人民法院、最高人民检察院关于办理国家出资企业中职务犯罪案件具体应用法律若干问题的意见》	二、关于国有公司、企业在改制过程中隐匿公司、企业财产归职工集体持股的改制后公司、企业所有的行为的处理
《最高人民检察院关于人民检察院直接受理立案侦查案件立案标准的规定（试行）》	一、贪污贿赂犯罪案件
《最高人民检察院关于在全国检察机关实行“检务公开”的决定（十条）》	三、贪污贿赂、渎职犯罪案件立案标准

（三）监察法规

文件	条数
《国家监察委员会管辖规定（试行）》	一、贪污贿赂犯罪

二、指导性案例列表

《刑事审判参考》中的案例

案号	案例	是否无罪
第 125 号	刘某伟私分国有资产案——集体私分国有资产行为与共同贪污行为如何区分	有罪

续表

案号	案例	是否无罪
第 293 号	张某康、夏某私分国有资产案——如何区分变相集体私分国有资产犯罪与违反财经纪律超标准、超范围发放奖金、福利等行为的界限	有罪
第 939 号	徐某桢等私分国有资产案——在仅能由单位构成犯罪的情形下，能否认定非适格主体与单位构成共犯	有罪

三、无罪判例列表

无罪判例	案号	审判法院	法院层级	审判程序
李某林、朱某红私分国有资产二审刑事判决书	（2017）鄂 71 刑终 11 号	武汉铁路运输中级人民法院	中级法院	二审
陈某某等贪污罪二审刑事裁定书	（2017）内 05 刑终 83 号	内蒙古自治区通辽市中级人民法院	中级法院	二审
李某贪污罪一审刑事判决书	（2015）新刑初字第 563 号	乌鲁木齐市新市区人民法院	基层法院	一审
汪某久挪用公款、私公国有资产案一审刑事判决书	（2001）荆刑初字第 047 号	湖北省荆门市中级人民法院	中级法院	一审
熊某良滥用职权罪刑事判决书	（2016）云 2523 刑初 1 号	云南省屏边苗族自治县人民法院	基层法院	一审
李某军贪污罪一审刑事判决书	（2015）赤刑二初字第 8 号	内蒙古自治区赤峰市中级人民法院	中级法院	一审

第十章 对有影响力的人行贿罪

第一节 无罪判例规则

实体无罪

规则：行贿钱款均是个人财物，关于行贿行为公司不知情，所获利益均归本人所有

【规则分析】 本规则可参考单位行贿罪规则 4 的有关分析。

【无罪判例】被告人邓某军、被告单位黑龙江宝宇建设工程有限公司对有影响力的人行贿罪一审刑事判决书（2017）黑 0404 刑初 50 号

被告单位宝宇公司提出其不应该是本案被告的意见，经查，被告人邓某军没有工程建设资质，为了承揽案涉工程，将其工程队挂靠在宝宇公司，借用宝宇公司资质参与案涉工程的投标并中标。通过与宝宇公司签订内部合同向其缴纳一定管理费用，人员和财物管理均由邓某军本人负责；宝宇公司第八分公司没有在工商登记部门登记注册，不具备独立的法人资格，且其所谓的宝宇公司第八分公司经理职务也没有任命文件；行贿钱款均是邓某军个人财物，行贿行为宝宇公司不知情，工程所获利益均归邓某军本人所有；邓某军的行为符合《刑法》有关自然人犯罪的规定；故该观点予以采纳。被告单位黑龙江宝宇建设工程有限公司对有影响力的人行贿罪不成立。

第二节 无罪辩护攻略

对有影响力的人行贿罪，是指为谋取不正当利益，向国家工作人员的近亲属或者其他与该国家工作人员关系密切的人，或者向离职的国家工作人员或者其近亲属以及其他与其关系密切的人行贿的行为。

本罪主要在行贿对象上具有特殊性，辩护时也主要集中于此：

1. 国家工作人员的近亲属。

国家工作人员，是指国家机关中从事公务的人员。国有公司、企业、事业单位、人民团体中从事公务的人员和国家机关、国有公司、企业、事业单位委派到非国有公司、企业、事业单位、社会团体从事公务的人员，以及其他依照法律从事公务的人员，以国家工作人员论。

2. 近亲属，是指与国家工作人员（或离职的国家工作人员）有夫、妻、父、母、子、女、同胞兄弟姐妹关系的人。

3. 其他与该国家工作人员关系密切的人。

法律并没有界定“关系密切的人”的内涵和外延，具体的适用范围有待于相关的法律和司法解释作出明确的规定。一般是指与国家工作人员（或离职的国家工作人员）基于血缘产生的除了近亲属之外的其他亲属关系；基于学习、工作产生的同学、师生、校友、同事关系；基于地缘产生的同乡关系；基于感情产生的朋友、恋人、情人关系；基于利益产生的客户、共同投资人、合同、债权债务关系；基于其他关系产生的互相信任、相互借助的其他关系人。

4. 离职的国家工作人员。

5. 离职的国家工作人员的近亲属。

6. 其他与离职的国家工作人员关系密切的人。

第三节 相关法律法规及判例索引

一、法律法规列表

（一）法律

文件	条数
《刑法》（2017 年修正）	第三百九十条之一

（二）司法解释

文件	条数
《最高人民法院、最高人民检察院关于办理贪污贿赂刑事案件适用法律若干问题的解释》	第十条

二、无罪判例列表

无罪判例	案号	审判法院	法院层级	审判程序
被告人邓某军、被告单位黑龙江宝宇建设工程有限公司对有影响力的人行贿罪一审刑事判决书	（2017）黑0404刑初50号	黑龙江省鹤岗市南山区人民法院	基层法院	一审

图书在版编目(CIP)数据

贪污贿赂罪无罪判例规则与辩护攻略 / 郑飞,梁雅丽主编. -- 北京 : 法律出版社, 2020
(无罪辩护系列丛书 / 梁雅丽主编)
ISBN 978 -7 -5197 -4659 -9

Ⅰ. ①贪… Ⅱ. ①郑… ②梁… Ⅲ. ①贪污贿赂罪-研究-中国 ②刑事诉讼-辩护-研究-中国 Ⅳ. ①D924.392.4 ②D925.210.4

中国版本图书馆 CIP 数据核字(2020)第 108785 号

无罪辩护系列丛书

贪污贿赂罪无罪判例规则与辩护攻略
TANWU HUILUZUI WUZUI PANLI GUIZE YU BIANHU GONGLÜE

郑　飞　梁雅丽　主编
马国洋　副主编

策划编辑 冯雨春
责任编辑 冯雨春　张　颖
装帧设计 汪奇峰

出版 法律出版社
总发行 中国法律图书有限公司
经销 新华书店
印刷 天津嘉恒印务有限公司
责任校对 李景美
责任印制 吕亚莉
编辑统筹 法律应用出版分社
开本 710 毫米×1000 毫米　1/16
印张 15.75
字数 268 千
版本 2020 年 8 月第 1 版
印次 2020 年 8 月第 1 次印刷

法律出版社/北京市丰台区莲花池西里 7 号(100073)
网址/www.lawpress.com.cn
投稿邮箱/info@lawpress.com.cn
举报维权邮箱/jbwq@lawpress.com.cn
销售热线/400-660-8393
咨询电话/010-63939796

中国法律图书有限公司/北京市丰台区莲花池西里 7 号(100073)
全国各地中法图分、子公司销售电话:
统一销售客服/400-660-8393/6393
第一法律书店/010-83938432/8433　西安分公司/029-85330678　重庆分公司/023-67453036
上海分公司/021-62071639/1636　深圳分公司/0755-83072995

书号:ISBN 978-7-5197-4659-9　**定价:**68.00 元